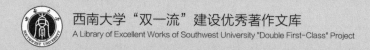

西南大学"双一流"建设优秀著作文库
A Library of Excellent Works of Southwest University "Double First-Class" Project

本书是教育部人文社科青年项目"美国哈佛大学藏纳西东巴古籍研究"
（16YJCZH046）、西南大学"双一流"建设出版基金资助成果

# 哈佛燕京图书馆藏
# 纳西东巴古籍研究

李晓亮 · 著

西南大学出版社
SWUPG    国家一级出版社 全国百佳图书出版单位

图书在版编目（CIP）数据

哈佛燕京图书馆藏纳西东巴古籍研究 / 李晓亮著.
重庆 : 西南大学出版社, 2025. 3. -- ISBN 978-7-5697-
2917-7

Ⅰ. G256.1

中国国家版本馆 CIP 数据核字第 2025U6X522 号

哈佛燕京图书馆藏纳西东巴古籍研究

HAFO YANJING TUSHUGUAN CANG NAXI DONGBA GUJI YANJIU

李晓亮　著

责任编辑 | 段小佳
责任校对 | 段林宏
装帧设计 | 闰江文化
排　　版 | 夏　洁
出版发行 | 西南大学出版社（原西南师范大学出版社）
　　　　　地　　址 | 重庆市北碚区天生路 2 号
　　　　　邮　　编 | 400715
　　　　　电　　话 | 023-68868624
印　　刷 | 重庆市圣立印刷有限公司
成品尺寸 | 170 mm×240 mm
印　　张 | 20
字　　数 | 294千字
版　　次 | 2025年3月 第1版
印　　次 | 2025年3月 第1次印刷
书　　号 | ISBN 978-7-5697-2917-7
定　　价 | 98.00元

# 前言

　　哈佛燕京图书馆是美国哈佛大学专门收藏与东亚相关文献的图书馆,作为海外收藏纳西东巴古籍的重要机构,其馆藏的东巴古籍因版本较老、品相上乘、书写流畅、插图精美及内容丰富而享有盛誉。这些珍贵文献大多出自清末至民国时期丽江大东巴之手,堪称东巴古籍中的瑰宝。本书旨在对馆藏的598册东巴古籍原件及23册影印件进行全方位、系统性的深入研究,涉及其入藏历程、整理编目、外部特征、书写风格、书手、地域归属以及跋语等多个维度。

　　第一章:绪论。

　　本章首先阐述了哈佛燕京图书馆藏东巴古籍的研究价值和意义,接着回顾了前修时贤对哈佛藏东巴古籍的研究成果,并指出现有研究中的不足。最后,本章明确了本书的研究思路、方法和步骤。

　　第二章:哈佛藏东巴文化藏品概况。

　　本章简要介绍了哈佛燕京图书馆的历史以及其所藏与东巴文化相关的文献、卷轴画和研究资料。特别强调了哈佛燕京图书馆在东巴古籍保存和数字化方面所做的积极工作。

　　第三章:哈佛藏东巴古籍的来源。

　　哈佛燕京图书馆的东巴古籍主要由洛克和昆亭两位学者收集而来。本章从这两位学者的学术背景、东巴古籍的收集和流转过程等多方面进行了深入探讨。通过对《洛克藏东巴古籍清单》的仔细分析,本章理清了洛克和昆亭各自收集东巴古籍的脉络。

第四章:哈佛藏东巴古籍的整理与编目。

本章重点讨论了洛克和朱宝田在哈佛藏纳西东巴古籍整理与编目方面的贡献。内容包括背景介绍、工作流程、成果价值以及存在的不足,为未来哈佛藏东巴古籍的重新编目提供了重要参考。

第五章:哈佛藏东巴古籍的形制。

本章全面分析了哈佛藏纳西东巴古籍的外部形态,涉及外形尺寸、装订形式、版面布局、插图、卷首符、标点符号、文字类型、书写工具以及载体等方面,展示了其独特的艺术魅力与学术价值。

第六章:哈佛藏东巴古籍的书写研究。

本章聚焦于哈佛藏纳西东巴古籍的书写情况,分析了其书写的概貌特征、具体书写特征,为东巴文的断代研究提供了坚实的物质基础与理论依据。

第七章:哈佛藏东巴古籍的书手调查研究。

本章对哈佛藏东巴古籍中的两位重要书手——东知与和鸿进行了深入研究。通过历史文献资料分析与实地调查,详细呈现了这两位清末丽江大东巴的生平事迹及其家族谱系,为东巴古籍的断代提供了新的方法。

第八章:哈佛藏东巴古籍的分域研究。

本章从地域角度对哈佛藏纳西东巴古籍进行了分类,分为汝卡抄本、宝山抄本与白沙抄本三大类型,详细分析了各类的特点,并对比其异同,为东巴文的分域研究提供了重要依据。

第九章:哈佛藏东巴古籍的跋语译释及研究。

本章翻译并研究了64则哈佛藏纳西东巴古籍中的跋语。通过对跋语的细致解读,我们成功地确认了部分古籍的抄写年代及其抄写者的身份,为东巴文的断代研究和专题研究提供了至关重要的线索。

结语:哈佛藏纳西东巴古籍研究展望。

从跨学科整合研究、数字化与数据库建设、国际交流与合作以及深度解读与理论构建四个方面,对未来哈佛藏东巴古籍的研究前景进行了展望。

附录。

附录1:哈佛藏纳西东巴古籍基本信息表。详细列出东巴古籍的编号、页数、尺寸、书名、跋语情况、抄写者及译本信息等关键内容。

附录2:访谈录。2017年8月,笔者对哈佛燕京学社李若虹副社长及燕京图书馆中文部马小鹤主任进行了深入访谈,全面交流了哈佛藏东巴古籍的相关问题,为读者提供更多背景信息与专业见解。

# 目录

# 第一章

## 绪论

远在太平洋彼岸的哈佛燕京图书馆,珍藏着一批人类文明史上最神奇的象形文字标本——纳西族东巴古籍。作为古代纳西族的百科全书,纳西东巴古籍不仅是中华多元文化谱系中的瑰宝,更是世界文明史上弥足珍贵的"思维标本"。

# 第一节　选题价值和意义

东巴古籍,是使用纳西象形文字(东巴文)或音节文字(哥巴文)书写的典籍。它主要是由纳西族东巴教徒所使用的经书,所以又被称作东巴经。东巴经是东巴文化的核心,东巴经之所以被称为古代纳西族的百科全书,是因为它包罗万象,宏大精深,是研究东巴文化和纳西族历史的宝贵资料。东巴古籍可以分为宗教经典、宗教仪式规程、占卜书和应用性文献等。

东巴古籍分布于金沙江上游的纳西族西部方言区,包括丽江和中甸、维西的部分地区。现存的东巴古籍2万余册,其中不雷同的书目1000多种。最早发现并收集东巴古籍的外国人是法国传教士德斯古丁斯。德斯古丁斯将东巴古籍摹本带回欧洲之后受到西方学界的热捧,很多西方传教士、探险家、学者专程来到纳西族地区搜集东巴古籍。据不完全统计,目前藏在海外的东巴古籍数量在一万册以上。

　　英国学者杰克逊对于欧美收藏的东巴古籍做过调查和统计,欧美的机构或个人一共收藏东巴古籍9353册,其中洛克收集7118册,昆亭收集1861册,怀特·斯密斯收集182册,福瑞斯特收集152册,恰尔顿收集15册,其他人收集25册。具体见下表[①]:

　　1.北美洲东巴古籍收藏情况一览表

| 收藏机构或个人 | 入藏时间 | 收集者 | 数目 |
|---|---|---|---|
| 美国国会图书馆 | 1924 | 约瑟夫·洛克 | 78 |
| | 1927 | 约瑟夫·洛克 | 598 |
| | 1930 | 约瑟夫·洛克 | 716 |
| | 1935 | 弗吉尼亚·哈里森夫人(从约瑟夫·洛克处购买?) | 573 |
| | 1945 | 昆亭·罗斯福二世 | 1073 |
| 美国哈佛燕京图书馆 | — | 约瑟夫·洛克 | 510 |
| | 1945 | 昆亭·罗斯福二世 | 88 |
| 弗吉尼亚·哈里森夫人私藏 | 1934 | 约瑟夫·洛克 | 3500* |
| | — | 约瑟夫·洛克 | 25* |
| | 1945 | 昆亭·罗斯福二世 | 700* |
| 合计 | | | 7861 |

注:*表示数字存疑。

　　2.欧洲东巴古籍收藏情况一览表

| 收藏机构 | 入藏时间 | 收集者 | 数目 |
|---|---|---|---|
| 德国国家图书馆 | 1961 | 约瑟夫·洛克 | 1118(复本913) |
| 英国曼彻斯特约翰瑞兰德图书馆 | 1916—1922 | 福瑞斯特 | 135 |

---

① Anthony Jackson, Mo-so Magical Texts, *Bulletin John Ryland Library*, 48(1), 1965, PP.169-170.

续表

| 收藏机构 | 入藏时间 | 收集者 | 数目 |
|---|---|---|---|
| 英国伦敦印度事务部图书馆 | 1916 | 福瑞斯特 | 17 |
| | 1929—1931 | 怀特·斯密斯 | 91 |
| 英国大英博物馆 | 1929—1931 | 怀特·斯密斯 | 91 |
| 法国巴黎东方语言文化学院图书馆 | 1890△ | 亨利·奥尔良 | 25* |
| | 1900△ | 雅克·巴克 | |
| 荷兰国立民族学博物馆 | 1880 | 恰尔顿 | 15 |
| 合计 | | | 1492 |

注:△表示入藏时间存疑,*表示数字存疑。

哈佛燕京图书馆藏东巴古籍在语言文字研究、宗教研究和历史研究上都有重要的研究价值。

## 一、语言文字研究

哈佛藏东巴古籍主要是由东巴文和哥巴文书写的经典文献。东巴文是纳西族先民创造的一种表意文字,纳西语称为 $sər^{33}tçə^{55}lv^{33}tçə^{55}$,意为"木石痕迹"。东巴文大多数字符比较象形,且沿用至今,因此被称为"活着的象形文字"。因为东巴文主要以象形表意,故又称形字。哥巴文是纳西族先民创造的一种表音文字,纳西语称为 $gə^{21}ba^{21}$,音译作哥巴或格巴,哥巴有"弟子"之意。这说明它是由后世东巴的弟子创制的。相比起东巴文,哥巴文字形比较抽象,一个字可以代表一个音节,故又称音字。

哈佛藏东巴古籍有来自汝卡、宝山、白沙等不同区域的文字材料,文字样本十分丰富。通过研究东巴经中的文本,语言文字学家可以深入了解东巴文和哥巴文的结构、来源、发展演变以及古代纳西语的语法和词汇,为文字学和纳西语的研究提供重要的实证材料。

## 二、宗教研究

哈佛藏东巴古籍的内容涉及祭署、祭东巴什罗、祭风等多种东巴教仪式,有很多东巴古籍珍本和孤本,为研究东巴教的宗教信仰和仪式提供了直接的资料。研究者可以通过这些文本分析东巴教的宗教实践、信仰体系以及其与其他宗教的关系。东巴经详细记录了东巴教的各种宗教仪式和仪轨,如祭天、祭署、开路、祭风、延寿、除秽、祭村寨神、祭五谷六畜神、祭山神等。这些仪式和仪轨是东巴教宗教实践的重要组成部分,反映了纳西族人民的宗教信仰和习俗。通过研究东巴经中记录的宗教仪式和仪轨,研究者可以深入了解东巴教的宗教实践。这些实践包括祭祀活动、占卜术数、驱邪治病等,体现了纳西族人民对神灵的崇拜和祈求。研究者可以通过比较东巴经与其他宗教经典(如藏族本教经典、藏传佛教经典、汉传佛教经典等)的异同点,探讨东巴教与其他宗教之间的相互影响和关系。这种比较有助于深入理解东巴教在宗教文化交流中的地位和作用。

## 三、历史研究

作为纳西族文化的重要组成部分,哈佛藏东巴古籍中记录的纳西族先民的迁徙路线和祖先传说为研究纳西族历史提供了珍贵的第一手资料。这些资料对于复原纳西族的历史发展、社会结构和文化传承具有重要意义。东巴古籍作为纳西东巴文化的重要载体,通过口耳相传和书面记录的方式,将纳西族的历史、文化和传统传承至今。这些记录不仅有助于了解纳西族的过去,还能为未来的中华文化传承和发展提供借鉴。哈佛藏东巴古籍的研究吸引了众多国内外学者,形成了丰富的研究成果。这些研究不仅推动了纳西东巴文化的研究进程,还为其他民族的文化研究提供了有益的参考和借鉴。

哈佛燕京图书馆藏东巴古籍是中国学术界和纳西东巴文化研究领域中的一项重要资源。哈佛燕京图书馆拥有的这一系列文献不仅具有重要的历史和文化价值,而且对于研究东巴教的宗教仪式、信仰体系和古代纳西社会具有重要意义。

# 第二节 相关研究综述

哈佛藏东巴古籍最初由洛克开启研究先河,其后,李霖灿、朱宝田、杰克逊、和继全、邓章应、张春凤,以及李晓亮等学者相继投身其中,对其进行了广泛而深入的研究。他们在哈佛藏东巴古籍的整理编目、文本翻译以及围绕特定主题的探讨上均取得了显著的成就,共同推动了哈佛藏东巴古籍学术研究的进步与发展。

## 一、整理与编目

### (一)洛克

1930—1943 年,洛克在和华亭东巴的协助下收集和整理东巴古籍。1946 年,当洛克又回到丽江时,曾经协助他翻译东巴经的和华亭东巴已经去世。后来洛克在和作伟东巴的协助下继续该项工作,一直到 1949 年。洛克在收集东巴经的同时,又对其进行编目,为每一本经书撰写书签,书签上注明书名、所属仪式和编号。

### (二)杰克逊

英国学者杰克逊在其文章《神奇的么些经典》(Mo-So Magical Texts)中,对中国大陆以外的机构及个人所收藏的东巴经进行了详尽的数量统计,并尝试梳理了这些经书的入藏时间及收集者背景。虽然文中关于燕京图书馆所藏东巴古籍的数量记录是准确的,但关于其入藏时间和具体收集者的信息的记录却不甚准确。值得注意的是,我们在查阅燕京图书馆的档案资料时等,并未发现杰克逊本人曾到访该馆进行研究的相关记录。

### (三)李霖灿

1956 年,李霖灿受邀访问哈佛燕京图书馆,他对哈佛藏部分经书做过整理,写有 21 张卡片,并对一些经书的书名做了汉译,有的还附有东巴文说明。

哈佛燕京图书馆档案中有两条李霖灿访问燕京图书馆的记录：

1956 年 6 月 20 日

国会图书馆国际图书馆关系部助理 Mary Ann Adams 致函裘开明：台北"中央博物馆"的李霖灿先生在美访学，计划 7 月 23 日上午 10 时参观汉和图书馆，不知你是否有空接待。随函附李霖灿的个人简介。①

1956 年 7 月 6 日

贵馆国际关系部助理 Mary Ann Adams 夫人来函，言摩梭语（按，即纳西语）专家李霖灿将于 7 月 23 日来访我馆。请你致电转告她这个时间很合适。我们还将带领李先生参观皮博迪人类学博物馆。②

从上面的记录来看，李霖灿访问燕京图书馆的时间很短。因此，他不可能进行深入的研究，只是匆匆浏览了一遍。他主要的工作是为那些洛克未标注书名的经书添加了书名标注，但也没有完全完成。

## （四）朱宝田

1995 年 9 月，朱宝田受到哈佛燕京图书馆的邀请赴美整理哈佛藏东巴古籍。经过一年零四个月的时间，完成了《哈佛大学哈佛燕京图书馆藏中国纳西象形文经典分类目录》（*Annotated Catalog of Naxi Pictographic Manuscripts in the Harvard Yenching Library Harvard Univesity*），1997 年由哈佛大学出版社出版。

1998—2002 年，朱宝田又对美国国会图书馆所藏东巴古籍进行了编目工作，完成《美国国会图书馆藏中国纳西象形文经典分类目录》，至今没有出版，但可以在美国国会图书馆网站下载阅读。

## 二、文献翻译

洛克是哈佛藏东巴古籍的收集者之一，也是最早翻译这批古籍的学者。洛克翻译了上千册东巴古籍，这些译本集中在洛克的《纳西族的那伽崇拜及其有关仪式》《纳西族的日美丧仪》《开美久命金的爱情故事》等论著中。此外，洛

---

① 程焕文：《裘开明年谱》，桂林：广西师范大学出版社，2008 年，第 645 页。

② 程焕文：《裘开明年谱》，桂林：广西师范大学出版社，2008 年，第 647 页。

克记录了部分经书的收集时间、地点、收集过程,以及抄写的基本信息,为后来的研究者提供了宝贵的资料。

中国社会科学院民族学与人类学研究所同哈佛燕京学社、丽江市东巴文化研究院合作翻译了哈佛藏东巴古籍。2011年,中国社会科学出版社出版了《哈佛燕京学社藏纳西东巴经书》(第1卷)。该套丛书计划系统地翻译哈佛藏东巴古籍,自第1卷出版以来,陆续推出了多卷。截至2024年,总共出版了9卷,翻译了174册东巴经书。这174册东巴经书涵盖了5个仪式或类型,其中包括:超度什罗仪式(29册)、祭署仪式(48册)、大祭风仪式(23册)、延寿仪式(17册)和占卜书(35册)。该套丛书在翻译和注释方面参照《纳西东巴古籍译注全集》的译注模式,书中以经书原文、纳西语标音、汉语对译及汉语译文"四对照"的方式呈现。这种方法不仅保留了原文的完整性,还提供了详细的音标和翻译,使读者能够全面理解东巴经书的内容和意义。

## 三、专题研究

### (一)价值和意义

李晓亮《哈佛大学燕京学社图书馆藏中国纳西东巴文献的价值和意义》(2013)从历史学、文献学及文字学三个维度深刻剖析了哈佛藏东巴古籍的学术价值。他指出,这些珍贵的东巴古籍文献不仅为历史学家提供了透视纳西族古代社会、宗教及文化变迁的独特窗口,也为文献学家研究东巴文的流传、版本及抄写传统奠定了坚实基础。同时,文字学家则能借此深入探索东巴文的构形规律、语义系统及文字的演变发展路径。文章进一步强调,这三个研究领域的成果能够相互支撑、相互验证,共同为东巴文研究贡献更为丰富多元的材料与视角。

李晓亮、喻遂生《洛克论著对哈佛东巴经整理翻译的价值和意义》(2013)从经书的地域、经书的时代和经书的标音三个方面入手,说明洛克的研究对于哈佛藏东巴古籍的翻译和整理具有重要的借鉴意义。文章最后呼吁应当充分地利用洛克的研究成果,在前辈学者研究的基础之上把东巴文献和文字的研究引向深入。

### (二)跋语研究

2007年,纳西族学者和继全亲赴哈佛燕京图书馆,对馆藏的东巴古籍进行了深入的调查与研究,特别聚焦于经书中的跋语部分。在此基础上,他于2009年发表了题为《美国哈佛大学燕京图书馆馆藏东巴经跋语初考》的学术论文。该文凭借历史文献、东巴经跋语分析,以及田野调查资料,对哈佛藏东巴古籍的部分抄写者进行了较为详尽的考证。通过这一系列研究,和继全成功识别出哈佛藏东巴古籍中包含了东知、和鸿以及和学礼三位东巴的抄本,并进一步考证确定了东知的出生年份,为东巴经的研究与东巴文化的传承提供了宝贵的新知与线索。

### (三)分类研究

张春凤《哈佛所藏东知东巴经书的分类与断代》(2011)聚焦于哈佛藏东巴古籍,通过严谨的分类学方法对这些经书的书写风格进行了系统性的梳理与划分。该研究的核心贡献在于,它运用了一批具有明确纪年信息的经书作为年代标定的基准点,通过细致的比对分析,对那些缺乏直接年代标记的经书进行了科学而精细的断代尝试。这一过程不仅体现了作者对东巴古籍的深厚理解,也展示了在特定文化遗产领域内利用风格分析进行年代推断的复杂技艺。通过对东知东巴经书这一具有代表性案例的深入剖析,张春凤的研究不仅揭示了东巴经书在风格演变上的规律与特点,更为重要的是,它开辟了东巴文研究的新路径,展示了通过细致入微的文本分析与风格比对,实现东巴经书更为精确断代的潜力与可行性。此外,该研究还强调了东巴文书写艺术风格研究的重要性,指出这一领域的深化不仅能够推动东巴文作为独特文字系统的学术研究向前发展,还能够为东巴经书的年代鉴定提供重要的辅助证据。

张春凤《哈佛燕京学社藏纳西东巴经谱系分类方法研究》(2016)融合了封面鉴定、内页特征分析、跋语解读、收藏信息考据、特殊标记识别、内容重复性比对以及文字风格鉴定等多种研究手段,对哈佛藏的纳西东巴古籍进行了全面且深入的多维度探索。通过这一系列精细的研究方法,她不仅揭示了东巴古籍的复杂谱系,还进一步提炼出了谱系分析法的一般原则:从特殊案例出发归纳普遍规律,由显性特征深入挖掘隐性联系,先形式分析后内容解读,并在确定基准范本的基础上进行系联分析。同时,张春凤强调了在分析过程中需妥善平衡区域特征与个体特征之间的关系,这一见解对于深化我们对东巴古籍文本的理解与分析具有重要的指导意义,其研究结论也为其他东巴古籍文本的解析提供了可借鉴的框架与路径。

### (四)文献学研究

邓章应、张春凤《哈佛燕京图书馆藏带双红圈标记东巴经初考》(2013)对哈佛燕京图书馆所珍藏的带有双红圈特殊标记的东巴古籍进行了系统性的初步整理与深入探究。通过细致分析这些古籍中的特殊标记、跋语内容、装帧风格、用色习惯、字迹特征,以及开头和句间的标记等细节,他们得出了一个重要结论:这些古籍文本的抄写者为丽江黄山镇下长水村的东知东巴。不仅如此,两位学者还运用相同的研究方法,对那些未带有双红圈标记的古籍进行了仔细的比对与系联,成功推断出了更多由东知东巴抄写的古籍,这一成果极大地丰富了我们对东知东巴及其抄写的古籍的认识。

和继全《纳西东巴古籍藏语音读经典初探》(2013)揭示了一个重要发现:在哈佛藏的东巴古籍中,存在4册采用藏语音读的特殊文献,它们分别是A4《二十二地燃油灯》、A5《向高劳燃灯经》、A9《加阿明威灵经》,以及B44《萨达余主》。值得注意的是,这4册东巴古籍并未收入《纳西东巴古籍译注全集》,因而为东巴古籍的研究提供了新的材料和视角。此外,和继全还指出,另一册编号为M34的经书是关于祭祀噶玛噶举派所特别尊崇的神灵玛哈嘎拉神的文献《祭玛哈嘎拉》,这一发现进一步丰富了我们对东巴古籍内容及其与藏传佛教文化联系的认识。

李晓亮、张显成《哈佛大学燕京学社图书馆藏和鸿东巴经抄本研究》(2015)聚焦于哈佛藏的和鸿东巴经抄本,通过对其中跋语的精心解析,他们不仅成功推算出了和鸿的生年,还进一步确定了这些抄本的抄写时间框架。此外,文章还深入剖析了和鸿抄本的经书封面设计、书写风格特点以及跋语内容,旨在全面揭示白沙派东巴经的文化内涵与艺术特色。此研究为深入理解白沙派东巴古籍文献的传承与发展提供了重要线索。

张春凤《哈佛燕京学社藏纳西东巴经两册"崭新"经书考》(2016)对哈佛藏

的两册外表看似"崭新"的东巴经(编号 G1 和 K38)进行了深入的考证分析。通过细致的文本比对与历史背景考察,她确定这两册经书的书手为和华亭,并推测其抄写时间大约在 1928 年至 1936 年这一时间段内。这一发现不仅为理解和华亭作为东巴经书手的贡献提供了新的视角,也为确定哈佛藏东巴古籍中部分经书的抄写年代提供了宝贵依据。

张春凤《哈佛燕京学社藏东巴经跋语中带有"嘎"的经书考》(2017)对哈佛藏的 7 册东巴经进行了细致的考察,这些经书的跋语中均含有特定的东巴文字符"🖘"。通过深入的文本分析和比对,她提出了一个关于书手身份的论断:经书 C4、C12、C72 的跋语风格一致,判断为同一人所抄写;同样,C37、C38、C82 的跋语也展现出高度相似性,被认为是另一书手的作品;而 C23 与 C42 的跋语特征相吻合,表明它们出自同一位书手。这一研究成果不仅为哈佛藏东巴古籍的书手身份提供了新的认识,也为进一步探究东巴经的流传与抄写传统奠定了重要基础。

哈佛藏东巴古籍作为研究纳西族语言文字、文化、宗教及历史的宝贵资料,其价值和意义得到了广泛认可。从多个维度对这批珍贵文献的进行深入研究,不仅揭示了东巴古籍本身的丰富内涵,也为东巴文的研究开辟了新路径。

首先,洛克的研究成果为哈佛藏东巴古籍的翻译和整理提供了重要参考,其从地域、时代和标音三方面的分析,为后来的研究者奠定了坚实基础。李晓亮等学者进一步从历史学、文献学及文字学角度剖析了哈佛藏东巴古籍的学术价值,强调了这些文献在透视纳西族古代社会文化、研究东巴文流传及探索文字发展路径中的重要作用。

其次,跋语研究为东巴经的研究提供了新视角。和继全通过对哈佛藏东巴古籍跋语的深入考察,成功识别出多位东巴的抄本,并考证了书手的身份和年代,为东巴文化的传承提供了宝贵线索。

在分类研究方面,张春凤通过严谨的分类学方法对哈佛藏东巴古籍进行了系统性梳理,创新性地运用了一批具有明确纪年信息的经书进行断代尝试,揭示了东巴经书风格演变的规律与特点,为东巴古籍的年代鉴定提供了新路径。她还提出了谱系分析法的一般原则,为深化东巴经文本的理解与分析提供了重要指导。

此外,文献学研究也取得了显著成果。邓章应、张春凤等学者通过对特殊标记、跋语内容等细节的分析,成功推断出经书的抄写者,丰富了我们对东巴经抄本的认识。和继全、李晓亮等学者则通过揭示藏语音读经书和特定抄写者的抄本,为东巴经的研究提供了新的材料和视角。

### 四、目前研究的不足

尽管前修时贤对哈佛藏东巴古籍的研究取得了丰硕成果,但仍然存在一些不足,主要有以下两点:

1.以往的研究大多聚焦于特定专题,缺乏全面且系统的介绍和研究。哈佛藏东巴古籍的全部图像由哈佛燕京图书馆公布前,仅少数学者有幸窥其全貌。因此,早期的研究关注东巴古籍文献的分类、简要阐释、跋语分析,以及书写特征等方面,显现出显著的局限性。

2.当前的研究工作鲜少汲取洛克、李霖灿、朱宝田等前辈学者的研究成果。尤其值得注意的是,哈佛藏东巴古籍的主要收集者——美国学者洛克,不仅是杰出的人类学家,更被誉为"西方纳西学之父"。他发表了大量关于纳西东巴古籍文献的学术著作,其中不少内容直接关联到哈佛所藏的这批东巴古籍,甚至对某些经书进行了详尽的字句翻译。这些宝贵的研究成果对于当前我们深入研究这批经书具有不可估量的价值,然而遗憾的是,它们并未得到充分的重视与利用。

# 第三节　研究思路、方法和步骤

### 一、研究思路

本书以哈佛燕京图书馆馆藏的598册纳西东巴古籍原件及23册影印件为研究对象,对其进行全方位、系统性的深入研究,涵盖保存现状、入藏历程、整理编目、外部特征、书写风格、书手、地域归属及跋语等多个维度。具体研究思路如下：

第一部分：哈佛藏东巴古籍的概述、来源和收集及入藏过程。

我们对哈佛燕京图书馆东巴古籍收藏情况做全面概述，并借助书信、日记及图书馆档案等珍贵资料，追溯这批东巴古籍的流转及入藏过程，揭示其背后的历史脉络。

第二部分：哈佛藏纳西东巴古籍的整理和编目。

我们深入探讨了洛克和朱宝田两位学者在哈佛藏东巴古籍整理与编目方面的贡献，包括背景介绍、具体工作流程、成果价值及存在的不足，为理解哈佛藏东巴古籍的学术价值和未来的重新编目提供重要参考。

第三部分：哈佛藏纳西东巴古籍的形制、书写、书手以及分域研究。

1. 全面概述了哈佛藏东巴古籍的外部形态，从外形尺寸、装帧形式、版面布局、插图、卷首符、标点符号及文字类型等多个方面进行深入剖析，展现其独特的艺术魅力与学术价值。

2. 聚焦于哈佛藏东巴古籍的字迹特征，为后续的东巴古籍分域与断代研究奠定坚实的物质基础与理论依据。

3. 结合历史文献分析与实地田野调查，深入挖掘并呈现了清末丽江地区两位大东巴——东知与和鸿的生平事迹及其家族谱系信息。

4. 将哈佛藏东巴古籍分为汝卡派、宝山派及白沙派三大类别，详细分析各自特点，并对比其异同，揭示东巴经抄写风格的地域性特点。

第四部分：哈佛藏纳西东巴古籍跋语的翻译和研究。

1. 采用"四对照"的方式对64则哈佛藏东巴古籍跋语进行翻译。其中37则跋语以字释的形式发表在《纳西东巴文献字释合集》49册，但是笔者对其中的错漏进行了纠正。在跋语的译释过程中，我们采用了丽江大研镇的音系作为标准，并具体参考了《纳西象形文字谱·纳西语的音标说明》。译释工作遵循了"经书原文、国际音标与汉语词语及东巴文原文对译、句译、注释"的四对照模式，力求准确传达跋语的原意与精髓，为学术界和广大读者提供一份可靠的研究资料。对于纳西语虚词，可用汉语虚词对译的，可直接写汉语虚词。如有不宜对译的，则用圆括号加词类简称表示，如"（助）""（连）""（语）"等。

2.采用文本分析和田野调查的方法对哈佛藏东巴古籍跋语进行全面研究。通过对这些跋语信息的细致解读和分析,识别并确认了部分古籍的抄写年代及其书手身份,并对跋语行款、用字、字词关系等方面进行探讨。

## 二、理论方法

本书主要用到以下研究方法:

1.统计分析法:此法主要应用于字体风格章节的探讨。我们通过对大量东巴文字进行详细的统计和细致的分析,提取其核心特征,进而对该东巴文字的风格进行科学的量化统计分析,以数据支撑研究结论。

2.归纳法:本研究运用归纳法,通过细致比对哈佛藏东巴古籍的字迹形态、字体结构、运笔技巧等要素,旨在总结并提炼出经书书手的独特书写风格。同时,我们还综合考察经书的封面设计、起始符号、句间分隔标记、书写风格、东巴文跋语及字迹等多重信息,以归纳出不同地区东巴经在用字上的特色与规律。

3.田野考察法:考虑到哈佛藏东巴古籍的书手生活的年代距今并不遥远,其直系后代仍存于世。因此,我们采用田野考察法,通过实地走访并访谈这些书手后裔,以期获取关于他们的生平、家谱、经书交易情况等信息,为研究提供更为丰富的历史背景。此外,笔者还亲赴哈佛燕京图书馆查阅东巴古籍的原件以及相关档案资料,深入了解哈佛藏东巴古籍的入藏历程以及收藏现状等情况。

4.笔迹学分析法:笔迹学作为一门科学,通过深入观察与分析书写笔迹,能够从心理学的角度对书手的人格特质进行推断与阐释。在本研究中,我们运用笔迹学的方法,对东巴文的书写体式、字形结构、行款布局,以及书面语言特征等进行细致分类,并在此基础上总结出每位书手的独特书写习惯与字迹特征,同时探讨不同笔迹之间的内在联系与差异。

本书不仅采用了统计分析法和归纳法等传统方法,还创造性地引入了田野考察法与笔迹学分析法。我们不仅对文本进行了深入细致的分析,还亲赴这批古籍的来源地和收藏地进行实地考察,详尽了解了这批经书的入藏历程及书手的背景情况。通过引入笔迹学分析法,我们从多个维度对这批古籍的书写特征进行了全面考察。

## 三、研究步骤

本书主要按照以下步骤进行研究:

第一,我们对哈佛藏东巴古籍进行全面而细致的整理,逐一分析每册经书的书签、封面标题、内页布局、特殊标记符号、书写风格以及具体内容,并基于这些不同的信息特征对它们进行初步的分类整理。

第二,我们提取并整合编号、书名、尺寸、书手、内容分类、地域、跋语、是否有译本等关键信息特征,构建一个全面而详尽的东巴古籍版本特征数据库。

第三,我们聚焦于哈佛藏东巴古籍中的形制、书写、书手、所属地域、跋语等方面,运用文本分析、田野考察、笔迹分析等方法开展深入的专题研究。

## 四、本书有关说明

1.本书对一些主要的引用书籍简称如下:

《纳西象形文字谱》简称《谱》

《么些象形文字字典》简称《么象》

《纳西语—英语百科辞典》简称《辞典》

《纳西东巴古籍译注全集》简称《全集》

《哈佛燕京学社藏纳西东巴经书》简称《哈藏》

2.书中引用《纳西象形文字谱》和《么些象形文字字典》中的东巴字时标在其前的数字为书中东巴文的编号。

3.书中的音系不求统一,引用《纳西语—英语百科辞典》《纳西象形文字谱》《么些象形文字字典》中的例字,保持其原有的标音。

4.书中出现的译文,如未标明出处,译者皆为笔者本人。

5.书中引用前修时贤的文章及著作,为了行文简洁,正文一律省去"先生",径呼其名,望海涵。

# 第二章
## 哈佛藏东巴文化藏品概况

哈佛燕京图书馆自创立以来,始终以构建跨文明的学术资源库为使命,其庋藏的东巴文化藏品堪称北美地区最富学术张力的纳西学研究宝库。让我们一起走进这座宝库一探究竟。

## 第一节　哈佛燕京图书馆及其所藏东巴文化藏品

### 一、哈佛燕京图书馆

美国哈佛大学图书馆(体系)是美国最古老的图书馆,也是世界上藏书最多、规模最大的大学图书馆。哈佛燕京图书馆(Harvard-Yenching Library),作为哈佛大学图书馆体系中专注于东亚文献收藏的重要机构,其丰富的馆藏资源在东亚研究领域内享有极高的声誉。若以藏书量来衡量,它目前位列哈佛大学第三大图书馆,仅次于总馆怀特纳图书馆(Widener Library)和法学院图书馆,而在美国国内,其东亚文献的馆藏规模仅次于国会图书馆。图书馆坐落于哈佛大学校内,波士顿剑桥市的神学街2号。

该图书馆不仅是研究中国、日本、韩国及其他东亚地区历史、文化、语言和文学的重要资源中心,更以其独特的馆藏文献吸引了全球学者的目光。目前,哈佛燕京图书馆馆藏中文古籍高达15万册,其中善本古籍就有6万余册,这些古籍涵盖了宋、元、明等多个朝代的珍贵版本。特藏中包括宋版15种、元版25种、明版1328种,以及清乾隆时期前的版本1964种。此外,还有抄本、稿本1215种,拓片500余张,以及法帖36种301册,其中不乏在国内已失传的秘本,这些珍贵的文献资源对于研究东亚历史与文化具有不可估量的价值。

哈佛燕京图书馆的历史可以追溯到1879年,当时一位名叫戈鲲化的中国学者应邀到哈佛大学开设中文课程,并为这门课购买了一批书籍。这些书籍后来留在了校内,成为了哈佛大学中文图书馆的起点。1928年,哈佛燕京学社(Harvard-Yenching Institute)成立,它是一个设立于哈佛大学的私人基金会,但与哈佛大学并无直接的行政关系。1931年,哈佛燕京学社接管了哈佛学院图书馆已经收藏的中日文图书,并在此基础上建立了一座附属图书馆,取名为哈佛燕京学社汉和图书馆(Chinese-Japanese Library of the Harvard-Yenching Institute),首任馆长为裘开明。1965年,该图书馆更名为哈佛燕京图书馆。1976年,图书馆的管理权由哈佛燕京学社移交给哈佛大学图书馆,现任馆长为杨继东。

哈佛燕京图书馆不仅以其丰富的馆藏资源吸引着全球学者,更以其专业的服务和研究环境成为了东亚研究领域的学术重镇。在这里,学者们可以尽情探索东亚文化的博大精深。

## 二、哈佛藏东巴文化藏品

哈佛燕京图书馆的东巴文化藏品堪称瑰宝,不仅涵盖了东巴古籍、东巴卷轴画,还有其他类型的丰富研究资料。以下是对其藏品的详细介绍。

### (一)东巴古籍

1.东巴古籍原件:这些珍贵的手抄本大多由清末到民国时期的大东巴精心抄写,它们保存了东巴古籍较为早期的版本,是研究东巴文和纳西书面语的第一手资料。这些手抄本不仅品相上乘、版本较老,而且书写流畅、字体优美,插图更是栩栩如生,堪称东巴古籍中的精品。

2.东巴古籍影印件:哈佛燕京图书馆还收藏了大量东巴古籍影印件,这些影印件大多能够在图书馆内找到其原件。

### (二)东巴文化其他藏品

除了东巴古籍之外,哈佛还收藏了其他的东巴文化藏品,包括东巴卷轴画《神路图》,洛克关于东巴古籍翻译和学术论文的手稿、日记和书信等。以下对这些藏品做简单的介绍。

1.东巴卷轴画:哈佛收藏了卷轴画《神路图》三幅,以及黑白照片一套(17张)。《神路图》又称《东巴神路图》,画面细致描绘了天堂、人间和地狱三个部分。该画卷色彩鲜明、人物造型生动,既融合了藏传绘画艺术的精髓,又独具纳西族的传统风格和特色。它主要用于丧葬仪式中超度死者亡灵,描述了亡灵在死后世界所经历的各个阶段,具有极高的文化和艺术研究价值。但是《神路图》并没有统一制作标准,因此,其材质和尺寸也不尽相同。三幅《神路图》的材质和尺寸如下:

| 名称 | 材质 | 尺寸 |
| --- | --- | --- |
| 《神路图》1 | 麻布 | 长810厘米,宽18.5厘米 |
| 《神路图》2 | 土布 | 长1170厘米,宽28厘米 |
| 《神路图》3 | 土布 | 长973厘米,宽29.5厘米 |

2.洛克关于东巴古籍翻译和学术论文的手稿。这些手稿分别藏在哈佛燕京图书馆和哈佛大学阿诺德植物园园艺图书馆(Arnold Arboretum Horticul-tural Library)。以下是手稿的简目:

(1)《中国西部》(West China),手稿2页,打印稿2页,未刊,现藏哈佛大学阿诺德植物园图书馆。

(2)《云南省》(Yunnan Province),手稿4页,打印稿3页,未刊。

(3)《阿尼玛卿山》(Amnye Ma-chhen Range),手稿5页,打印稿4页,未刊。

(4)《永宁》(Yung-ning or the Eternal Peace Territory),手稿6页,打印稿5页,未刊。

(5)《纳西族和他们的文献》(The Na-khi Tribe and Their Literature),手稿12页,未刊。

（6）《木里的喇嘛王国》(The Lama Kingdom of Mu-li)，手稿12页，未刊。

（7）《泸沽湖》(The Lake of Yung-ning)，打印稿4页，未刊。

（8）《中国西部的传教士》(Missionaries in the West China)，手稿13页，打印稿10页，未刊。

（9）《在（中国）云南的部落中；藏族；诺苏人或倮倮人》[Among the Tribes of the Yunnan（China）；The Tibetans；The Nosu or Lolo]，打印稿37页，未刊。

（10）《两位准新娘溺水身亡》(Two Brides-to-be Drown Themselves)，手稿7页，未刊。

（11）《纳西族》（非完成）(The Na-khi Tribe…incomplete)，打印稿2页，未刊。

（12）《纳西族宗教仪式及有关手稿》(The Religious Ceremonies of the Na-khi and Manuscripts Pertaining to Them)手稿，1箱，1000余页，1970年10月11日入藏。该手稿所载大部分收入洛克已出版的专著《纳西东巴古籍目录》和《纳西族的那伽崇拜及有相关仪式》（上、下）。

3.洛克日记。日记年份分别是1924—1927，1929，1934，1935，1936。洛克日记原件现藏英国爱丁堡的皇家植物园档案馆(The Archives of the Royal Botanic Garden)。以下是洛克日记的编目。

（1）洛克日记，从云南到四川，1924年12月13日—1925年3月16日，手稿190页。

（2）洛克日记，从四川到甘肃，1925年3月17日—5月23日，手稿199页。

（3）洛克日记，1925年5月26日—8月31日，手稿201页。

（4）洛克日记，甘肃，1925年8月31日—11月16日，手稿199页。

（5）洛克日记，从西宁到卓尼，1926年11月21日—1927年4月22日，手稿141页。

（6）洛克日记，从卓尼到拉卜楞寺，向西到黄河，越过阿尼玛卿山，1926年4月23日—1926年8月20日，手稿300页。

（7）洛克日记，西藏，1926年8月24日—1927年2月28日，手稿231页。

（8）洛克日记，西藏，1927年3月9日—4月15日，手稿173页。

（9）洛克日记，1929年2月1日—2月7日，手稿9页。1929年2月21日—6

月3日,手稿35页。1934年5月6日—6月8日,手稿39页。1935年1月13日—1936年2月3日,手稿21页。

4.书信。洛克书信收藏在哈佛大学阿诺德植物园园艺图书馆。以下是洛克书信的简目:

(1)洛克致信阿诺德植物园,1924—1927年,17封。

(2)洛克从云南、四川发出的信,1924年11月12日—1925年5月26日,12封。

(3)洛克从甘肃发出的信,1925年5月29日—8月9日,9封。

(4)洛克从甘肃发出的信,1925年8月28日—12月29日,18封。

(5)洛克从卓尼、甘肃发出的信,1926年1月1日—12月28日,57封。

(6)洛克从卓尼、甘肃、四川、云南发出的信,1927年1月1日—1927年6月29日。

(7)威尔逊写给洛克的信,1927年4月11日—8月11日,6封。

(8)阿诺德植物园园长萨金特与洛克的通信,1924年6月18日—1927年2月3日,49封。

(9)洛克与乌特勒姆·班斯的通信,1926年1月1日—1927年6月5日,5封。原件藏在哈佛大学比较动物学档案馆。

(10)梅林与洛克的通信。

2006年,奥地利科学院出版社出版了洛克书信三册,其中包括1938—1961,1935—1961,1921—1922三个时段。

# 第二节　哈佛藏东巴古籍保存与保护

## 一、哈佛藏东巴古籍保存状况

哈佛藏东巴古籍原件、部分影印件及《神路图》现藏于哈佛燕京图书馆三楼的古籍善本部,这一部门专为保护和保存珍贵的历史文献而设。古籍善本书库内部环境严格控制,常年维持着恒定的温度和湿度,为古籍善本提供了一个理想的保存条件,确保这些承载着深厚文化底蕴的宝贵资料能够得以长久留存。

据古籍善本部资深管理员王系介绍,古籍善本书库主要存放清康熙以前珍贵文献,这些文献因其历史悠久、内容独特而具有极高的学术和文化价值。相比之下,过去的东巴古籍则往往分散在各地的东巴私人家中,收藏条件相对简陋。东巴们通常使用木板书夹和皮绳或麻绳,按照分类将古籍捆扎好后,或置于厨房灶台上方的神台上,或安放在房屋的二楼。这样的保存方式虽富有民间特色,但由于缺乏专业的保护措施,古籍往往容易受到环境因素的影响,如潮湿、虫蛀等,从而增加了长期保存的难度。因此,我们现在很少见到清代以前的东巴古籍抄本。

### (一)哈佛藏东巴古籍数量的澄清与调查

关于哈佛藏东巴古籍的数量,不同文献中存在不同的记载。雅纳特在《纳西东巴古籍目录》的前言中提到,哈佛燕京图书馆藏有大约1000册东巴经。而英国学者杰克逊在《神奇的么些经典》中则明确指出,该馆藏有598册东巴经。此外,朱宝田编纂的《哈佛大学哈佛燕京图书馆藏中国纳西象形文经典分类目录》记录了燕京图书馆藏有东巴古籍原件598册,以及影印件23册。

为了获取更准确的信息,笔者于2017年和2024年两次访问燕京图书馆,并亲自查阅了这批珍贵的东巴古籍。经过详细的调查与核实,我们得知哈佛燕京图书馆所藏的东巴古籍实际上分为以下两类:

1.纳西东巴古籍原件:共计598册,它们被分装在13个锦盒之中。

2.纳西东巴古籍影印件:分为两个部分,分别存放在哈佛燕京图书馆古籍善本书库和远程书库。第一部分有23册,第二部分有115册。

综上所述,哈佛燕京图书馆所藏的东巴古籍原件确实为598册,与杰克逊和朱宝田的记录相符,而影印件的数量则因存放地的不同而有所差异。

### (二)纳西东巴古籍原件

纳西东巴古籍原件被分装在13个锦盒之中。这些锦盒不但是为东巴古籍量身定做的,而且设计独具匠心,四面均可打开。

每个锦盒的外侧都贴有一张汉字标签。标签上明确标注了经书的分类和数量。

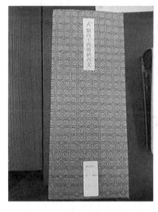 

A类锦盒图　　　　　　　　　　锦盒展开图

哈佛藏东巴古籍的原件一共附有三组书签和一组卡片。

第一组包含两个书签。第一个书签,我们称之为外签,通常被贴在经书的封面左上角。它呈正方形,尺寸约为3×3厘米,上面写有该书所属东巴教仪式的纳西语音标及数字标识,该数字表示这本经书在仪式中的吟诵序号。第二个书签,我们称之为内签,则一般位于封二的中心位置,形状为长方形,通常尺寸为长10厘米左右,宽5厘米左右。内签上详细记录了经书的编号、东巴文书写的书名、纳西语音标书名及仪式名,这些信息对于识别和研究经书至关重要。这组书签是洛克留下的。

第二组只有一个书签,位于经书封面的右上角,由纯数字组成,数字范围覆盖了1—598,每个数字代表一册经书。这些书签的尺寸较小,长为1厘米左右,宽为0.5厘米左右,它们可能是该批经书入藏哈佛燕京图书馆时,由图书馆工作人员统一编制并粘贴的。然而,在整理哈佛藏东巴古籍时,我们发现,有15册经书的这个书签缺失。但通过查阅朱宝田编撰的《哈佛大学哈佛燕京图书馆藏中国纳西象形文经典分类目录》,我们确认这些经书在目录中均有编号记录。因此,我们推测,这15册经书的书签可能因时间流逝而脱落或遗失。

第三组也只有一个书签,同样位于经书封面的右上角,紧贴在第二组书签的下方。这组书签的尺寸为长2厘米,宽1厘米,上面用拉丁字母表示类名,数字则表示该类中的序号。这组书签是朱宝田为便于分类和研究而特别制作的。

哈佛藏 B1 封面

哈佛藏 B1 封二

除了上述三组书签外,部分哈佛藏东巴古籍中还夹杂着一些散装的卡片。我们发现的这类卡片共3张,均用中文书写,尺寸约为长10厘米、宽6厘米。卡片上记录的信息:"祭龙王法仪"为仪式名;"求福泽经""杀水怪经"和"开龙门经"则是经典名。

据《哈佛大学哈佛燕京图书馆藏中国纳西象形文经典分类目录》的记载,李霖灿曾为这批经书制作了21张卡片。然而,在整理这批经书的照片时,我们仅发现了上述3张用中文书写的卡片。这一发现引发了我们的思考。李霖灿在《美国国会图书馆所藏么些经典》一文中曾对美国国会图书馆藏东巴经进行了分类,其中就包括了"祭龙王"这一类别。因此,我们有理由相信,这些卡片很可能是李霖灿留下的资料。

然而,朱宝田提到的21张卡片与我们在哈佛大学图书馆网站上发现的实际情况存在明显不符。我们认为,书签脱落或遗失是造成这一差异的主要原因。

哈佛藏B09书签

哈佛藏B13书签

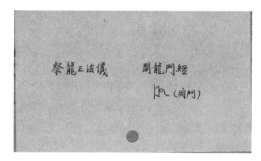

哈佛藏B06书签

### (三)纳西东巴古籍影印件

影印件的第一部分存放在一个写有汉字"影印件二十三册"的锦盒内,内里装载着23册东巴古籍影印件。值得注意的是,这些影印件的图片并未在哈佛燕京图书馆的官方网站上刊布。

在这23册东巴古籍影印件中,首册名为《大鹏与署的争斗》,其原件就被保存在B类锦盒内,经书编号B19。至于其余22册古籍的原件,则并不在哈佛燕京图书馆之中。我们发现,朱宝田对影印件的编号是从1到24,中间缺少22号。

《大鹏与署的争斗》的影印件被裁剪成单页形式,并以曲别针加以固定。该经书的全文译本已被收录在洛克的专著《纳西族的那伽崇拜及其有关仪式》(第2册)中,书中使用东巴经图片的正是这份影印件。值得一提的是,该影印件采用了反色复印技术,呈现出黑底白字的视觉效果。

相比之下,其余22册东巴经的影印件则采用了更为常见的复印方式,即白底黑字。与首册不同,这22册影印件并未被裁剪成单页装订,而是将两页内容展开后复印,并直接装订在一起。其封面以硬纸板包裹,左端还配以布装。据我们研究,这22册经书均为洛克所收集的汝卡东巴经。

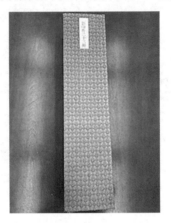

影印件锦盒

影印件一:《大鹏与署的争斗》

影印件一的原件

影印件二外壳

影印件二展开

影印件的第二部分被放置于一个八开尺寸大小的纸盒内。这些影印件是采用大幅复印机制作的反色版。或许是为了提高效率、节省工时,工作人员将至少3册至多7册的东巴经内容复印在同一张纸上。值得注意的是,这些经书的影印件并未经过裁剪,而是被装订成15册,另有一些散页,它们一起被夹在两块硬纸板之间加以保护。据我们统计,总共有115册经书被复印保存。这部分经书的原件都收藏在哈佛燕京图书馆中。

装东巴经影印件的盒子

东巴经影印件

东巴经影印件

## 二、哈佛藏东巴古籍的保护利用

哈佛燕京图书馆对东巴古籍的保护工作非常重视。由于这些古籍文献的历史悠久,保存状态可能面临挑战。图书馆采取了多种措施来确保古籍的长久保存,包括数字化处理、环境控制和定期维护。

本着"学术乃天下公器"的思想,为了保护和推广这些珍贵的文献,21世纪初,哈佛燕京图书馆开始与中国国家图书馆、台湾"中研院"傅斯年图书馆、韩国国家图书馆等单位合作,寻求不同单位的资金资助,将馆藏中日韩文的善本数字化,前后分成30个大小不等,各有焦点的项目。纳西东巴古籍数字化项目位列其中。数字化以后的成果都可以在哈佛大学图书馆的线上目录中查找,而且是采用"开放近用"(Open Access,简称OA)的原则,无论是否具有哈佛大学校内人员的身份,都可以自由使用。哈佛燕京图书馆也一直期待并鼓励来自世界各地的学者使用这些材料,这是基于一种信念,也就是唯有这些珍贵的资料被多加利用,它们的价值才能够被彰显。2009年,哈佛燕京图书馆将598册纳西东巴古籍和三幅《神路图》卷轴画进行数字化处理,并将其高清照片公布在哈佛燕京图书馆的网站上,供全球读者免费下载。这一举措不仅大大提升了这些古籍的可访问性,也为读者和研究人员提供了便捷的研究资源。

纳西东巴古籍的数字化工作,不仅是对文献的保护,更是对纳西东巴文化传承的一种延续。通过数字化,古籍得以永久保存,避免了因自然损坏或人为因素造成的损失。同时,数字化的文献也更易于传播和分享,使更多人有机会接触和了解纳西东巴古籍。

此外,哈佛燕京图书馆还邀请了云南省博物馆的朱宝田整理这批东巴古籍,以及与中国社会科学院民族学与人类学研究所、丽江市东巴文化研究院合作出版相关的翻译成果,积极推动东巴古籍的学术研究和普及。研究者可以通过申请访问、参与相关项目等方式,利用这些宝贵的资源进行深入研究。

总之,哈佛燕京图书馆藏东巴古籍不仅是东巴教和纳西族文化研究的重要资料,也是全球范围内研究纳西族古文字、宗教仪式和历史记录的重要资源。它们为学术界提供了丰富的研究素材,也为传承和保护东巴古籍提供了坚实的基础。

· 第三章 ·

## 哈佛藏东巴古籍的来源

哈佛燕京图书馆藏东巴古籍主要收集者是美国学者洛克和昆亭。他们是如何收集到这些东巴古籍的？这些东巴古籍又是如何入藏哈佛燕京图书馆的？洛克收集的部分和昆亭收集的部分在哈佛燕京图书馆中各占多少比例？这些疑问都将在本章中找到答案。

# 第一节　洛克

## 一、洛克的背景

洛克，全名约瑟夫·弗兰克斯·洛克（Joseph Francis Rock，1884—1962），美籍奥地利人。植物学家、探险家、人类学家，被誉为"西方纳西学之父"。

从1922年起，洛克先后受雇于美国农业部、美国国家地理学会、哈佛大学阿诺德植物园、哈佛大学比较动物学博物馆等多家机构，为它们收集动植物标本。

从1934年开始，洛克专注于纳西学研究。他的助手为他在丽江各地搜寻稀有的东巴古籍。1944年,洛克回到美国。他通过邮轮将他收藏的图书和资料寄回美国,不幸的是,邮轮在阿拉伯海被一艘日本军舰击沉,所有物品毁于一旦。

1945—1950年,洛克被聘为哈佛燕京学社的研究员。1946年,洛克重返丽江,继续翻译东巴古籍,直到1949年才离开丽江。

离开中国后,洛克继续从事东巴古籍的翻译和研究工作,先后出版了几部相关著作。1962年12月10日,洛克在夏威夷突发心脏病去世。

## 二、收集过程

从20世纪20年代到20世纪中期,洛克长期在丽江及周边区域收集东巴古籍,洛克收集东巴古籍的活动可细分为四个阶段:

第一阶段:1924—1930年。其背景追溯至1922年,洛克初抵中国西部,受聘于美国农业部、美国国家地理学会及哈佛大学阿诺德植物园等机构,主要承担动植物标本的采集任务。至1924年,洛克因对纳西族的宗教仪式产生浓厚兴趣,遂在业余时间开启了东巴古籍的收集工作。此阶段所收集的东巴古籍,多数被转手至美国国会图书馆及私人收藏家手中。

第二阶段:1931—1938年。自1930年起,洛克全身心投入纳西学研究,得益于东巴和华亭的协助,他不仅积极收集东巴古籍,还致力于其整理与翻译工作,此期间成果颇丰。

第三阶段:1940—1944年。1940年,洛克辞去夏威夷大学教职,回到丽江,继续其东巴古籍的收集与翻译事业。遗憾的是,1944年当他准备返回美国并受雇于国防部地图署时,虽将所藏东巴古籍及研究资料托付邮轮运往美国,但途中遭遇日军军舰攻击,邮轮在阿拉伯海沉没,导致该阶段收集的所有东巴古籍及其他资料收藏不幸损失。

第四阶段:1946—1949年。1946年,洛克以哈佛燕京学社研究员的身份重返丽江,研究工作得到学社的资金支持,直至1949年他离开中国。此期间收集的东巴古籍,最终由德国国家图书馆购得并保存至今。

哈佛藏大部分东巴古籍是洛克在1931年至1938年收集的成果。

## 三、入藏经过

1938年,洛克将他包含东巴古籍在内的所有藏书运往美国夏威夷,彼时他已被夏威夷大学东方语言文学系聘为教授,专门讲授中国文化。洛克还立下遗嘱,表明自己去世后愿将这批藏书出售给夏威夷大学。然而,他对夏威夷大学的藏书环境深感不满,认为自己的藏书并未得到应有的重视与妥善保护。因此,洛克毅然辞去了夏威夷大学的教职,并将藏书从该校撤回。

1940年8月14日,洛克向时任哈佛燕京学社社长的叶理绥致信,表达了他将自己包括纳西东巴古籍在内的藏书捐赠给哈佛燕京图书馆的意愿。他恳请哈佛燕京学社能将这批藏书作为一个整体加以保存,并希望学社能承担书籍的运费。同年11月8日,哈佛燕京学社通过T651号决议,决定从本期预算的差旅费中划拨1000美元,用于将洛克的藏书及其捐赠的其他物品运往哈佛。学社董事会全体董事对洛克的慷慨捐赠表示了由衷的感谢与敬意。

此外,学社还通过了T652号决议,授权社长叶理绥向洛克致函,询问洛克为何优先选择哈佛燕京学社作为捐赠对象,以及他期望获得何种荣誉称号。1941年,洛克的15箱图书被安全运抵波士顿,并暂时存放在哈佛大学怀德纳图书馆。

1944年11月13日,哈佛燕京学社董事会举行会议,叶理绥就洛克的个人藏书问题进行了讨论。叶理绥指出,洛克收藏的有关中国的普通书籍在哈佛汉和图书馆(哈佛燕京图书馆的前身)中已有馆藏,因此这些书籍对哈佛汉和图书馆来说属于复本,没有多少价值。除纳西东巴古籍和极少数其他古籍外,哈佛汉和图书馆并无购买洛克其他藏书的必要。

1945年11月27日,洛克与哈佛燕京学社最终达成协议,将自己收集的纳西东巴古籍捐赠给哈佛燕京图书馆。作为回报,哈佛燕京学社聘请洛克为研究员,并支持他继续搜集和研究东巴古籍。至此,洛克收藏的东巴古籍正式成为哈佛燕京图书馆的一部分。

以下是《洛克与哈佛燕京学社关于其藏书的合作协议书》,中文译文如下:

## 洛克与哈佛燕京学社关于其藏书的合作协议书①

本协议由洛克(以下简称"甲方")、哈佛燕京学社(以下简称"乙方")及见证人于1945年11月27日共同签署:

一、甲方身份与书籍说明

甲方为以下所述书籍的所有者,该书籍包括两部分:

1. 纳西东巴古籍原件及其照片。

2. 关于中国西部地区的书籍及照片。

二、合作内容与目的

鉴于甲方在翻译纳西东巴古籍过程中需在中国及亚洲其他地区投入大量时间和资金,双方达成如下合作意向:

1. 甲方愿将纳西东巴古籍原件及其照片的全部所有权转让给乙方,以换取乙方在东巴古籍翻译工作上的协助。

2. 对于关于中国西部的书籍及照片,若甲方决定出售,乙方将享有优先购买权。

三、双方承诺与义务

1. 所有权转让:甲方承诺将纳西东巴古籍原件及其照片的所有权完整转让给乙方。

2. 优先购买权:甲方同意,在出售关于中国西部的书籍及照片时,将首先通知乙方并给予其优先购买权。

3. 翻译协助:乙方承诺在签署本协议后一年内,向甲方提供纳西东巴古籍的影印件,并协助甲方完成东巴古籍的翻译工作。

4. 费用支持:乙方同意根据甲方需求,提供必要的资金支持,用于支付甲方及其所需设备在中国及亚洲其他地区的运输费用,以及翻译过程中产生的研究协助费用。

5. 资金限额:乙方同意向甲方提供总额不超过2500美元的资金支持。若甲方请求超过此限额的资金,乙方将视情况决定是否批准。

6. 出版承诺:乙方承诺在甲方提交完整的纳西东巴古籍翻译手稿后两年

---

① Hartmut Walravens, *Joseph Franz Rock (1884-1962), Berichte, Briefe und Dokumente des Botanikers, Sinologen und Nakhi-Forschers*. Stuttgart: Franz Steiner Verlag Stuttgart, 2002, pp. 255-257.

内，负责出版该翻译作品。

四、法律效力

本协议自双方签署之日起生效，并对双方具有法律约束力。

五、签字与见证

本协议由甲方洛克、乙方哈佛燕京学社董事会主席董纳姆（Wallace R. Donham）及见证人弗朗西斯·G.穆赫恩（Frances G. Mulhearn）于文首所载日期共同签署并盖章。

## 四、汝卡东巴经的收集和入藏

哈佛燕京图书馆珍藏着一册汝卡东巴经的原始文献（编号为M29）。汝卡是纳西族的一个支系，汝卡东巴经在语言、文字、仪式、形式等方面跟其他地区的东巴古籍有明显区别。这册经书是目前发现的时代最早的汝卡东巴经。除此之外，还有22册汝卡东巴经的影印件也藏于该馆，与M29合为一套。这里我们着重介绍一下这套汝卡东巴古籍的收集和入藏。

哈佛藏M29封面

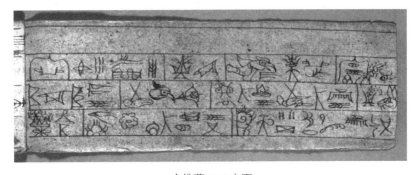

哈佛藏M29内页

汝卡东巴经复印件外部保护壳

汝卡东巴经复印件封面

1931—1932年，洛克在贡嘎岭考察时，他意外发现了一个自称为日喜(Zher-khin)的纳西族支系。这支被洛克称为"日喜"的纳西人就是我们后来熟知的"汝卡"人。在永宁，洛克购得了一套珍贵的汝卡东巴经，共计25册，并聘请了两位汝卡东巴作为助手，为他详细解读汝卡人的宗教仪式并翻译这些经书。

洛克的东巴经师和华亭的日记有记载：

冬月初六日，就去永宁了。十一月六日在黑水住宿。七日在妹且多脱住宿。八日，在东坡罗水谷住宿。九日在妥冷楚住宿。十日在牛阿子住宿。十一日在目底次水边住宿。十二日吕的都满住。到十三日来到永宁海波了。属猴的那年，春节也在永宁海波过了。正月初四日，去肯本戬古的人家，正月二十二日，从肯本戬古喇嘛家回来。二十三日，宿苟格关。[①]

这里"属猴的那年"即1932年，所以，洛克购买这套汝卡经书的时间是1931年底或1932年初。

《人神之媒——东巴祭司面面观》中有一段关于洛克在永宁收集东巴古籍的记载："杨扎史东巴，又名'展萨瓦乌丹史'，属龙，1990年39岁，系较年轻的东

---

① 杨仲鸿：《略谈美国人洛克博士学习和收集么些文的一些情况——附洛克的么些文教师和华亭用么些文写的两则日记》，未刊稿。

巴。据说,父亲、爷爷和外公都是有名的大东巴。美国学者洛克到永宁时,其外公曾向洛克释读过很多东巴经典。杨扎史小时学过汉文,读到初中,停学后即学习东巴象形文字,现在掌握了不少象形文字,能念诵很多经典,并能执掌吊丧超度等法事道场。"[1]

基于以上信息,我们做出一个合理的推测:杨扎史东巴的外公,鉴于其深厚的东巴文化底蕴及与洛克的交往历史,很有可能是这套汝卡经书的书手。然而,这一推测仍需进一步的历史考证来加以确认。

这套汝卡东巴经应该被洛克一直带在身边,后来第25册跟其他经书一起入藏哈佛燕京图书馆。入藏哈佛燕京图书馆前,洛克将他收集的东巴经存放在18个箱子里,而且还附有一个清单。我们在这个清单里也找到了这册经书,在第14箱中。哈佛还收藏了另外22册汝卡东巴经的影印件。

《纳西东巴古籍目录》中提到这批汝卡经书现藏在美国康涅狄格州格林尼镇的海伦梅尔一个私人收藏家手中,因此,剩余24册汝卡经书原件就藏在此处。

# 第二节　昆亭

## 一、昆亭的背景

昆亭,全名昆亭·罗斯福二世(Quentin Roosevelt II,1919—1948)是西奥多·泰德·罗斯福三世(Theodore "Ted" Roosevelt III)和埃莉诺·巴特勒·亚历山大(Eleanor Butler Alexander)的第四个孩子,也是最小的儿子。他与1918年在第一次世界大战中阵亡的叔叔昆亭·罗斯福一世(Quentin Roosevelt I)同名。他是西奥多·罗斯福总统的孙子。

昆亭于1919年11月4日出生在纽约牡蛎湾,距离他的祖父——美国第26任总统西奥多·罗斯福去世不到一年。

---

[1] 李国文:《人神之媒——东巴祭司面面观》,昆明:云南民族出版社,1998年,第231-232页。

昆亭从小对自然历史感兴趣。1928年,昆亭的父亲和叔叔曾经到中国西南地区考察,并带回几册东巴经和一卷《神路图》。这些像图画一样的经书深深吸引了正在哈佛大学读书的昆亭,激发了他对纳西文化的探索欲。昆亭的母亲在一篇文章中提到昆亭对他父亲和叔叔收集的材料很感兴趣。

几年前,泰德(译者按,泰德是昆亭的父亲)完成了他的第二次亚洲探险之旅,满载而归,其中就包括在中国丽江发现的一批纳西象形文字经书与卷轴画。除了保留一幅长达40英尺、宽8英寸的古老卷轴画作为私藏——其上描绘了多样场景与人物,画面极其丰富——他将其余卷轴慷慨捐赠给了多家博物馆。这幅特别的卷轴画,尽管背面略有损毁且修复稍显粗糙,还贴有一张纳西象形文字的纸片,我们仍觉其珍贵非凡,只是考虑到其状况与来源问题,最终决定不将其收藏在家中,而是捐赠给纽约的一家博物馆。然而,该馆馆长因其风格不符、状态欠佳及来源不明为由婉拒了我们的捐赠。巧合的是,当时正就读于哈佛大学本科二年级的昆亭对此卷轴画展现出了浓厚兴趣,于是我们决定在圣诞节时将其作为礼物赠予他。

一个月后的一个深夜,昆亭突然回家,神色兴奋,称有要事相商。原来,波士顿的一位学者鉴定他的卷轴画为12世纪的遗物,这一发现,令昆亭震惊不已,也激发了他深入探索的欲望。受此鼓舞,昆亭萌生了重返丽江,进一步搜寻纳西卷轴画与象形文字经书的念头。他随后拜访了数家博物馆,虽然这些馆长对纳西文化知之甚少,但无一不对此表示出浓厚的兴趣,并承诺若探险成功,愿意提供资金支持。[①]

1939年,昆亭在丽江进行了4个月的考察,收集了大量的东巴古籍及相关文物。从哈佛大学毕业后,昆亭参加了美国陆军,并参加了二战,获得银星勋章、紫心勋章和法国战争十字勋章。战争结束时,他晋升为少校并退役。

1948年12月21日,昆亭死于一场空难,年仅29岁。

## 二、收集过程

1939年春,年仅19岁的昆亭怀揣着对未知世界的渴望与对纳西文化的浓

---

① Eleanor Butler Alexander Roosevelt, *Day before Yesterday*, *The Reminiscences of Mrs. Theodre Roosevelt*, Jr. New York: Doubleday, 1959, p. 401.

厚兴趣,踏上了前往中国西南地区的探险之旅。作为哈佛大学的一名本科生,他决心亲自前往丽江,深入考察纳西族的文化,并收集珍贵的文物与文献,以期在返回哈佛后能够进行更为详尽的研究。

为了筹集探险所需的资金,昆亭四处奔走,积极游说,最终获得了哈佛燕京学社、哈佛大学皮博迪自然历史博物馆、波士顿美术馆,以及私人捐赠者的慷慨资助。这些资助共计650美金,其中哈佛燕京学社资助100美金,波士顿美术馆资助300美金,哈佛大学皮博迪自然历史博物馆资助100美金,私人捐赠者则共同资助了150美金。

获得资助后,昆亭向哈佛大学申请了一个学期的假期,于1939年3月4日满怀期待地离开了美国。经过一系列的辗转与跋涉,他终于抵达了丽江。在丽江,他得到了父亲好友詹姆士·爱德华(James Andrew)的大力帮助。爱德华是丽江五旬节传教联盟的传教士,对中国西南地区有着深厚的了解与广泛的人脉资源。在爱德华的引荐下,昆亭得以接触并深入了解了丽江当地的东巴祭司与学者,这为他的文物及文献收集工作打开了方便之门。

在丽江,昆亭亲身参与了当地的宗教活动与仪式,从而深入了解了纳西族的信仰体系及其背后的文化背景。在与东巴祭司的交流中,他凭借自己的真诚与学识,获得了大量的东巴文物与文献,这些珍贵的材料无疑为他日后的研究奠定了坚实的基础。

1939年6月初,昆亭满载而归,回到了美国。他的东巴经收集工作取得了极大的成功。回国后,他依然保持着与爱德华的联系,并委托爱德华继续在丽江为他收购东巴经,以进一步丰富自己的收藏与研究资料。

## 三、入藏经过

回国后,昆亭除了把少量的藏品收藏在位于纽约长岛牡蛎湾的家中之外,大部分都寄给了他的资助者,其中就包括哈佛燕京学社。昆亭收集的东巴经由此入藏哈佛燕京图书馆。哈佛燕京图书馆网站显示,哈佛藏东巴古籍中有88册来自昆亭。但是,我们在哈佛燕京图书馆的档案中并没有找到相关记录。

1940年,昆亭以2000美金的价格,将一批包含1100册东巴经的珍贵文献出售给了美国国会图书馆。次年,昆亭完成了他的本科论文《纳西族历史、宗教和艺术初步研究》（A Preliminary Study of the Naxi People：Their History，Religion，and Art）。

1945年，昆亭再次以1000美金的价格将另外1073册东巴经出售给了美国国会图书馆。

昆亭在东巴文献和文物的收集方面所做出的贡献是不可忽视的。他所收集的东巴古籍数量仅次于洛克，这一成就不仅丰富了美国的东巴古籍文献和文物收藏，也推动了纳西文化研究的深入发展。

# 第三节　《洛克藏东巴古籍清单》分析

如何判断哈佛藏东巴古籍中哪些来自洛克，哪些来自昆亭？这是一个非常重要的问题，但是由于缺乏资料，之前还没有定论。我们在1946年2月23日洛克写给叶理绥的信中发现一些线索。这封信的部分译文如下：

这里有一个我收藏的纳西东巴古籍及其照片的清单。据我所知，这个清单还要加上我之前交给你的那些属于延寿仪式和用于占卜的东巴古籍。应董纳姆教授的要求，我已将后面属于延寿仪式和用于占卜的经书交给梅捷拉夫（Metealf）先生。

怀德纳图书馆有两个军用行李箱，里面装着一个红木箱子，红木箱子里又装着纳西东巴古籍（原件），这些要交给梅捷拉夫先生。[①]

根据洛克信中的内容，我们得知存在一份洛克制作的东巴古籍的清单，然而笔者先前在燕京图书馆并未能寻获此清单。直至2024年7月，笔者致函哈佛燕京学社的副社长李若虹，恳请其协助搜寻这份珍贵的文献。不久之后，李若虹副社长传来佳音，清单已被寻获，并由哈佛燕京图书馆的工作人员将这份目录的复印件寄予笔者。在收到这份期盼已久的清单后，笔者将其命名为《洛克藏东巴古籍清单》。

---

① Hartmut Walravens，*Joseph Franz Rock（1884-1962），Berichte，Briefe und Dokumente des Botanikers，Sinologen und Nakhi-Forschers.* Stuttgart：Franz Steiner Verlag Stuttgart，2002，p. 267.

《洛克藏东巴古籍清单》复印件

这份清单共计40页,由两个部分组成:第一部分是东巴古籍清单的手稿,第二部分则是该清单的打印稿,两部分内容完全一致。

清单采用三栏格式:第一栏为经书所属仪式名称,第二栏为洛克书签的外签编号,第三栏则是其内签编号。东巴古籍被分装在18个箱子内,总计476册。这些箱子很可能就是洛克在信中所提及的红木箱。特别值得注意的是,清单中明确标注第18箱内没有东巴古籍的照片,只有原件。

这份清单具体内容如下①:

Box 1(第一箱)

| Name(名字) | Outside(外签编号) | Inside(内签编号) |
| --- | --- | --- |
| Da nv | 1 | 1283 |
| Da nv | 4 | 1773 |
| Da nv | 5 | 2178 |
| Da nv | 6 | 1704 |
| Da nv | 7 | 2320 |
| Da nv | 9 | 1099 |
| Hi nv | 1 | 1690 |

---

① 此清单可能存在一些错误,我们据原件录入。

续表

| Name(名字) | Outside(外签编号) | Inside(内签编号) |
|---|---|---|
| Hi nv | 3 | 1754 |
| Hi nv | 5a | 1698 |
| Hi nv | 8 | 1453 |
| Hi nv | 9 | 2125 |
| Hi nv | 12 | 1555 |
| Hi nv | 15 | 1710 |
| Hi nv | 17 | 1708 |
| Hi nv | 18 | 1750 |
| Hi nv | 19 | 1711 |
| Hi nv | 28 | 2274 |
| Hi nv | 28 | 1702 |
| Hi nv | 42 | 1430 |
| Khi nv ss bu yü bpö | 1 | 1225 |
| Kö nv | 1 | 1769 |
| Lo nv | 1 | 2596 |
| Tsu dshwua gyi mun nv | 1 | 1059 |
| Tsu dshwua gyi mun nv | 2 | 1040 |
| Tsu dshwua gyi mun nv | 3a | 1065 |
| Tsu dshwua gyi mun nv | 3 | 1048 |
| Tsu dshwua gyi mun nv | 4 | 1064 |
| Tsu dshwua gyi mun nv | 5 | 1047 |
| Tsu dshwua gyi mun nv | 6 | 1060 |
| Tsu dshwua gyi mun nv | 6&7 | 1093 |

Box 2(第二箱)

| Name(名字) | Outside(外签编号) | Inside(内签编号) |
|---|---|---|
| Dto K'ö | 3,4 | 3066 |
| Dto K'ö | 4 | 3061 |
| Dto Kö, gyi bpö | 10 | 3024 |

续表

| Name（名字） | Outside（外签编号） | Inside（内签编号） |
| --- | --- | --- |
| Dto na K'ö | 11 | 3053 |
| Dto na K'ö | 15 | 3050 |
| Dto na K'ö | 17 | 3048 |
| Dto na K'ö | 37 | 3042 |
| Dto na K'ö | 38 | 3041 |
| Dto K'ö | 40 | 3086 |
| Dto K'ö | 41 | 3063 |
| Dto na K'ö | 43,49 | 3036 |
| Dto na K'ö | 43 | 3049 |
| Dto na K'ö | 48 | 3034 |
| Dto K'ö | 48 | 3085 |
| Dto na K'ö | 51 | 3037 |
| Dto K'ö | 59 | 3088 |
| Dto na K'ö | 无 | 3046 |
| Dto bpo | 无 | 3059 |
| Dto K'ö | 无 | 3060 |
| Dto K'ö | 无 | 3069 |
| Shü llo nv | 6 | 1740 |
| Shü llo nv | 7 | 1713 |
| Shü llo nv | 7a | 2110 |
| Shü llo nv | 10 | 1825 |
| Shü llo nv | 11 | 570 |
| Shü llo nv | 14a | 1993 |
| Shü llo nv | 18 | 1712 |
| Shü llo nv | 19 | 1761 |
| Shü llo nv | 19b | 2143 |
| Shü llo nv Du mun | 无 | 1992 |

Box 3（第三箱）

| Name（名字） | Outside（外签编号） | Inside（内签编号） |
|---|---|---|
| Zs-chung bpö | 4 | 1945 |
| Zs-chung bpö | 5 | 1985 |
| Zs-chung bpö | 6 | 1947 |
| Zs-chung bpö | 7 | 1943 |
| Zs-chung bpö | 8 | 1988 |
| Zs-chung bpö | 9 | 1969 |
| Zs-chung bpö | 11a | 2052 |
| Zs-chung bpö | 14 | 1962 |
| Zs-chung bpö | 15 | 1958 |
| Zs-chung bpö | 16&56 | 1955 |
| Zs-chung bpö | 36 | 1979 |
| Zs-chung bpö | 36a | 2061 |
| Zs-chung bpö | 37 | 1948 |
| Zs-chung bpö | 38 | 1938 |
| Zs-chung bpö | 39&42 | 1974 |
| Zs-chung bpö | 40 | 1949 |
| Zs-chung bpö | 41&44 | 1977 |
| Zs-chung bpö | 43 | 1632 |
| Zs-chung bpö | 45 | 1972 |
| Zs-chung bpö | 46 | 1968 |
| Zs-chung bpö | 47 | 1987 |
| Zs-chung bpö | 48 | 1971 |
| Zs-chung bpö | 49 | 1982 |

Box 4（第四箱）

| Name（名字） | Outside（外签编号） | Inside（内签编号） |
|---|---|---|
| Ssu gv | 1 | 1009 |
| Ssu gv | 1 | 1399 |
| Ssu gv | 1b | 3152 |
| Ssu gv | 2 | 3155 |
| Ssu gv | 2 | 1397 |
| Ssu gv | 3 | 1403 |

| Name(名字) | Outside(外签编号) | Inside(内签编号) |
|---|---|---|
| Ssu gv | 5a | 5051 |
| Ssu gv | 6 | 1012 |
| Ssu gv | 6a | 1386 |
| Ssu gv | 6b | 1392 |
| Ssu gv | 7 | 1016 |
| Ssu gv | 10 | 1007 |
| Ssu gv | 11 | 1027 |
| Ssu gv | 11a | 5052 |
| Ssu gv | 14 | 1116 |
| Ssu gv | 15 | 3158 |
| Ssu gv | 15 | 1406 |
| Ssu gv | 17 | 1008 |
| Ssu gv | 18a | 5053 |
| Ssu gv | 18 | 921 |
| Ssu gv | 19 | 3163 |
| Ssu gv | 20 | 1384 |
| Ssu gv | 22 | 1390 |
| Ssu gv | 24 | 1402 |
| Ssu gv | 24a | 2822 |
| Ssu gv | 25 | 991 |
| Ssu gv | 25a | 3160 |
| Ssu gv | 26 | 1395 |
| Ssu gv | 28 | 5054 |
| Ssu gv | 28 | 1018 |
| Ssu gv | 29 | 994 |
| Ssu gv | 29 | 3153 |
| Ssu gv | 33 | 1014 |
| Ssu gv | 34 | 1376 |
| Ssu gv Ch'ou gv Du-mun | I | 1321 |
| Ssu ndo bpö | 1 | 898 |

Box 5（第五箱）

| Name（名字） | Outside（外签编号） | Inside（内签编号） |
|---|---|---|
| Nyi wua Chwua dü | 1 | 1728 |
| Nyi wua Chwua dü | 3 | 1723 |
| Nyi wua Chwua dü | 4 | 1718 |
| Nyi wua Chwua dü | 5 | 1741 |
| Nyi wua Chwua dü | 6 | 1724 |
| Shü llo nv | 112 | 906 |
| Shü llo nv | 113 | 908 |
| Shü llo nv | 113 | 1079 |
| Shü llo nv | 116 | 1104 |
| Shü llo nv | 117 | 1074 |
| Shü llo nv | 121 | 2000 |
| Zhi mä | 1 | 1089 |
| Zhi mä | 8 | 1050 |
| Zhi mä | 10 | 2076 |
| Zhi mä | 11 | 1092 |
| Zhi mä | 12 | 1096 |
| Zhi mä | 14 | 1585 |
| Zhi mä | 15 | 1243 |
| Zhi mä | 16 | 1227 |
| Hi nv Zhi mä | 88 | 2254 |

Box 6（第六箱）

| Name（名字） | Outside（外签编号） | Inside（内签编号） |
|---|---|---|
| Bä lv yu tsu ndü | 1 | 2689 |
| Ch'ou lv bpö gyi mun ni bpö Ngaw ch'ou bpö-Ssaw la nv | 无 | 1920 |
| Dso shu | 1 | 2608 |
| Dzu wua bpö | 无 | 2688 |
| Gkyi bpö | 2 | 2677 |

续表

| Name(名字) | Outside(外签编号) | Inside(内签编号) |
|---|---|---|
| Gkyi bpö | 3 | 2672 |
| Gkyi bpö | 5 | 2673 |
| Gkyi bpö | 6 | 2678 |
| Gkyi bpö | 8 | 2670 |
| Gkyi bpö | 12 | 2655 |
| Gkyi bpö | 11 | 2675 |
| Gkyi bpö | 13 | 2674 |
| Gkyi bpö | 19 | 2676 |
| Khür mä | 6 | 1782 |
| Kʼo ngv tsu tʼu | 8 | 1252 |
| Llü kʼu dzi bpö | 无 | 1028 |
| Muan kʼu dzi bpǒ | 无 | 996 |
| Ndsher bpǒ | 4 | 1922 |
| Ngaw bä or Shwua upaw bä | 1 | 1218 |
| Ngaw bä | 3 | 2652 |
| Ngaw bä of Ngaw nv | 无 | 2156 |
| No tʼi gku hü | 无 | 1263 |
| Zo klu kʼo bpö lü bpö | 1 | 2599 |

Box 7(第七箱)

| Name(名字) | Outside(外签编号) | Inside(内签编号) |
|---|---|---|
| Hi nv | 21 | 799 |
| Hi nv | 45 | 877 |
| Hi nv | 22 | 1558 |
| Hi nv | 23 | 1417 |
| Hi nv | 31 | 1753 |
| Hi nv | 33a | 1557 |
| Hi nv | 44 | 1848 |
| Hi nv | 66 | 1254 |
| Hi nv | 67 | 1253 |

**续表**

| Name（名字） | Outside（外签编号） | Inside（内签编号） |
|---|---|---|
| Khi nv | 68 | 2756 |
| Hi nv | 72 | 1602 |
| Hi nv | 75 | 1077 |
| Hi nv | 73 | 1749 |
| Hi nv | 80 | 1233 |
| Hi nv | 83 | 880 |
| Khi nv | 无 | 3663 |
| Khi nv | 无 | 3668 |
| Khi nv | 无 | 3763 |
| Ssu gv | 31 | 1004 |
| Ssu gv | 32 | 1017 |
| Ssu gv | 45 | 1023 |
| Ssu gv | 46 | 1531 |
| Ssu gv | 47 | 无 |
| Ssu gv | 47 | 917 |
| Ssu gv | 47 | 1404 |
| Ssu gv | 48 | 1011 |
| Ssu gv | 49 | 914 |
| Ssu gv | 50 | 916 |
| Ssu gv | 51 | 995 |
| Ssu gv | 52 | 1385 |
| Ssu gv | 53 | 1010 |
| Ssu gv | 53a | 5058 |
| Ssu gv | 54 | 1398 |
| Ssu gv | 56 | 1033 |
| Ssu gv | 57 | 1032 |
| Ssu gv | 58 | 997 |

Box 8(第八箱)

| Name(名字) | Outside(外签编号) | Inside(内签编号) |
|---|---|---|
| Ch'ou gv | 4 | 1677 |
| Ch'ou gv | 5 | 611 |
| Ch'ou na gv | 12a | 584 |
| Ch'ou na gv | 16 | 1459 |
| Ch'ou na gv | 19 | 1322 |
| Ch'ou na gv | 23 | 1331 |
| Ch'ou gv | 无 | 3172 |
| Ch'ou gv | 无 | 5044 |
| Ssu dsu | 1 | 814 |
| Ssu(kv) dsu | 3 | 2606 |
| Ssu dsu | 4 | 822 |
| Ssu dsu | 5 | 2363 |
| Ssu dsu | 6 | 827 |
| Ssu dsu | 7 | 2607 |
| Ssu dsu | 9 | 2605 |
| Ssu dsu | 9a | 821 |
| Ssu dsu | 9b | 无 |
| Ssu dsu | 10,11 | 819 |
| Ssu dsu | 12 | 818 |
| Ssu dsu | 13 | 1276 |
| Ssu dsu | 13b | 5060 |
| Ssu dsu | 28 | 813 |
| Zs chung bpö ssu dsu | 无 | 2459 |
| Ssu mi gku | 13a | 2661 |

Box 9(第九箱)

| Name(名字) | Outside(外签编号) | Inside(内签编号) |
|---|---|---|
| Dtër nv | 1 | 5063 |
| Du nv | 1 | 5062 |

续表

| Name(名字) | Outside(外签编号) | Inside(内签编号) |
|---|---|---|
| Du nv | 2 | 1751 |
| Du nv | 4 | 1046 |
| Du nv | 5 | 795 |
| Du nv | 5 | 1082 |
| Du nv | 6 | 567 |
| Mbue da nv | 3 | 1770 |
| Mbue da nv | 5 | 2789 |
| Mbue da nv | 5 | 1576 |
| Mbue da nv | 7 | 1599 |
| Mi lo dzu nv | 6 | 1804 |
| Tsu ťu | I | 1251 |
| Tsu ťu | 18 | 2074 |
| Tsu ťu | 22 | 2088 |
| Tsu ťu | 无 | 835 |
| Tsu ťu | 无 | 834 |
| Tsu ťu | 无 | 5067 |
| Tsu ťu | 无 | 5066 |
| Zs sher du nv | 3 | 1537 |

Box 10(第十箱)

| Name(名字) | Outside(外签编号) | Inside(内签编号) |
|---|---|---|
| Ch'ou gv | 无 | 2824 |
| Ch'ou gv | 无 | 3165 |
| Ch'ou gv | 无 | 3166 |
| Ch'ou gv | 无 | 3167 |
| Ch'ou gv | 无 | 3170 |
| Ch'ou gv | 无 | 3178 |
| Ch'ou gv | 无 | 3190 |
| Ch'ou gv | 无 | 5046 |
| Ch'ou gv | 无 | 5047 |

| Name(名字) | Outside(外签编号) | Inside(内签编号) |
|---|---|---|
| Ch'ou gv | 无 | 5048 |
| Ch'ou gv | 无 | 5049 |
| Ch'ou gv | 无 | 5446 |
| Ch'ou na gv | 32 | 1328 |
| Ch'ou na gv | 33 | 1326 |
| Ch'ou na gv | 39 | 1325 |
| Ch'ou na gv | 40 | 1303 |
| Ch'ou na gv | 42 | 1311 |
| Ch'ou na gv | 43 | 1620 |
| Ch'ou na gv | 44a | 1315 |
| Zs chung bpö | 9a | 3792 |
| Zs chung bpö | 17 | 1952 |
| Zs chung bpö | 18 | 891 |
| Zs chung bpö | 19 | 1978 |
| Zs chung bpö | 20&29 | 1975 |
| Zs chung bpö | 21 | 1941 |
| Zs chung bpö | 22 | 1954 |
| Zs chung bpö | 24&37a | 1973 |

Box 11(第十一箱)

| Name(名字) | Outside(外签编号) | Inside(内签编号) |
|---|---|---|
| Här la-llü-k'ö | 7 | 5075 |
| Här la-llü-k'ö | 9 | 5074 |
| Här la-llü-k'ö | 17 | 2237 |
| Här la-llü-k'ö | 17a | 5075 |
| Här la-llü-k'ö | 18 | 1150 |
| Här la-llü-k'ö | 18 | 5076 |
| Här la-llü-k'ö | 19a | 1790 |
| Här la-llü-k'ö | 20 | 1915 |
| Här la-llü-k'ö | 24 | 5077 |

**续表**

| Name(名字) | Outside(外签编号) | Inside(内签编号) |
|---|---|---|
| Här la-llü-k'ö | 24 | 5078 |
| Här la-llü-k'ö | 25 | 5079 |
| Här la-llü-k'ö | 26 | 无 |
| Här la-llü-k'ö | 37 | 5084 |
| Här la-llü-k'ö | 40 | 1167 |
| Här la-llü-k'ö | 41 | 1123 |
| Här la-llü-k'ö | 43 | 5085 |
| Här la-llü-k'ö | 44 | 1131 |
| Här la-llü-k'ö | 44 | 5086 |
| Här la-llü-k'ö | 45 | 3024 |
| Här la-llü-k'ö | 45a | 5102 |
| Här la-llü-k'ö | 58 | 1495 |
| Här la-llü-k'ö | 80 | 5100 |
| Här la-llü-k'ö | 85 | 1140 |
| Muan-bpö-dzi-szu ssaw man chung | 26 | 5080 |
| Shi-lo ssaw | 27 | 5082 |
| Här la-llü-k'ö | 无 | 5089 |
| Här la-llü-k'ö | 无 | 5090 |
| Här la-llü-k'ö | 无 | 5097 |

### Box 12(第十二箱)

| Name(名字) | Outside(外签编号) | Inside(内签编号) |
|---|---|---|
| Shi Ku dter bpö | I | 1346 |
| Shi Ku dter bpö | 10 | 1357 |
| Shi Ku dter bpö | 25 | 1336 |
| Shi Ku dter bpö | 26 | 1360 |
| Ssu gv | 39 | 3868 |
| Ssu gv | 3a | 5050 |
| Ssu gv | 5a | 1006 |
| Ssu gv | 4 | 1400 |

| Name(名字) | Outside(外签编号) | Inside(内签编号) |
|---|---|---|
| Ssu gv | 32 | 5055 |
| Ssu gv | 35 | 1382 |
| Ssu gv | 36 | 1035 |
| Ssu gv | 37, 38 | 1377 |
| Ssu gv | 39 | 1005 |
| Ssu gv | 40 | 1020 |
| Ssu gv | 41a | 1903 |
| Ssu gv | 41b | 999 |
| Ssu gv | 41c | 1904 |
| Ssu gv | 42 | 1532 |
| Ssu gv | 42a | 2100 |
| Ssu gv | 43 | 1529 |
| Ssu gv | 44 | 933 |
| Ssu gv | 45 | 3164 |
| Ssu gv | 48 | 5057 |
| Zhi mä | 17 | 1881 |
| Zhi mä | 18 | 1076 |
| Zhi mä | 20 | 1732 |
| Zhi mä | 20 | 1451 |
| Zhi mä | 26 | 1743 |
| Zhi mä | 28 | 1727 |
| Zhi mä | 29 | 1726 |

Box 13(第十三箱)

| Name(名字) | Outside(外签编号) | Inside(内签编号) |
|---|---|---|
| Shü llo nv | 30 | 944 |
| Shü llo nv | 32 | 1063 |
| Shü llo nv | 44 | 1714 |
| Shü llo nv | 46 | 1689 |
| Shü llo nv | 49 | 1729 |

**续表**

| Name（名字） | Outside（外签编号） | Inside（内签编号） |
|---|---|---|
| Shü llo nv | 50 | 1730 |
| Shü llo nv | 51 | 1733 |
| Shü llo nv | 58 | 1094 |
| Shü llo nv | 63 | 1767 |
| Shü llo nv | 64 | 1979 |
| Shü llo nv | 64 | 1609 |
| Shü llo nv | 70 | 905 |
| Shü llo nv | 74 | 1978 |
| Shü llo nv | 80 | 1715 |
| Shü llo nv | 81 | 1716 |
| Shü llo nv | 82 | 1700 |
| Shü llo nv | 86 | 1745 |
| Shü llo nv | 90 | 1038 |
| Shü llo nv | 93 | 1746 |
| Shü llo nv | 94 | 1071 |
| Shü llo nv | 100 | 1696 |
| Shü llo nv | 103 | 1991 |
| Shü llo nv | 106 | 1103 |
| Shü llo nv | 109 | 1098 |
| Shü llo nv | 109 | 909 |
| Shü llo nv | 111 | 907 |

Box 14（第十四箱）

| Name（名字） | Outside（外签编号） | Inside（内签编号） |
|---|---|---|
| ²Bpa gö ²Khyü gku | 无 | 2844 |
| Bpa gkö ndsu ssaw lü | 无 | 2846 |
| Chou tsu ťu | 2 | 893 |
| Chou tsu ťu | 25 | 1250 |
| Dso la | 108 | 1837 |
| Dto Kʼö | 7 | 3057 |

| Name（名字） | Outside（外签编号） | Inside（内签编号） |
|---|---|---|
| Dto na K'ö | 15 | 5126 |
| Dto na K'ö | 41 | 3039 |
| Dto K'ö | 74 | 3087 |
| Dto K'ö | 80 | 3064 |
| Dto na K'ö | 66 | 3038 |
| Dto na K'ö | 74 | 3032 |
| Dto K'ö | 无 | 3089 |
| Dü nyi shu bä | 25 | 2453 |
| Har bä Dtu bpö Har la-llü-k'ö | 无 | 2236 |
| Kö chü la llü ko | 1 | 1115 |
| Ngaw nv | 2 | 2868 |
| Ngaw nv | 5 | 2869 |
| Nyi wua churia dü | 无 | 2790 |
| Sher tsu la tsu bpu | 无 | 5131 |
| She n dshi Ku ō sher | 无 | 1226 |
| Tso la | 151 | 2646 |
| Dta gku gyi bpa | 2 | 1135 |
| Dta gkü gyi bpu | 3 | 1378 |
| Här la-llü-k'ö | 无 | 5065 |
| Yu dzu nv（Har la-llü-k'ö） | 3 | 2654 |
| Dta-gkü（k'ö）gyi bpu | 无 | 5064 |

Box 15（第十五箱）

| Name（名字） | Outside（外签编号） | Inside（内签编号） |
|---|---|---|
| Här la-llü-k'ö | 14 | 1163 |
| Här la-llü-k'ö | 45 | 1111 |
| Här la-llü-k'ö | 51 | 1134 |
| Här la-llü-k'ö | 75 | 1176 |
| Här la-llü-k'ö | 80 | 1496 |
| Här la-llü-k'ö | 87 | 1129 |

续表

| Name(名字) | Outside(外签编号) | Inside(内签编号) |
|---|---|---|
| Här la-llü-k'ö | 88 | 1161 |
| Här la-llü-k'ö | 89 | 1108 |
| Här la-llü-k'ö | 100 | 1901 |
| Här la-llü-k'ö | 102 | 1165 |
| Här la-llü-k'ö | 103 | 1132 |
| Här la-llü-k'ö | 104 | 1164 |
| Här la-llü-k'ö | 105 | 2665 |
| Här la-llü-k'ö | 4 | 3001 |
| Här la-llü-k'ö | 无 | 3197 |
| Här la-llü-k'ö | 无 | 5087 |
| Här la-llü-k'ö | 52 | 5088 |
| Här la-llü-k'ö | 1911 | 5091 |
| Här la-llü-k'ö | 无 | 5092 |
| Här la-llü-k'ö | 无 | 5103 |
| Här la-llü-k'ö | 无 | 5104 |
| Här la-llü-k'ö | 9 | 5108 |
| Här la-llü-k'ö | 无 | 5109 |
| Här la-llü-k'ö | 27 | 5110 |
| Här la-llü-k'ö | 47 | 5111 |
| Här la-llü-k'ö | 13 | 5112 |
| Här la-llü-k'ö | 无 | 5114 |
| Här la-llü-k'ö | 无 | 5115 |
| Här la-llü-k'ö | 无 | 5116 |
| Här la-llü-k'ö | 无 | 5117 |
| Här la-llü-k'ö | 12 | 5118 |
| Här la-llü-k'ö | 无 | 5095 |

Box 16(第十六箱)

| Name(名字) | Outside(外签编号) | Inside(内签编号) |
|---|---|---|
| Zs chung bpö | 9b | 3794 |

| Name(名字) | Outside(外签编号) | Inside(内签编号) |
|---|---|---|
| Zs chung bpö | 9c | 3795 |
| Zs chung bpö | 12 | 1960 |
| Zs chung bpö | 13 | 1961 |
| Zs chung bpö | 10 | 1942 |
| Zs chung bpö | 11 | 1939 |
| Zs chung bpö | 23 | 1984 |
| Zs chung bpö | 24a | 4037 |
| Zs chung bpö | 25 | 1981 |
| Zs chung bpö | 26 | 1983 |
| Zs chung bpö | 27 | 1976 |
| Zs chung bpö | 28,29a | 1940 |
| Zs chung bpö | 29 | 4036 |
| Zs chung bpö | 30 | 1964 |
| Zs chung bpö | 31 | 1950 |
| Zs chung bpö | 32 | 1963 |
| Zs chung bpö | 33 | 1946 |
| Zs chung bpö | 33a | 1625 |
| Zs chung bpö | 34 | 1986 |
| Zs chung bpö | 35 | 1957 |
| Zs chung bpö | 50 | 1965 |
| Zs chung bpö | 51 | 1980 |
| Zs chung bpö | 52&59 | 1967 |
| Zs chung bpö | 53 | 1956 |
| Zs chung bpö | 53a | 4038 |
| Zs chung bpö | 54 | 2062 |
| Zs chung bpö | 55 | 1966 |
| Zs chung bpö | 57 | 1951 |
| Zs chung bpö | 58 | 1959 |
| Zs chung bpö | 60 | 2047 |

Box 17(第十七箱)

| Name(名字) | Outside(外签编号) | Inside(内签编号) |
|---|---|---|
| Dter bpö | 10 | 1374 |
| Dter tsu t'u | 17 | 1247 |
| Gkür tsu bpö | 无 | 2149 |
| Har la-llü-k'ö | 1 | 1186 |
| Har la-llü-k'ö | 8 | 1919 |
| Har la-llü-k'ö | 7 | 5122 |
| Har la-llü-k'ö | 无 | 5069 |
| Har la-llü-k'ö | 21 | 5070 |
| Har la-llü-k'ö | (4a) | 5071 |
| Har la-llü-k'ö | 11 | 5072 |
| Har la-llü-k'ö | 16 | 5073 |
| $^2$Khi $^2$shi | 无 | 2760 |
| Mbüe bpö Dtu bpö Du mun | I | 2253 |
| Mbüe bpö | 无 | 5121 |
| Mun ndzer ä lä dzhu | 无 | 2771 |
| Ze mä | 1 | 625 |
| Ze mä | 12 | 932 |
| Ze mä | 13 | 1256 |
| Zs chung bpö | 1 | 4039 |
| Zs chung bpö | 1 | 1970 |
| Zs chung bpö | 2 | 1953 |
| Zs chung bpö | 3 | 1944 |

Box 18(no photograph)(第十八箱,不含照片)

| Name(名字) | Outside(外签编号) | Inside(内签编号) |
|---|---|---|
| Gyi mun ghugh bpö | 无 | 5129 |
| Hä la | 无 | 2653 |
| Llü Tsu bpu | 无 | 2826 |

| Name(名字) | Outside(外签编号) | Inside(内签编号) |
|---|---|---|
| Mi wua tsu na | 无 | 2795 |
| Miszer bpö | 无 | 1921 |
| Ngaw bpö | 1&3 | 2340 |
| No(n) bbu | 5 | 2597 |
| No(n) bbu | 6 | 2598 |
| Ssu bbu yü bpö | 无 | 844 |
| Ti lua tsu t'u | 无 | 1215 |
| Tsu dshi | 1 | 931 |
| Tsu dshi | 无 | 2794 |

此清单所列的 476 册东巴古籍均为洛克所收集。然而，对比当前哈佛燕京图书馆收藏的带有洛克书签的 569 册经书，我们发现数量上存在 93 册的差异。洛克在上述致叶理绥的信中提到，这份清单并不完整，其中缺少占卜书和延寿仪式的经书。经过细致比对分析，我们发现这 93 册缺失的古籍有 88 册为占卜书，这与洛克在信中的说法基本一致。将清单上的 476 册与这 93 册占卜书相加，恰好等于哈佛所藏的带洛克书签的 569 册总数。

因此，可以断定，哈佛燕京图书馆收藏的由洛克收集的东巴古籍总数确为 569 册。

此外，在哈佛藏的东巴古籍中，共有 29 册没有洛克书签。这些东巴古籍的具体编号分别为 A2、A20、B6、B9、B13、B34、B43、B60、B61、B76、B81、B82、C1、C35、C39、C40、C44、C64、D56、D70、D73、E5、G18、G21、K33、K73、M1、M2、M32。

观察这 29 册经书，我们发现它们中的很大一部分在封面设计上显得相对简陋，书写也较为潦草，与洛克收集的经书在整体风格上存在着明显的差异。这种风格上的不一致性，为我们提供了一个重要的线索：这部分经书另有来源。

1940 年 10 月 21 日，洛克在致叶理绥的信中说：

读完昆亭的文章，我被其中的一句话逗乐了。他声称："无人能比詹姆士·爱德华更懂纳西文化。"然而，我深知爱德华的底细，他根本不会说纳西语。出身威尔士矿工的他，连英文字母都写得不太利索。他偶尔会买些东巴经书，但都是零散的，往往不成套。昆亭在文中提及他父亲发现《神路图》的经过，可事实上，早在他父亲抵达丽江之前，我就已经发现了这幅《神路图》。他父亲在丽江仅仅逗留了一天，后来却向我讲述了许多关于《神路图》的细节，让我疑惑的是，他究竟是从何处得来这些信息的。①

　　从上述信中可以看出，洛克认为，昆亭所收集的东巴古籍可能在质量上并不尽如人意。基于这一线索，我们推测，哈佛所藏的29册未附带洛克书签的东巴古籍极有可能是经昆亭之手收集的，时间应该在1940年左右。

---

① Hartmut Walravens, *Joseph Franz Rock（1884-1962）, Berichte, Briefe und Dokumente des Botanikers, Sinologen und Nakhi-Forschers.* Stuttgart: Franz Steiner Verlag Stuttgart, 2002, pp. 208-209.

# 第四章
## 哈佛藏东巴古籍的整理和编目

哈佛藏东巴古籍在入藏前后经过多次整理,其中最重要的是洛克和朱宝田的整理和编目。由于年代久远和信息沟通不畅等原因,学界对于他们整理编目的成果并不十分清楚,本章着重介绍他们整理和编目的背景、过程、价值与不足等方面的内容,以期让学界可以更好地利用他们的成果。

## 第一节　洛克对哈佛藏东巴古籍的整理与编目

### 一、编目的背景

20世纪60年代,洛克为了筹措其专著的出版经费,将他个人收藏的1115册东巴古籍出售给德国马尔堡图书馆。然而,德国国家图书馆在得到这批古籍后,发现没有人能够读懂这些文献。为了整理和研究这批珍贵的古籍,1962年,德国国家图书馆邀请洛克为这批东巴古籍编目。洛克欣然接受了这一任务,并编写了《纳西东巴古籍目录》。该目录不仅涵盖了德国国家图书馆的收藏,还包括了哈佛燕京图书馆、美国私人藏家收藏,以及洛克个人收藏的东巴古籍。洛克在完成这一目录后不久,于1962年12月去世。他的工作为后来的西方纳西学研究奠定了基础。

## (一)准备阶段

洛克在收集东巴古籍之初,就已经着手进行编目的工作了。纳西族学者杨仲鸿《略谈美国人洛克博士学习和收集么些文的一些情况——附洛克的么些文教师和华亭用么些文写的两则日记》一文中介绍说:"洛克博士学习和整理么些文的多巴经(按,即纳西东巴经)时,每册书的内外,都标有书签。外签标明书名及注明这书属于某类的第几种。内书签标明该书是第几册。"①

20世纪40年代,杨仲鸿从洛克的经师和华亭那里抄录了几组洛克书签,其中有一组与哈佛藏东巴古籍书签相合。如下:

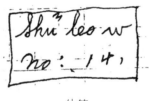

外签

杨仲鸿解释说:表明"叙里温"类的十四种。

内签

杨仲鸿解释说:这表明它是一百九十三册。

我们在洛克《纳西东巴古籍目录》中查到这册经书,仪式名是 Shi lo nv,即祭什罗仪式;经书名为《Ngaw-la mb'a-mi dshi》,意思是:"胜利神点油灯",编号

---

① 杨仲鸿:《略谈美国人洛克博士学习和收集么些文的一些情况——附洛克的么些文教师和华亭用么些文写的两则日记》,未刊稿。

1993。我们又在哈佛藏东巴古籍中找到洛克编号为1993(朱宝田编号A5)的经书,它的外签和内签如下:

外签　　　　　　　　　　　　　　内签

通过仔细对比,我们发现了一个有趣的现象:杨仲鸿抄录的书签,其内容与哈佛藏洛克编号为1993的经书书签相吻合,但杨仲鸿在抄录过程中不慎将编号1993错抄成了193。

当洛克身处纳西族地区之时,东巴们持续为他提供珍贵的东巴古籍,供他精心挑选。每获得一本东巴古籍,洛克都会为其编上唯一的号码,以确保其独特性。为了构建一个完整的东巴古籍体系,洛克持续购买更多的东巴古籍。他不仅依据编号对经书进行有序排列,还着手编制一个东巴古籍的目录,该目录严格遵循东巴在仪式中使用东巴古籍的先后顺序。为了确保目录的准确性,洛克广泛请教了众多大东巴,他们皆能将仪式中的所有经书倒背如流。随着时间的流逝,洛克编制的目录逐渐演变成一种独特的东巴古籍分类方式。

理论上讲,每一册经书的洛克编号都应该是独一无二的,以便于后续的整理和研究。然而,在哈佛所藏的东巴古籍中,我们却发现了洛克的编号存在重号的现象。

具体而言,A16和D12两册经书的洛克编号均为1978;A39和D31两册经书的洛克编号均为1979;而C41和H16两册经书的洛克编号则均为3024。这些重号现象显然与洛克编号的唯一性原则相悖,因此我们有理由认为,这可能是在编号过程中出现的失误或疏忽。

据我们统计,哈佛藏东巴古籍中有洛克书签的共569册,其中有内外两个书签的经书共有565册。另有4册仅有内签或外签:B55和G6只有外签。H26

有内签,无外签。C38有内签,但无洛克编号。①哈佛藏东巴古籍的洛克编号范围为567~5131。

综上所述,这些书签为洛克编写《纳西东巴古籍目录》打下了坚实的基础。

### (二)凡例

洛克并没有专门撰写《纳西东巴古籍目录》凡例,我们归纳其凡例如下:

第一,目录列18个大类,类目用罗马数字排序。大类下又按照仪式的不同分不同的小类,18个大类分为122个小类,用阿拉伯数字拉通编号。每个小类下再列经书名,用英文字母排序。先排小写英文字母。如果经书的数量超过26,则在小写英文字母前冠以大写英文字母。第16~18大类下没有用阿拉伯数字编号。

第二,每个规模比较大的仪式中包含若干个小仪式。在该目录中,所有的小仪式都有一个阿拉伯数字编号。如果需要在原有的体系中补充其他仪式,会在这些仪式的号码前面加一个或几个0。例如,14-014-0014-00014,指的是在第14个仪式中插入014、0014和00014三个附加仪式。该目录共有18个附加仪式。

第三,不能确定名称的仪式仍会出现在编号中,书名用横线表示。例如,编号24、25两个仪式。

第四,后来补充的经书可以插入到之前连续的编号之中。例如,50.$^2$Khi $^3$nv仪式中的c,c1,c2,其中c1和c2就是后补充进来的经书。

第五,对于只知道这本经书属于某个仪式,但是不知道它用在这个仪式中的哪个环节的情况,通常会将该经书附在这个仪式的最后,编号会加一个括号。例如,(Da)-(Du)。

第六,每个条目由纳西语书名(洛克音标)+R.X(R代表洛克,X代表数字编号)组成。

### (三)古籍类别及数量

洛克的东巴古籍分类如下:

---

① 按,我们发现《洛克藏东巴古籍清单》中确实有些缺少内签或外签,证明上述情况并非书签脱落所致。

Part I 祭自然

1. $^2$Mùa̠n $^1$bpö

2. $^2$Mùa̠n $^2$ndĕr $^3$ssu

3. $^2$Gyi $^2$Bbŭe $^2$k'ö $^1$bpö

03. $^2$Mùa̠n $^1$ts'u $^1$bpö

4. $^2$Mùa̠n $^2$mbu $^2$k'ö $^1$bpö

5. $^2$Ngaw $^1$bpö

05. $^2$Ngaw $^3$ch'ou $^1$bpö

005. $^2$Mùa̠n $^3$zo $^1$ndo $^1$bpö


Part II 求人畜兴旺

6. $^2$No̠n $^1$bbŭ

7. $^2$No̠n $^1$ddü $^1$bbŭ

8. $^2$Ngaw $^2$bä

9. $^2$Dzu $^2$Wùa $^1$bpö

10. $^1$Dsaw $^1$bpö

11. $^1$Dto $^1$bpö $^1$Wu $^1$bpö

12. $^2$Wùa-$^3$bpa $^3$ts'u

13. $^1$ō-$^2$mä-$^1$hä $^1$bpö

14. $^1$Gkŭ $^2$ts'u $^1$bpö

014. $^1$Gkŭ $^1$ts'u $^1$dshi

0014. $^1$Ho $^1$bpö

00014. $^1$Zä $^1$bbŭ


Part III 祭山神

15. $^3$Gkaw $^2$ds $^3$shu

16. $^2$Ssa̠n-$^2$ddo $^3$shu

17. $^3$Ffu $^2$dtv $^3$shu

18. $^2$Dso $^3$shu

018. $^1$Mu̲n-$^3$haw-$^2$gkaw $^2$la $^3$shu

0018. $^1$Hä $^3$shu

## Part IV 驱鬼

19. $^3$Dtv $^1$bpö

20. $^1$Ndshĕr $^1$bpö

21. $^2$Mùa̲n $^2$k'u $^3$džĭ $^1$bpö

22. $^2$Llü $^2$k'u $^3$dtĕr $^1$bpö

23. $^2$T'u $^2$lv $^1$lv $^1$bpö

24. ——

25. ——

## Part V 婚礼

26. $^3$Ssu $^3$dsu

27. $^3$Ssu $^2$mi $^3$gku

027. $^1$Zü $^1$k'v

## Part VI 祭署神

28. $^2$Ssu $^1$ndo $^1$bpö

29. $^2$Ssu $^1$gv

30. $^2$Ssu $^1$ddü $^1$gv

31. $^1$D'a $^1$Lv $^2$ds

031. $^2$No̲n-$^2$t'i $^2$gku $^3$hö

0031. $^2$No̲n-$^1$t'khi $^1$mi $^3$yu

32. $^1$Ḳhü $^3$mä

33. $^1$Zhi $^1$ts'u $^3$bpŭ

34. $^1$Ḳhü $^3$dtv, $^2$Ndzo $^3$dtv

034. $^2$Zä $^2$bbŭ

0034. $^1$Zä $^3$mä

00034. $^2$Gyi $^2$k'o $^1$bpö

Part VII 除秽

35. $^3$Ch'ou $^1$gv

36. $^3$Ch'ou $^1$na $^1$gv

37. $^3$Ch'ou $^3$shu

38. $^3$Ch'ou $^2$chěr

Part VIII 丧葬

39. $^3$Shi-$^2$lo $^2$gkv-$^2$lü $^2$dze

40. $^3$Shi-$^2$lo $^1$mi $^2$gka̲n̲

41. $^2$Mb'a-$^2$mi $^1$la $^1$dta

42. $^3$Shi-$^2$lo $^3$nv

43. $^2$Zhi $^3$mä

44. $^2$Gyi-$^2$mu̲n̲ $^3$nv

45. $^2$Sžǐ-shěr $^1$Ddu $^3$nv 或$^1$Ddu $^3$nv

46. $^2$Ts'u-$^3$chwua-$^2$gyi-$^2$mu̲n̲ $^2$Nv

47. $^2$Ngaw $^3$nv

48. $^1$D'a $^3$nv

49. $^2$Mbbŭe $^1$d'a $^3$nv

50. $^3$Khi $^3$nv

51. $^2$Mi-$^1$lv $^1$dzu $^3$nv

52. $^2$Ts'u $^3$nv $^3$mběr $^1$gyi

53. $^1$Dtěr $^3$nv

54. $^1$Yu $^1$dzu $^3$nv

55. $^2$K'ö $^3$nv

56. $^3$Lo $^3$nv

57. $^2$Llü $^2$k'o $^1$ō-$^3$shěr

057. $^2$Ssaw-$^1$la $^3$nv

0057. 挽歌

Part IX 祭祖先

58. $^2$Ssu-$^2$bbǔ-yü $^1$bpö

59. $^3$T'a $^1$bpö

60. $^2$Ts'u $^1$bpö

61. $^2$Dto $^1$bpa $^3$shu

62. $^2$Dto $^1$bpa $^2$dsu


Part X 延寿

63. $^2$Szǐ $^3$chung $^1$bpö


Part XI 占卜

64. $^3$Dso $^2$la


Part XII 禳鬼

65. $^3$Ts'u-$^2$ssi $^2$gyi $^3$nyi $^3$p'i

66. $^2$T'o-$^2$lo $^1$ts'u $^3$t'u

67. $^3$Ch'ou $^1$ts'u $^3$t'u

68. $^3$Ch'ou $^1$ts'u $^3$bpǔ

69. $^1$Ts'u $^3$t'u

70. $^3$Non̠ $^1$ts'u $^3$t'u

71. $^1$Gyi $^2$Mun̠ $^1$Ghügh $^1$bpö

72. $^1$Mbbǔe $^1$bpö

73. $^1$Dtěr $^1$bpö

74. $^1$Dtěr $^1$ts'u $^2$t'u

75. $^2$Shi $^1$k'u $^3$dtěr $^1$bpö

76. $^1$Ts'u $^1$dshi

77. $^3$T'i-$^2$lua $^1$ts'u $^3$t'u

78. $^1$Ndzi $^1$ts'u $^1$Llü $^1$ts'u $^3$bpǔ

79. $^1$Zhěr $^1$ts'u $^2$La $^1$ts'u $^3$bpǔ

80. $^2$K'o-$^2$ngv $^1$ts'u $^3$t'u

81. $^3$Gkyi $^1$bpö

82. $^2$Nděr $^1$ts'u $^3$t'u

83. $^3$K'v $^1$na $^1$ts'u $^1$dshi

84. $^1$Na $^3$ffǔ $^1$bpö

85. $^2$Mi-$^2$wua $^1$ts'u $^1$na $^1$bpö 或$^1$Ts'u $^1$na $^1$bpö

86. $^3$Ch'ou $^2$lv $^1$bpö

87. $^2$Mi $^1$szěr $^1$bpö

88. $^2$Bä-$^2$lv $^1$yü$^1$ts'u $^3$ndü

89. $^2$Ō $^1$p'ěr $^1$bpö，$^2$Ō $^1$na $^1$bpö

90. $^2$Hä $^2$la

91. $^3$Gkyi $^2$gkv $^1$bpö

92. $^3$Dto $^1$p'ěr $^3$k'ö

93. $^3$Dto $^1$na $^3$k'ö

94. $^3$Dto $^1$ndz'a $^3$k'ö

95. $^3$Hǎr $^2$zo $^1$bä

96. $^2$Zo $^2$mi $^1$bpö

096. $^2$Zo $^1$khi $^2$k'o $^2$bpö-$^1$lü $^1$bpö

0096. $^1$Shi-$^2$ndshi-$^2$k'u $^1$ō $^3$shěr


Part XIII 海老林肯

97. $^3$K'wuo $^2$khyü $^2$la-llü $^3$k'ö

98. $^1$Dtěr $^2$la-llü $^3$k'ö

99. $^2$Ts'u $^2$la-$^1$llü $^3$k'ö

100. $^1$Yu-$^2$la-llü $^3$k'ö

101. $^2$Shi $^2$k'u $^3$dtěr $^2$la-$^1$llü $^3$k'ö

102. $^3$Dto-$^2$la-$^1$llü $^3$k'o

103. $^3$Ch'ou $^1$la-$^1$llü $^3$k'ö

104. $^3$K'o $^3$k'o $^1$dto $^2$ngyu $^2$la-$^1$llü $^3$k'ö

105. $^2$Mu̱n $^2$la-$^1$llü $^3$k'ö

106. $^1$Mbbŭe $^2$la-$^1$llü $^3$k'ö

107. $^2$Ndĕr $^2$la-$^1$llü $^3$k'ö

108. $^2$Nv $^2$la-$^1$llü $^3$k'ö

109. $^1$Dtĕr $^2$ō $^2$mbö $^2$la-$^1$llü $^3$k'ö

110. $^2$K'ö $^2$ch'i $^2$la-$^1$llü $^3$k'ö

111. $^1$Wua $^2$la-$^1$llü $^3$k'ö

112. $^1$Dta $^3$gkü $^2$gyi $^3$bpŭ


Part XIV 消灾

113. $^2$Mi-$^1$k'o $^1$bpö

114. $^2$Mi-$^1$k'o $^2$wùa $^1$bpö

115. $^2$T'i $^3$ts'a̱n $^3$p'i


Part XV 桑尼经（无经书）

116. $^2$Dsu-$^2$bbŭ

117. $^1$Bä-$^2$bbŭ $^1$dtü

118. $^2$Bä-$^2$lv $^1$dtü

119. $^1$Ts'u $^3$ndü

120. $^2$Ya-$^1$'a̱n $^2$mi $^1$ho $^3$la

121. $^1$Ndv $^1$yü $^1$ndv $^3$bpŭ

122. $^2$Ts'o $^3$bpŭ


Part XVI 永宁达巴主持的仪式（无经书）


Part XVII 汝卡人的仪式

Part XVIII 其他

$^2$Nyi-$^1$ts'ĕr-$^3$ho $^1$gkü $^1$bpö

$^2$Shi-$^2$lo $^1$na $^2$dsaw $^3$ts'u

洛克对569册哈佛藏东巴古籍进行了编目,其中占卜书是最完整的,列表如下:

哈佛藏东巴古籍洛克分类数量表

| 类别 | 数量 | 类别 | 数量 |
|---|---|---|---|
| Part I | 2 | Part X | 66 |
| Part II | 7 | Part XI | 93 |
| Part III | 1 | Part XII | 47 |
| Part IV | 4 | Part XIII | 67 |
| Part V | 16 | Part XIV | 0 |
| Part VI | 78 | Part XV | 0 |
| Part VII | 26 | Part XVI | 0 |
| Part VIII | 161 | Part XVII | 1 |
| Part IX | 0 | Part XVIII | 0 |
| 总计 | | | 569 |

## (四)索引

洛克建立了一套编号系统,将他的洛克编号与《纳西东巴古籍目录》中的英文字母编号相对应,形成了一个索引。这一索引使得研究者能够通过洛克编号快速定位到具体的经书,进而了解该经书所属的仪式类别及其书名。这种编号对应关系不仅为学术研究提供了便利,也使得对东巴古籍的分类和检索更加系统化和科学化。

## (五)编撰与出版

1962年,洛克初步完成了东巴古籍的编目工作,但不久他就去世了。后来德国学者雅纳特完成了后续工作,《纳西东巴古籍目录》于1965年在德国威斯巴登(Wiesbaden)出版。

# 三、编目的价值和不足

## (一)价值

洛克的编目具有重要的学术价值,主要体现在以下几个方面:

1.原始性与权威性:洛克作为哈佛藏东巴古籍的主要收集者,直接接触并整理了第一手的东巴文献材料。同时,他在编目过程中得到了和华亭等大东巴的协助,确保了编目的准确性和权威性。这些编目资料为研究东巴文化提供了可靠的基础。

2.系统性分类与索引功能:洛克的编目系统将东巴古籍按仪式、书名、编号等进行分类。这是目前最为细致和系统的东巴古籍分类目录。例如,海老林肯仪式下又分了 16 个小仪式。此外,洛克还建立了洛克编号与《纳西东巴古籍目录》英文字母编号的对应关系。这种系统化的整理方式为研究者提供了便捷的检索工具,使得东巴古籍的研究更加高效和科学。

3.文化保存与传承:洛克的编目不仅记录了东巴古籍的基本信息,还保留了纳西族东巴文化的仪式名称、内容分类等重要细节。这些资料为东巴文化的保存与传承提供了重要依据,尤其是在东巴文化面临现代化冲击的背景下,其价值更加凸显。

4.学术研究的桥梁:洛克的编目是连接东巴古籍与学术研究的桥梁。它为国内外学者提供了研究东巴文化的重要参考资料,尤其是为那些无法直接接触原始文献的研究者提供了宝贵的线索。

5.国际学术交流的纽带:洛克的编目工作使东巴文化得以在国际学术界传播和推广。哈佛藏东巴古籍的编目成果为国际学者研究纳西族文化提供了重要窗口,促进了跨文化的学术交流与合作。

## (二)不足

尽管洛克的编目在学术上具有重要价值,但也存在一些不足之处,主要体现在以下几个方面:

1.编目范围有限:洛克的编目主要基于他个人收集的东巴古籍,未能涵盖哈佛所有现存的东巴古籍。洛克曾在哈佛燕京学社任研究员,他是完全有时间和机会完成哈佛藏所有东巴古籍的编目工作的。

2.文化理解的局限性:尽管洛克得到了和华亭等大东巴的协助,但他作为西方学者,对纳西族东巴文化的理解可能存在一定的文化隔阂。这种局限性可能影响了编目中仪式名称和内容分类等的准确性和深度。和力民就曾指出洛克在经书名称和分类中出现的错漏。①

3.文献保存与标注的不足:在编目过程中,洛克并未对所有古籍进行详细的文献学标注(如版本、年代、保存状态等),这为后续研究带来了一定的不便。

综上所述,洛克的编目虽然在东巴古籍整理和研究方面具有开创性意义,但其局限性也不容忽视。未来应在充分利用洛克编目的基础上,结合现代技术手段和多学科方法,进一步补充、完善和深化东巴古籍的整理与研究工作。

# 第二节　朱宝田对哈佛藏东巴古籍的整理与编目

1995年9月,朱宝田受邀赴美国哈佛燕京图书馆,对馆藏东巴古籍进行系统的编目和整理。朱宝田的工作为研究和保护哈佛藏东巴古籍有重要贡献。

## 一、编目的背景

直至20世纪90年代,这批珍贵的东巴古籍已在哈佛燕京图书馆默默沉睡了半个世纪。在这段时间里,除了洛克当年留下的书签外,这批经书几乎未受到任何形式的整理与研究,它们的历史价值和学术潜力亟待发掘。

这一僵局在时任哈佛燕京图书馆馆长吴文津的积极推动下得到了改变。吴馆长深知这批东巴古籍的重要性,也了解它们长期以来被忽视的现状。为了充分挖掘这批经书的学术价值,他决定邀请一位在东巴文化研究领域具有深厚造诣的专家来主持编目工作。

这是一项十分艰巨的任务。既需要整理者对东巴古籍有深入的研究,又

① 和力民:《法国远东学院东巴经藏书书目简编》,《长江文明》2010年第3期。

要善于对外沟通与联络。在这一背景下,吴文津找到了云南省博物馆的朱宝田。

朱宝田虽然是汉族人,但是早年毕业于中央民族学院语文系(现中央民族大学中国少数民族语言文学学院)纳西语班,系统学习过纳西语及纳西文化。朱宝田后来供职于云南省博物馆,曾任云南省民族学会副秘书长,长期从事东巴经的收集、整理和研究工作。朱宝田以其丰富的专业知识和对东巴文化的较为深刻理解,被吴馆长诚挚邀请,主持哈佛藏东巴古籍的编目工作。

朱宝田的加入,为哈佛藏东巴古籍的编目工作注入了新的活力。他对这批经书进行了全面的整理和分类。通过他的努力,这批沉寂已久的东巴古籍终于得以重见天日,为学术界和公众提供了宝贵的研究资料。

## 二、编目的具体过程

### (一)准备阶段

朱宝田抵达哈佛燕京图书馆后,首先对哈佛藏东巴古籍及其相关藏品进行了全面的考察,观察每本经书的保存状况和分类情况。朱宝田特别注意到洛克之前留下的书签。朱宝田原打算只将每本经书的名称译出,但是又觉得这些内容过于简单,对于读者了解经书的内容帮助不大。于是在吴文津馆长的建议下,他又增加了"内容""注释"等多项内容。

### (二)凡例

朱宝田制定了凡例,具体如下:

凡　例①

一、本目录是根据洛克和昆亭·罗斯福收集纳西族的象形文经书及有关材料编写而成。依照内容分为十三类,用英文字母顺序作代号。如下:

---

① Zhu Baotian. *Annotated Catalog of Naxi Pictographic Manuscripts in the Harvard-Yenching Library*, Harvard University. Cambridge, Mass.: Harvard-Yenching Library, Harvard University, 1997, p.Ⅺ.

A.祭东巴什罗

B.祭龙王

C.祭风

D.求寿

E.祭贤

F.(祭)胜利神

G.祭家神

H.替生

I.除秽

J.关死门

K.祭死者

L.占卜

M.零杂经

二、每类代号后的顺序号,基本上按照仪式内容先后次序排列。凡属同卷、同内容的经书,均排在一起以便于读者查阅。

三、在分类号的下方写有两个号,用标点符号";"为分界;在";"前方的号是原图书馆的顺序号。";"后方的号是洛克的编号。

四、本分类目录除对经书有分类外,还写有书名项、音译项、意译项、内容项、注释项、落款项、尺寸项、页码项。经书著者项及地点项均按经书原貌记录、翻译。有个别经书无封面书名时,乃参考洛克记录译出。

五、凡写每册经书"内容""注释"时,主要是依据国内学者的通行译法,并非最后定论。

六、除分类经书外,馆藏尚有经书影印件、卷轴画、及底片,均作相应的记录说明,以便读者查阅,并求其全。

七、本目录中的记音是依据中央民族学院语文系纳西语言的注音符号为准,并附有纳西文与汉语拼音字母国际音标对照表。

八、附录有:哈佛燕京图书馆原编号检索

J.F.Rock经书编号检索

有纪年之象形文经典表

　　朱宝田对哈佛藏东巴古籍进行了详细的记录,为每一册东巴古籍制作了一张"身份证",内容包括编号(包括朱宝田编号、图书馆编号和洛克编号①)、书名(东巴文、国际音标和汉语)、形制(落款、尺寸、页数、抄写人以及收集地)、内容提要和注释。具体如下:

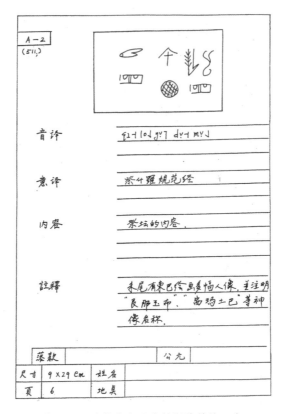

朱宝田为哈佛藏东巴古籍制作的编目卡

### (三)古籍类别及数量

　　东巴经一般在东巴教仪式上吟诵,因此,东巴经通常依据东巴教仪式来分类。关于纳西东巴经的分类,方国瑜在《纳西象形文字谱·东巴经书简目》中将东巴经分为16类,分别是:祭天经、解秽经、祭龙(祭山神龙王)经、祭风(超度枉死)经、替生(消灾)经、求寿经、赶瘟经、解厄经、祭释理经(东巴祖师)、燃灯经、祭老姆女神经、开路(开丧)经、荐死经、祭军将经、零杂经和左拉卜经。朱宝田

――――――――――

① 有些经书没有洛克编号。

参照方国瑜的分类标准,又依据哈佛藏东巴古籍的内容和用途,将经书分为十三类,分别是祭东巴什罗、祭龙王、祭风、求寿、祭贤、祭胜利神、祭家神、替生、除秽、关死门、祭死者、占卜和零杂经。

朱宝田按照以上类别将598册重新排列。每册重新编号。新编号书签位于每本经书的封面右上角。每类中按照仪式内容的先后顺序排列。凡属同卷、同内容的经书,均排在一起以便于读者查阅。每类之下都有对该类经书的简要说明。

具体情况如下:

第一类A祭东巴什罗:44册

东巴什罗为纳西族巫教教主,又简称什罗。人们为了缅怀他除魔和拯救人类的业绩,要举行祭东巴什罗的仪式。

第二类B祭龙王:83册

以村寨群体,在每年的农历二月,择龙日、蛇日行祭龙仪式。

第三类C祭风:82册

非正常死亡者之灵魂,即是风流鬼,要举行祭风仪式。

第四类D求寿:73册

人们希望像自然界一样,留存的时间非常久远,才求岁寿。是综合性祭祀活动,有解秽祭祖,祭家神,退口舌是非等内容。

第五类E祭贤:11册

社会上会制造刀、矛、锄、镰、锅等用具的人们,是生活中不可缺少的,这些人死后为赞颂他们的才能要祭贤。

第六类F祭胜利神:6册

因祭胜利神的时间和规模不同,可分为"刷高"和"徐高"两种。"刷高"是在农历正月在各户的正房进行;"徐高"是农历三月以宗族为单位集体祭祀。

第七类G祭家神:21册

先祖们死后仍然在生活,也能对后代儿孙保佑赐福。

第八类H替生:29册

替生目的是解除人畜生存的病害和灾难,使鬼魂不敢前来作祟。

第九类I除秽:39册

用树枝扎起火把、马、猴子和犏牛,驮上秽气秽物,送到秽鬼住的地方。

第十类J关死门:5册

非正常死亡的灵魂,要为死者举行祭短命鬼仪式。

第十一类K祭死者:78册

死亡分正常死亡和非正常死亡两种,都要对死者之灵魂举行超度仪式。

第十二类L占卜:93册

由于对自然界的现象无正确认识,人们常把命运与祸福联系起来,便产生许多的占卜方法与内容。

第十三类M零杂经:34册

纳西语直译为"儿女经",可理解为每大类经书中的小类经书。

## (四)索引

朱宝田为了方便读者查询,特别建立了两个索引系统:一是哈佛燕京图书馆的原编号检索,二是洛克编号检索。由于朱宝田对哈佛收藏的东巴古籍进行了重新分类和编号,导致原有的图书馆编号与洛克编号顺序发生了变化。为了读者能依据原有的编号快速找到经书的新位置,这两个索引应运而生。

### (五)编撰与出版

1996年12月,朱宝田的整理和编目成果《哈佛大学哈佛燕京图书馆藏中国纳西象形文经典分类目录》由哈佛大学出版社出版,这一重要著作为研究东巴经提供了系统的参考资料,促进了学术界对哈佛藏东巴古籍的进一步研究。

## 三、编目的价值和不足

### (一)价值

朱宝田对哈佛燕京图书馆所藏东巴古籍的整理工作具有开创性价值和里程碑式的学术意义。作为首位系统整理这批东巴古籍的学者,他的编目工作不仅使这批珍贵的文献得以妥善保存和有效利用,还为后续研究提供了重要的基础。朱宝田编目工作的主要价值有以下几点:

1.全面展示哈佛藏东巴古籍的基本信息。朱宝田的编目首次系统展示了哈佛藏东巴古籍的数量、构成、内容、尺寸、时代等信息。在哈佛燕京图书馆未公开这批古籍图像之前,他的编目是学术界全面了解这批文献的唯一一部专著。如果没有朱宝田的整理,这批东巴古籍可能仍处于杂乱无章的状态,哈佛燕京图书馆也难以对其进行数字化处理并向全球公开图像。

2.继承与发展洛克的研究成果。朱宝田在编目过程中吸收了洛克的研究成果。他参考了东巴古籍上洛克书签的内容,这些书签凝聚了洛克数十年对东巴古籍的研究心血。在重新分类和撰写书名时,朱宝田不仅保留了洛克的原始编号,还在此基础上进行了优化和补充,体现了对前人工作的尊重与传承。

3.多语言对照的书名翻译。朱宝田采用东巴文、国际音标和汉语三对照的方式翻译东巴古籍书名,满足了不同层次读者的需求。普通读者可以通过汉语书名了解古籍内容,而专业研究者则可以通过东巴文和国际音标进一步深入挖掘文献的学术价值。这种多语言对照的方式为东巴文化的传播和研究提供了便利。

4.发现二十八星宿纪日的东巴古籍。朱宝田在整理过程中发现了一批用

二十八星宿纪日的东巴古籍,这是纳西族天文历法研究的重要突破。他长期
关注纳西族的天文历法,这一发现不仅填补了相关研究的空白,也为进一步探
索纳西族的宇宙观和时间观念提供了珍贵资料。

5.推动东巴古籍的数字化与国际化。朱宝田的编目工作为哈佛藏东巴古
籍的数字化处理奠定了基础,使得这批文献得以通过互联网向全球公开。这
不仅促进了东巴文化的国际化传播,也为世界范围内的学者提供了研究资源。

6.为后续研究提供示范。朱宝田的编目方法和分类体系为后续东巴古籍
的整理与研究提供了重要参考。他的工作展示了如何系统化地整理和研究东
巴文献,为学术界提供了示范。

总之,朱宝田的编目工作不仅使哈佛藏东巴古籍从杂乱无章的材料转变
为系统化的学术资源,还推动了东巴文化的传承、传播与研究。他的成果为后
续学者提供了重要的研究基础,同时也为东巴古籍的数字化和国际化开辟了
道路。

## (二)不足

朱宝田对哈佛燕京图书馆所藏东巴古籍的编目工作无疑是开创性的,为
东巴古籍的系统化整理和研究奠定了重要基础。然而,正如任何学术工作一
样,朱宝田的编目也存在一些不足之处。以下是对这些不足的具体分析:

1.经书译名不统一。朱宝田在翻译经书书名时存在不一致的问题。例如:
A6书名为《祭什罗:创世经上册、下册》,H2、H3书名为《替生:人类迁徙经事
迹》,J2书名为《关死门:创世经传略》。虽然这些经书属于不同的仪式,但内容
实际上都是关于人类起源的故事,应统一为《创世纪》。译名的不统一可能导
致读者误解,认为这些经书内容不同,从而影响研究的准确性。

2.某些经书的归类有误。朱宝田的分类框架总体上是准确的,但在具体经
书的归类上存在疏漏。例如:M34无论从形式还是内容上都应该归入占卜类,
但是朱宝田却将其归入零杂类。M33是一本以哥巴文书写的经典,洛克将其
归入开丧类,而朱宝田将其归入零杂类。这些归类错误可能影响研究者对经
书内容和功能的准确理解。

3.经书内容提要过于简略。朱宝田编目中的内容提要未能充分体现东巴

古籍的独特性。例如：B18和B19的内容提要完全一致，但实际上B18缺少了向署洒药的情节，这一差异未在提要中体现。东巴古籍的个性很强，即使是同名经书，内容也可能存在显著差异。内容提要的简略化可能导致研究者忽略这些细节，从而影响对经书的深入理解。

4.对纪年经典的解释有误。朱宝田在考证经书抄写年代时存在较多错误。具体问题如下：

（1）A28、B20、B44、I18、I27、K6、K24、K60、L21、L23、L24落款 ▨▨ 。B24、C33、C61、K73落款 ▨▨ 。朱宝田认为，▨▨ 和 ▨▨ 都是皇帝年号。▨▨ 是"同治"，▨▨ 是"道光"。其后的数字表示书的抄写年份。比如，K6是同治三十二年。I18是同治四年。L21是同治四十二年。C61是道光六年。实际上，▨▨ 和 ▨▨ 都是一个东巴的法名——"东知"，其后的数字指的是东巴的年龄。这在东巴经中比较常见。此外，朱宝田还指出，C61的作者叫阿那居肯。这也是错误的，"阿那居肯"不是人名，而是地名。

（2）C12末尾出现几个字，分别是 ▨▨▨▨▨ ，朱宝田指出这四个字表示光绪三年。▨▨ 是皇帝年号"光绪"，▨ 是"三"，▨ 是"年"。此处对前两个字的解释有误。▨ zo$^{33}$罐子，象罐子之形。▨ y$^{21}$哥巴文。两个字连读作zo$^{33}$y$^{21}$人生。四个字的意思是"人生三岁"，并不是"光绪三年"。其实这里一共是七个字，第五个字是 ▨ ，最后两个字被涂掉了。朱宝田可能认为第五个字放在这里不好解释，所以就去掉了。我们认为，此处应该是没写完全。

朱宝田的编目工作尽管存在一些不足，但其贡献不可磨灭。未来研究应在继承其成果的基础上，进一步完善编目体系，推动东巴古籍的深入研究和国际化传播。通过编纂一部更为详实、准确的《哈佛燕京图书馆藏纳西东巴古籍总目提要》，我们可以更好地发掘和利用这批珍贵的文化遗产。

# 第五章
## 哈佛藏东巴古籍的形制

　　哈佛藏东巴古籍的形制独具特色,本章从外形与尺寸、装帧、版面布局、插图、卷首符、标点、文字类型、书写工具及载体几个方面进行深入分析。

# 第一节　外形尺寸、篇幅及装订方式

## 一、外形尺寸与篇幅

　　东巴古籍的外部形式在一定程度上仿照了贝叶经,但两者在尺寸上存在着显著的差异。贝叶经,其外形通常较为统一,长度一般在33—50厘米,宽度则在4~6厘米范围内。

　　相比之下,东巴古籍的外形则显得更为多样化,这主要受到地域差异的影响。在丽江坝及其周边地区,东巴古籍的外形相对适中,既不过大也不过小。然而,在玉龙山北部的奉科、宝山、大具、鸣音以及大东乡等地,东巴古籍的外形则略小于丽江坝地区的经书。相反,在鲁甸和塔城地区,东巴古籍的外形则比丽江坝地区的经书要宽大许多。

哈佛所藏的东巴古籍,则主要呈现出两种外部形式。第一种为横长竖短,长宽比例约为3∶1,横长在26—29厘米,竖宽则在8—10厘米。这种外形的经书在哈佛藏东巴古籍中占据了相当大的比例。另一种为横竖基本等长,形状近似正方形,横长约为14厘米,竖宽约为13厘米。值得注意的是,第二种绝大多数为占卜书,这在一定程度上反映了东巴古籍在不同应用领域中的外形差异。

根据篇幅的不同,贝叶经的书页数量也有所变化,大型书籍可能包含120—180页,而小型书籍则可能仅有数页或十几页。与贝叶经相比,东巴古籍的篇幅普遍较小。哈佛藏东巴古籍中,绝大多数经书的篇幅都在二十几页左右,即使篇幅较大的经书,也很少超过几十页,更不用说达到一百页以上的篇幅了。

占卜书:哈佛藏L20,横长29厘米,竖宽9厘米

占卜书:哈佛藏L21,横长14.5厘米,竖宽13.5厘米

汝卡东巴经:哈佛藏M29,横长30.5厘米,竖宽10.5厘米

## 二、装订方式

东巴古籍采用了线订册页装的形式,这一形式通过用线将多张单独的书页集合并装订成册,既便于翻阅又利于保存。册页装的起源可以追溯到梵夹装,后者是一种用上下两块护书板夹着散叶梵文书的装订方式,最早见于书写在贝多罗树叶上的古印度佛教经典——贝叶经。东巴古籍在发展过程中,也曾经使用过护书板、捆书带和护书巾等辅助保护手段,但在哈佛所藏的东巴古籍中,我们并未见到护书板的身影。

东巴古籍的装订位置主要分为两种:左边线装和上方线装。左边线装是在经书的左侧打孔(通常是两到三个),然后用线进行装订,使得翻阅时能够从右往左进行,这种装订方式与现代书籍的装订相似,也是东巴古籍中最常见的装订形式。而上方线装则是在经书的上部打孔,用线装订后从下往上翻阅。

无论是哪种装订方式,所使用的线一般都是棉线,颜色上一般为白色和蓝色,也有少量的彩色线。

左边线装:哈佛藏C1

上方线装:哈佛藏 L18

　　东巴古籍的装订方法并非随意为之,而是与其内容紧密相关,旨在通过不同的装订方式来区分不同类型的经书。通常而言,采用左边线装的经书多为普通经书,它们承载着东巴文化中关于信仰、仪式、历史等方面的丰富内容。而上方线装的经书,则更多地与占卜相关,是东巴文化中用于预测吉凶、指导行动的重要工具。

　　然而,这一规律并非绝对。在哈佛所藏的东巴古籍中,虽然绝大多数上方线装的经书确实为占卜类经书,共计74册,但也有一些占卜书采用了左侧装订的方法。例如,L22、L41等12册经书,尽管内容属于占卜范畴,但其装订方式却与普通的左侧线装经书无异。

　　这种装订方法上的例外,或许反映了东巴文化在传承与发展过程中的多样性和灵活性。它提醒我们,在研究和解读东巴经时,不能仅凭装订方式就轻易判断其内容,而需要更加深入地挖掘和解读经书中的文字与图像信息,以全面、准确地理解其文化内涵和价值。

占卜书:哈佛藏 L1

占卜书：哈佛藏 L18

占卜书：哈佛藏 L22

# 第二节　版面布局

## 一、封面

东巴古籍的封面布局分为两种，一种是横本横书，另一种是竖本横书。横本横书的中间会画一个书名框，在里面题写书名，一般用东巴文书写，或是东巴文与哥巴文混合书写。有时候在书名框下面会用东巴文或哥巴文再写一遍书名。在书名框的周围会画上宝瓶、白海螺、莲花、如意结、双鱼、法轮等佛教八宝图案。在八宝的下方会画上飘带、彩带或流苏，增强立体动感。竖本横书中间也有一个书名框，因为是竖本，所以书名框比较小。书名仍然横写。书名框的周围也会画上宝瓶、白海螺、如意结等佛教八宝图案。

横本横书示意图

哈佛藏 A32

竖本横书示意图

哈佛藏 G19

在哈佛藏和鸿抄本的封面中，标题栏无一例外地都是横本横书。标题栏的两侧被均匀地涂成了蓝、绿或黄褐色，而这些彩色区域与标题栏之间，则以

橘红色的细纸条作为分隔。值得注意的是,在和鸿抄本中,仅有一册的封面在
两侧彩色区域的中心位置贴有正方形的彩纸。

哈佛藏 D3

哈佛藏 D67

　　哈佛藏和鸿抄本的封面设计与东知抄本的部分封面在形式上高度相似,
均为标题栏两侧设有彩色涂装区域,并且这些区域与标题栏之间以彩色细纸
条分隔。不同之处在于,和鸿抄本的绝大多数封面并未在两侧彩色区域的中
心位置贴上正方形彩纸。

　　标题栏呈现为矩形方框样式,其外部饰以精美的飘带以及富含佛教象征
意义的八宝如意结、净水瓶等元素。

　　在标题内容的编排上,两者均遵循先注明此册经书所适用的仪式,随后再
明确列出该册经书的名称这一顺序。

哈佛藏 D58

哈佛藏 A23

　　哈佛藏的宝山派东巴古籍抄本封面设计通常较为简朴,装饰元素较少,且鲜少运用色彩。

　　2.标题栏

　　和鸿抄本的封面标题栏全部为规则矩形。矩形标题栏上方有装饰图形,通常是如意结、莲花、海螺、净水瓶等宗教图案。另外,有20册经书的标题栏上方有一个圆形图案,似乎是被人有意挖出来的。标题栏两侧都有流苏状的装饰。

　　东巴古籍的标题大多以一个东巴坐在高台上诵经的形象开头,即 。这个字在这里不读音。接下来指出这册经书用在哪一个仪式中。因为和鸿抄本都用在延寿仪式中,因此,标题会写出 三个字,读作 $zŋ^{33}tṣu^{55}py^{21}$ 延寿仪式,洛克音标记作 $^2zǐ$ $^3chung$ $^1bpö$。之后再写出这册经书的名字。有些经书的内容比较多,一种经书要分成两册或者三册,因此,有些标题后就会用东巴文 、 、 分别表示上册、中册和下册。有些经书内容比较少,一册经书可能会抄写两种或者两种以上经书。这些在标题上都会有所体现。在哈佛藏的东巴古籍中,也有极少部分没有封面或标题。有些标题的书写也不规范,比如,有的只写仪式名,不写具体的书名。有些只写书名,不写仪式名。

哈佛藏 D27

哈佛藏 D35

## 二、内页

### (一)首页

东巴古籍首页的版面布局与其他正文页不同,一般会把左边单独辟一栏画插图。有些经书首页左右两边都有插图。有些经书首页没有插图。在经文开头是边栏和卷首符号。边栏因图案的不同,又分波涛栏和八宝栏,以波涛栏最为常见。

首页示意图1

彩色波涛栏:哈佛藏 B14

黑白波涛栏:哈佛藏A32

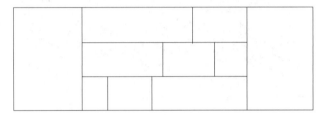

首页示意图2

彩色波涛栏:哈佛藏B44

首页示意图3

黑白波涛栏:哈佛藏A31

彩色八宝栏:哈佛藏B16

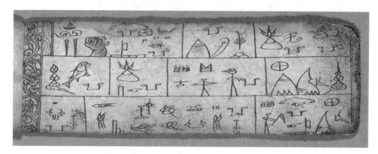

彩色八宝栏:哈佛藏B70

## (二)首页后的正文

东巴经首页后的正文页一般无上下围栏,有时有左右围栏。以栏线的条数可以分为:左右无栏,左右单栏和左右双栏。东巴经以横向单线分行,一般分为3行或4行,以3行最为常见。以哥巴文书写的东巴经,由于字形较小,以6行最为常见,也有分8行的。东巴一般是从上行始,从左往右书写经文,写完一句,则用竖线隔之,又写下一句。写完一行又从左向右写第二行,依次书写。这一页写完,再翻页在背页书写。

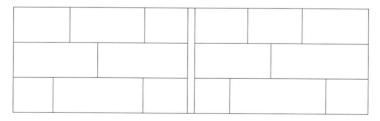

正文页展开示意图

哈佛藏东巴经的正文通常每页分为3至4行,然而在书写跋语部分时,有时会将一页划分为4行或更多。

3行式：哈佛藏B71经文

4行式：哈佛藏M29经文

4行式：哈佛藏L49经文　　　　8行式：哈佛藏L21跋语

# 第三节　插图与卷首符

## 一、插图

　　与本教、藏传佛教的经典相似，东巴古籍也有在封面和卷首画插图的传统。东巴古籍卷首的插图以东巴、神、护法、法师、圣人、高僧、大鹏鸟、虎等为主，也有少量藏八宝、海水、花纹、几何图案等。这些插图一般与经书内容相

关,只是提示性地画出经书中出现的主神或主人公的形象。如《创世纪》经常
画主人公崇则利恩。《迎请卡冉神》经常画卡冉四头神。也有的画一个具有特
色的东巴像。插图一般着色,能够起到突出主题和渲染内容的艺术效果。

插图为东巴坐像:哈佛藏C2

插图为东巴曲腿而坐:哈佛藏B50

插图为东巴立像:哈佛藏B8

插图为武士立像:哈佛藏B41

插图为盔甲武士：哈佛藏 B64

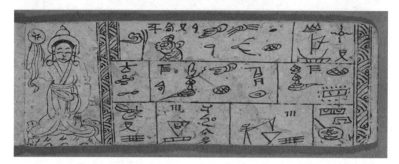

插图为女子：哈佛藏 B79

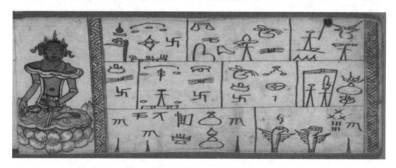

插图为神像：哈佛藏 C11

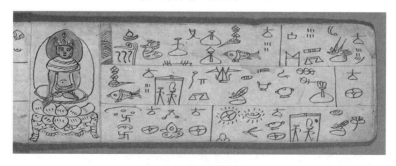

插图为神像：哈佛藏 B49

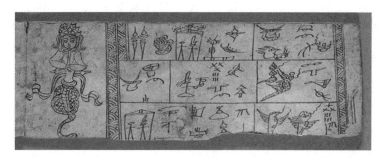

插图为署:哈佛藏 B51

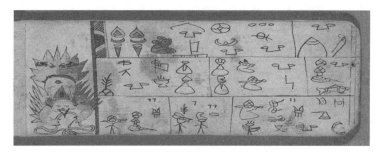

插图为护法:哈佛藏 B20

插图为白蝙蝠骑着大鹏:哈佛藏 I3

插图左边为四头武神,右边为牛和马:哈佛藏 C8

插图为公鸡:哈佛藏B20

插图为植物:哈佛藏B20

插图为面偶(像碗里盛着用面粉捏成的人形面团):哈佛藏C18

插图左边为东巴,右边为冥马:哈佛藏C27

## 二、卷首符

纳西东巴古籍中的卷首符,主要标示于经文的起始之处,作为经文开篇的标志,并且也被巧妙地运用于重要段落及经文的开端。这些卷首符的灵感源自藏文经典的相应符号体系。

藏文经典中,卷首符有单卷首符(ༀ)、双卷首符(ༀༀ)之分,而更为复杂的如三重卷首符(ༀༀༀ)、四重卷首符(ༀༀༀༀ)、日月卷首符(ༀ)、智慧卷首符(ༀ)、嚓拉卷首符(ༀༀༀ)及格古卷首符(ༀༀ),则多见于精写本之中。在乌坚体中,单卷首符有"ༀ"与"ༀ"两种形式,其中"ༀ"使用更为频繁,"ༀ"则相对较少见。此外,还有一种被称作蛇协(ༀ),或称为蛇形符、蛇形垂符、果协的特殊符号,因其既可置于句首又可置于卷首,故亦被译作首线或卷首垂符,其源头可追溯至吐蕃时期的蛇形符。至于"ༀ",在藏文经典中,它常被置于密咒之语的起始,作为一种象征吉祥的特殊符号,同时也是"书头符"的一种原始表现形式。

在东巴古籍中,单卷首符是最为常见的形式,此外也不乏双卷首符、日月卷首符以及饰有白海螺图案的卷首符等多种样式。

日月卷首符:哈佛藏 B30

单卷首符:哈佛藏 C29

日月卷首符:哈佛藏 C4

双卷首符:哈佛藏 M25

带白海螺卷首符:哈佛藏 C2

带白海螺莲花卷首符:哈佛藏 M5

变形的日月卷首符:哈佛藏 C78

密咒卷首符:哈佛藏 C20

变形的单卷首符:哈佛藏 C21

哈佛藏和鸿抄本使用的起始符号相当固定,一般使用 ,极少使用 、

或 。

哈佛藏东知抄本常用的起首符号有三个: 、 和 。 和 应该
是同一个符号的两种变体。

# 第四节　标点及文字类型

## 一、标点

在藏文经典采用单协(丨)与双协(‖)来明确区分句子与段落。单协,亦称单
垂符,是辨识词汇间、句子间界限的标志,其功能类似于现代汉语中的顿号、逗
号、分号及句号,因此也被译作分句符、句间标号、分词符、句读标或单分句线。
而双协,又名双垂或双分句线,其功用有二:一是作为分段、分章节的标志,故
可译为分段符、分章节符或段落符;二是置于某句诗的结尾,以区分不同的诗
句,据此又可译为诗句符。

在东巴古籍中,则通过竖线来划分句子,这一用法与藏文经典中的单协相
类似;而段落之间则以双竖线为界,这与双协的功能相仿。其中,单竖线(丨)的
使用颇为频繁,而双竖线(‖)则相对较少出现,通常仅在经书的开篇部分得以
运用。

至于伏藏[①]点符(ༀ),它在伏藏文献中用于字句之后,起到分隔字句、段落的
作用,与顿号、逗号、句号的功能相类。而在东巴经中,则是以红圈作为替代,
发挥着与伏藏点符相同的分隔句子的作用。

---

[①] 伏藏(藏语:གཏེར་མ,Terma),是藏传佛教中一个独特而深奥的概念。它指的是由古代高僧大德所隐藏
的宗教文本、物品或者教义,这些被隐藏的物品或教义被称为"伏藏"。

哈佛藏 C2 内页

哈佛藏 M33

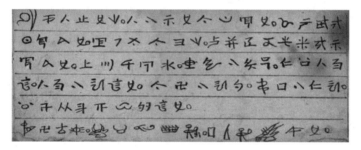

哈佛藏 D67

## 二、文字类型

### (一)东巴文和哥巴文

纳西族有两种不同类型的古文字,一种是符号体态象形的表意文字东巴文,另一种是符号相对抽象的表音文字哥巴文。从东巴古籍文献所使用的文字类型来看,东巴古籍大致可以划分为东巴文写本、哥巴文写本,以及东巴文与哥巴文混合写本这三种主要类型。在这三种类型中,东巴文与哥巴文混合写本又进一步细分为混合排列式和上下对照式两种形式。混合排列式写本中,东巴文和哥巴文相互交织、混合使用,彼此间形成了一种互补的关系,共同记录经文的内容。而在上下对照式写本中,哥巴文通常位于上方,东巴文则位于下方,两者在位置上形成了一一对应的关系,且所表达的音义相同。

示意图如下:

$$
\begin{cases}
东巴文写本 \\
哥巴文写本 \\
东巴文与哥巴文混合写本 \begin{cases} 混合排列式 \\ 上下对照式 \end{cases}
\end{cases}
$$

哥巴文产生的时代要晚于东巴文。值得注意的是,并非所有地区的东巴都会使用哥巴文,因此,哥巴文的存在可以作为东巴古籍分域断代的一个重要标识。一般含有哥巴文的东巴古籍通常年代较晚。

在哈佛藏东巴古籍中,仅有4册是全部用哥巴文书写的,它们分别是A5、A39、C56和M33。而绝大部分经书则是采用了两种文字混合书写的方式。特别地,哈佛藏D9、D20、D43、D67这几册经书的正文部分使用的是东巴文,而经书末尾的跋语部分则采用了哥巴文,这种书写方式进一步体现了东巴古籍在文字使用上的多样性和灵活性。

混合排列式:哈佛藏I06

上下对照式:哈佛藏B44

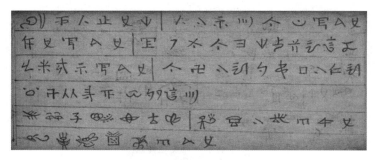

哈佛藏 D20

## （二）藏文

全梵文经典：哈佛藏 M32

哈佛藏 D49

除了东巴文、哥巴文及其混合写本外，哈佛藏东巴古籍还包含了一册全梵文经典，其编号为 M32。

此外，哈佛藏 D49 的前五页使用藏文书写。这些藏文内容主要是咒语，不能解读其意义。一般情况下，东巴古籍中的咒语通常是用哥巴文或东巴文来书写的。

这些特殊文字类型东巴古籍的存在，不仅丰富了我们对东巴古籍文字多样性的认识，也为我们深入探究古代纳西族的文化传承、宗教信仰以及纳西族与其他民族的文化交流提供了宝贵的资料。

### (三)汉字

在一些东巴古籍的封面、封里等位置写有汉字,这些汉字字体工整、书写流畅。还有些自创的诗文作品。这说明汉文化对东巴文化的影响很深。

哈佛藏D32封里

D32封里写着一首汉文诗歌:"百岁光阴争十年,十年更上千秋颂,千秋福禄绵三世,三世相承百岁人。玉兔久成千岁药,桂花新放一枝香。"这近似一首格律诗,前四句用了汉族古代文学中常用的"顶针"的修辞方法。最后两句化用了宋代词人向子湮《望江南》中的"玉兔已成千岁药,桂华更与一枝新"两句。《望江南》前有一小引:"八月十四日望为寿,近有弄璋之庆。"由此可知,这两句中第一句是希望自己长寿,第二句为自己后继有人感到高兴。

无论从格律还是从艺术上,这首诗都不算上品,但如果这首诗是出自和鸿之手,那就相当了不起了。主要表现在以下三点:其一,向子湮在宋代词人中并不算特别有名,这首《望江南》也并不是其代表作。至少可以证明,和鸿读过宋人的词集。其二,和鸿并没有把向子湮的两句词照搬过来,而是将其改造成两个对仗的句子,化用后意思不变。其三,这册经书用于延寿仪式,延寿仪式的主要目的是祈求老人长命百岁,与整首诗的意境相合。

通过字迹对比发现，这首诗的手书与经文正文手书应该是同一个人。如果这首诗不是和鸿所作，也肯定是他抄上去的，至少可以说明和鸿的汉文水平已经达到能读懂这首诗的程度。

哈佛藏 D8

编号 D8 的封里写有汉文对联："天青地青道青一通，日光月光世光万年。"

哈佛藏 D37

编号 D37 的封里也写有汉文对联："□□□□喜见萱堂荣晚景，□□□□伫看桂蕊愤秋香。"

哈佛藏 D38

D38 封里抄有用汉字书写的干支及日期。

哈佛藏 D72

汉字："者有弟之家，父母之年不可不之（知）也。与学小立也。"

# 第五节　书写工具与载体

## 一、书写工具

### 1. 笔

东巴书写东巴古籍的工具主要是竹笔，一般由丽江、中甸、维西等地生长
的质地坚硬的山竹削制而成。余庆远《维西见闻纪·竹笔》记载："竹笔，么些、

古宗皆有字,用楮墨而无笔,以竹为锥,长三寸余,膏煎其颖,令坚锐,以大指食指掐而书之。"①

竹笔分为竹管笔和竹批笔两种。竹批笔的性能要优于竹管笔。竹笔的笔尖构造"双瓣合尖",跟钢笔十分相似。

此外,有的东巴会用蒿秆、芦苇等材料制笔,但其质软、弹性差,其性能远不如竹笔。由于竹笔和蒿笔不耐用,在书写过程中,需要不断地削制,这大大影响了书写的效率。所以,东巴还会使用毛笔、铁笔和铜笔。铁笔和铜笔所写的东巴文笔画细而匀,但它们对纸张的要求苛刻得多。因此,大部分东巴经是用竹笔写成的。

东巴的用笔与书写之间密切相关。《东巴艺术》中谈道:"由于笔是书法家自造的,书家的性格、所造之笔的特色,与所写文字的风韵是一致的。豪迈的人,造出粗健的笔,写下阳刚的字;细心之人,制成精巧之笔,书出灵秀之字。"②木琛还指出:"构成纳西象形文字的笔画以弧线、曲线居多,直线较少,由于制作竹笔时笔尖多削成扁形,呈鸭嘴状,写出的线条变化比较丰富;又因竹笔瓣尖富于弹性,故笔画迟涩,无圆滑俗媚之感。刚劲挺拔的线条组合成一个个古朴凝重、形态优美的图形,其原始艺术的美感沁人肺腑。"③

### 2.墨

古代纳西东巴祭司使用的墨叫松烟墨,它是由燃烧松毛、松枝、松球等在锅底留下的黑烟和动物胆汁混合而成。李静生指出:"过去纳西人夜间点亮一般用'松明子',母房火塘边是一家人生活的中心,晚上烧上'松明子',一家人围坐火塘边。'松明子'燃烧时,一股浓黑的松烟上蹿。为了防止烟子在屋里乱飞,人们便在'松明子'台的上方覆吊一瓦盖,再用一种名叫'季古都鲁'[tɕi˥ kɣ˧tɣ˩lɣ˩]的植物的根所制的药水调和油烟,变成了写经书的墨。现在看来,这种'药水'有两种功能,一是防虫蛀,二是使松烟墨增添光泽。"④

墨色搭配:一般经书均用墨本,即书名、正文和跋语都用墨汁书写,其中有

---

① 邓章应、白小丽:《〈维西见闻纪〉研究》,成都:四川大学出版社,2012年,第181页。
② 赵世红、和品正:《东巴艺术》,昆明:云南人民出版社,2002年,第82页。
③ 木琛:《纳西象形文字》,昆明:云南人民出版社,2003年,第45—46页。
④ 李静生:《纳西东巴文字概论·叙言》,昆明:云南民族出版社,2009年,第3页。

的红色颜料书写卷首符、重要的人名、咒语等重要字词。也有些经书用彩色添涂字形，只求美观，并不区别意义。如下图。

彩色：哈佛藏B21

## 二、书写载体

东巴古籍的主要书写载体是东巴纸，这种纸的制作是纳西族传统造纸工艺的一种，所造纸张专门供东巴书写经书或画东巴画。2006年，东巴纸入选第一批国家级非物质文化遗产名录。造纸用的原料是一种名叫荛花的丛生灌木，纳西语叫作 $\mathrm{\vartheta^{55}d\vartheta r^{33}d\vartheta r^{21}}$，系瑞香科狼毒属，高约1米，树干直径在4厘米以内。这种植物的内皮柔软细腻，呈乳白色。剥取下来的树皮要刮去褐色的外层，放入锅中用猛火煮熟后，在脚碓中捣细即成纸浆。

做纸时把底部有活动竹帘的木框浸于清水中，取纸浆块放入木框内搅拌，使之均匀悬浮于水上，然后垂直地把木框从水里捞出，取出竹帘，把附着在上面的纸浆反贴在平整的木板上，晒干后揭开即为成品。纸张的大小取决于木框的长宽，一般的尺寸是25×60厘米。

东巴纸质地坚韧，有微毒，不易被虫蛀，颜色近似土黄色；吸水性适中，宜于竹笔书写。但东巴纸的表面较为粗糙，使用前应用光滑的卵石打磨。

# 第六章

## 哈佛藏东巴古籍书写研究

　　东巴在书写经书时并没有一定之规,也不受任何人的约束,可以完全自由发挥,也可以随意增添或者删减经文。但是东巴古籍的书写还是要受到师承、地域、时代等因素的制约。因此,不同地域的东巴也逐渐形成一套独特的书写方式。它们在概貌、用字写法、符号与标识、运笔特征等方面显现出不同特征。

# 第一节　哈佛藏东巴古籍的概貌特征

　　东巴古籍的书写的概貌特征是指书写的整体性特征,包括书写风格、书写速度、书写水平、布局等方面。

## 一、书写风格

　　在书法研究中,书写风格是观察者最初对书写特征所产生的感知反映,是对书写的美学判断和总结,是对整个文本中的特色、有规律的现象的归纳总结,是通过大量的文本材料对其他多种特征现象的集中归纳。总之,风格就是观察者第一眼可以辨识出的书手间的差异特征。不同地域的东巴古籍的书写风格特征也十分明显。宝山、鸣音、大东地区的经书一般字迹纤细、简练,而鲁甸地区的经书书写较认真,笔画较讲究。哈佛藏东巴古籍中有一批经书的书写风格一致,其中一本经书的跋语显示,这册经书是清末丽江白沙大东巴和鸿的抄本。由此,我们可以推断这批经书的书手是和鸿。

哈佛藏 D3

哈佛藏 D39

不同书手的书写风格也存在差异,比如和鸿和东知都是清末大东巴,同时也是优秀的东巴文书法家,文字书写都相当漂亮,但风格迥异。东知的字形较大,字体潇洒飘逸,不拘一格,喜欢大开大合,而和鸿正好相反,字形较小,字体内敛隽秀,一丝不苟,紧凑严谨。

和鸿与东知的书法对比

| 字义 | 天 | 日 | 月 | 星星 | 出 | 饶星 | 老鼠 | 神坛 |
|---|---|---|---|---|---|---|---|---|
| 和鸿 | D39-1-1 | D39-2-10 | D39-1-2 | D39-1-1 | D39-3-2 | D39-5-7 | D39-1-2 | D39-1-3 |
| 东知 | B19-1-1 | B19-1-1 | B19-1-1 | B19-1-1 | B19-1-1 | B19-1-1 | B5-1-3 | B19-12-3 |

| 字义 | 树 | 不 | 署 | 石头 | 东巴 | 主人这一家 | 藏族 | 白族 | 纳西族 |
|---|---|---|---|---|---|---|---|---|---|
| 和鸿 | D39-4-3 | D39-2-10 | D39-26-7 | D39-3-2 | D39-1-3 | D39-2-3 | D39-1-2 | D39-1-2 | D39-1-2 |
| 东知 | B19-1-4 | B19-1-7 | B19-1-4 | B19-1-2 | B19-3-7 | B19-14-6 | B5-1-2 | B5-1-4 | B5-1-5 |

我们利用上述特征分析东巴文的书写,方法主要是在重复出现的字、笔画、符号等痕迹中选取相似或有差异的特征,从中找出书写者习惯及特性,然后据此将东巴古籍分类。

例如,如果我们要确定哈佛藏D3与D39两册经书的抄本归属,就可以依据以上标准进行判断。通过仔细比对和分析,我们得出了以下结论:

D3通过其跋语内容,可以明确判定为和鸿的抄本。跋语作为经书末尾的附加说明,往往记录了抄写者、抄写时间,以及可能的收藏或流传信息,是判定抄本归属的重要依据。D3册经书的跋语中明确提及了和鸿的名字,因此我们可以确信这是和鸿的抄本。

相比之下,D39则没有跋语,无法直接通过文字信息来确定其抄本归属。然而,在仔细研究了D39的书写风格后,我们发现它与D3在笔迹、字形,以及整体布局上都存在着惊人的相似性。这种相似性不仅体现在单个字符的书写上,更贯穿于整册经书的排版和布局之中。因此,尽管D39没有跋语作为直接证据,但我们仍然可以凭借书写风格的相似性,推断出D39同样出自和鸿之手。

综上所述,D3通过跋语可以直接确定为和鸿抄本,而D39虽然没有跋语,但从书写风格上可以分辨出它与D3出自同一人之手,因此同样可以判定为和鸿抄本。这一发现不仅为我们提供了更多关于和鸿抄本的实物资料,也为进一步研究东巴古籍的抄写传统和风格提供了重要线索。

## 二、书写水平

书写水平是指书手个人书写技能的高低,其衡量依据主要如下:

(1)运笔流畅度与起笔控制度:这涉及笔触的自然性、顺畅性,以及笔画开始和结束的掌握情况。

（2）文字结构的严谨性：包括文字排列的整齐度、笔画粗细的一致性、笔画间距的合适性，以及字形的规整性。

（3）布局的合理性：涉及全篇文字的布局是否平衡，文字大小是否统一，以及间距是否合适。

尽管东巴文近似于图画，但我们可以根据上述标准来观察其书写水平。例如，观察笔触是否流畅，笔画之间的过渡是否自然，以及笔画开始和结束的处理是否得当。同时，我们可以评估东巴文字符的结构是否严谨，笔画之间是否均匀和谐，以及字形是否规整。最后，考察整篇东巴文的布局是否得当，文字大小是否统一，以及间距是否合适。

在哈佛藏东巴古籍中，不同的经书可能展现出不同的书写水平。一些经书可能笔触流畅、结构严谨、布局合理，显示出书写者的高超技能。而另一些经书可能在这些方面表现不佳，反映出书写者的技能水平较低。

综上所述，书写水平可以通过运笔流畅度、文字结构严谨性和布局合理性来评估。即使对于像东巴文这样近似图画的文字，我们也可以运用这些标准来评价书写者的技能水平。在哈佛藏东巴古籍中，不同经书的书写水平可能因书写者的技能差异而有所不同。

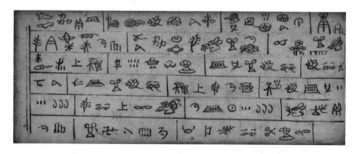

哈佛藏 D3

哈佛藏 B76

哈佛藏 B9

　　哈佛藏 D3 的书写流畅自如,布局合理有序,结构严谨工整,从研究者的角度来看,无疑展现了高超的书写水平。相比之下,哈佛藏 B76 和 B9 在上述方面显然略逊一筹。然而,需要明确的是,这种评价可能更多地反映了我们作为研究者的审美标准和偏好。

　　如果站在书手的角度,特别是东巴文化的背景下,B76 和 D3 可能都被视为书写水平极高的作品。这是因为东巴文的书写不仅仅是一种技艺的展示,更承载着深厚的文化内涵和审美观念。正如李霖灿在《东巴经典艺术论》中所描述的那样,他在学习东巴文的过程中,虽然自认为已经掌握了书写的技巧,甚至在某些方面超越了老师,但老师却指出他的书写"太巧了",缺乏东巴文特有的稚拙之美。

　　这段经历深刻地揭示了审美观念的差异。对于我们研究者而言,可能更注重书写的流畅度、布局的合理性,以及结构的严谨性;而对于东巴文化的传承者和书写者来说,他们可能更看重的是书写中蕴含的文化意蕴和审美风格。

　　尽管如此,这种审美差异并不影响我们对书写水平进行客观的分析和评价。我们可以从不同的角度出发,运用不同的标准来评估书写作品,从而更全面地理解东巴文的书写艺术和文化内涵。同时,我们也应该尊重和理解不同文化背景下的审美观念,以更加开放和包容的心态去欣赏和传承这些宝贵的文化遗产。

## 三、布局

　　东巴古籍的布局,可以从整体和局部两个维度进行细致探讨。

　　首先,我们聚焦于东巴古籍的整体布局。整体布局主要体现在经书的分行上,这是东巴古籍排版设计的重要一环。东巴古籍最常见的分行方式是分为三行,这种布局方式不仅符合东巴文字的阅读习惯,也便于书写者在有限的页面空间内合理安排文字内容。然而,值得注意的是,并非所有的东巴古籍都严格遵循这一分行规则。有些经书,根据内容的丰富程度或地域特色,会采用分四行或其他行数的方式进行排版。这种分行上的差异,往往与经书所属的地域以及经书的具体内容密切相关。例如,哈佛藏D19属于丽江坝地区的经书分三行。D33属于宝山地区的经书分四行。同时,经书内容也会影响分行的选择,以确保文字信息的清晰传达和阅读的便捷性。例如,咒语类经典一般分多行。因为咒语类经典中的文字都只表音,字符之间没有意义联系,因此,每个字符大小相同,字符之间界限明显且呈线性排列。这样会大大节省空间,因此一页经书就可以分四行以上。

　　综上所述,东巴古籍的整体布局特征,尤其是分行方式,不仅体现了东巴文字的独特魅力,也反映了不同地域和内容的经书在排版设计上的多样性和灵活性。这种布局特征的研究,对于我们深入理解东巴古籍的文化内涵和书写传统具有重要意义。

三行式:哈佛藏D19

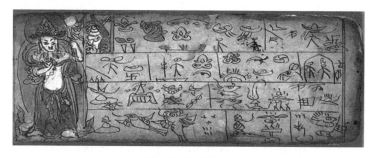

四行式:哈佛藏D33

六行式：哈佛藏 M4

东巴古籍的局部布局主要是指封面设计、程式语、字体等等。

## 1.封面设计

东巴古籍的封面设计有一定的规范，比如标题栏一般是矩形方框，外部绘有装饰性的流苏和佛教八宝如意结、净水瓶等。标题内容都是先写这册经书用在哪一个仪式中，然后再写出该册经书的名字。但是不同东巴在标题栏的设计上也会有不同。例如，哈佛藏和鸿抄本与东知抄本封面设计一致，在标题栏两侧各有一个涂成彩色的区域，而且该区域与标题栏用彩色细条贴纸分开。不同点是：和鸿抄本绝大部分在两侧颜色区域中心没有贴正方形彩纸。

和鸿抄本：哈佛藏 D58

东知抄本：哈佛藏 A23

### 2.程式语

程式语,指日常使用的套话以及具有相对固定的句法和语篇结构的各种口头或书面话语。程式语通常具有较完整的结构、意义和功能,一般作为整体形式进行辨识、存储和提取,是使用频率较高、预制性较强的多词语言单位。东巴诵经时会使用一些程式语,这些程式语一般比较固定,但东巴古籍一般不逐词记录经文,东巴会根据自己的习惯写出几个字来提示整段经文。不同的东巴会写同一个程式语,布局也会有所差异。

例如,东巴古籍中经常会出现一段程式语,汉语大意是:很久以前,天上星光灿烂;地上芳草碧绿。左边出来的太阳温暖;右边出来的月亮光明。住在北方拉萨垛肯盘地方的藏族年份算得好;住在南方补鲁日饶满地方的白族月份推算得好;在人们居住的大地中央的村寨里,纳西人时日推算得最好。以下两节分别选自哈佛藏和鸿抄本和东知抄本,经文内容为"很久以前,天上星光灿烂;地上芳草碧绿。左边出来的太阳温暖;右边出来的月亮光明"。但是两个抄本用字不同。两册经书的对比如下:

哈佛藏 B5 第 1 页第 1 节(东知抄本)

哈佛藏 D19 第 1 页第 1 节(和鸿抄本)

| B5 | | | | | | | | | | |
|---|---|---|---|---|---|---|---|---|---|---|
| D19 | | | | | | | | | | |
| 音标 | $a^{33}$ | $la^{33}$ | $mə^{33}$ | $şər^{55}$ | $ɳi^{33}$ | $mu^{33}$ | $la^{33}$ | $ku^{21}$ | $tşɻ^{33}$ | $dzɻ^{21}$ |
| 汉译 | 啊 | 也 | 不 | 说 | 日 | 天 | 也 | 星 | 这 | 长 |

| B5 | | | | | | | | | | |
|---|---|---|---|---|---|---|---|---|---|---|
| D19 | | | | | | | | | | |
| 音标 | $ku^{21}$ | $dzɻ^{21}$ | $tşɻ^{33}$ | $ɳi^{33}$ | $ɣɯ^{33}$ | $dy^{21}$ | $la^{33}$ | $zə^{21}$ | $tşɻ^{33}$ | $y^{21}$ |
| 汉译 | 星 | 长 | 这 | 日 | 好 | 地 | 也 | 草 | 这 | 生 |

| B5 | | | | | | | | | | |
|---|---|---|---|---|---|---|---|---|---|---|
| D19 | | | | | | | | | | |
| 音标 | $zə^{33}$ | $y^{21}$ | $tşɻ^{33}$ | $ɳi^{33}$ | $hər^{21}$ | $uæ^{33}$ | $i^{33}$ | $bi^{33}$ | $thv^{33}$ | $lv^{21}$ |
| 汉译 | 草 | 生 | 这 | 天 | 绿 | 左 | （助） | 太阳 | 出 | 暖 |

| B5 | | | | | | | | | | |
|---|---|---|---|---|---|---|---|---|---|---|
| D19 | | | | | | | | | | |
| 音标 | $bi^{33}$ | $thv^{33}$ | $tşɻ^{33}$ | $ɳi^{33}$ | $lv^{21}$, | $i^{21}$ | $i^{33}$ | $le^{21}$ | $tshe^{55}$ | $bu^{33}$。 |
| 汉译 | 太阳 | 出 | 这 | 天 | 暖， | 右 | （助） | 又 | 光 | 亮。 |

| B5 | | | | | |
|---|---|---|---|---|---|
| D19 | | | | | |
| 音标 | $le^{21}$ | $tshe^{55}$ | $tşɻ^{33}$ | $ɳi^{33}$ | $bu^{33}$。 |
| 汉译 | 月 | 光 | 这 | 天 | 亮。 |

我们从整体布局上看，两个抄本基本保持一致，显示出两者可能有共同的来源。在具体用字上有差异，这一段程式语共读出45个音节，和鸿和东知各用11个字表示。和鸿写出古①，而东知没写出。东知写出⊗②，而和鸿没写

---

① $tşɻ^{33}$悬挂，借音作这。
② $lv^{33}$石头，借音作$lv^{21}$暖。

出。另外,和鸿的"左"和"右"两个字与东知的正好相反,这是视角的原因。

### 3.字体

在东巴古籍文本研究中,字体特征是一项不可忽视的重要考察内容。这里的字体特征,通常指的是整篇文本中字的平均高度和宽度,这一特征在很大程度上能够反映出书手的书写习惯和个人风格。

以东知抄本与和鸿抄本为例,两者在字体上存在着明显的差异。具体而言,和鸿抄本的字体相对较小,整体给人一种紧凑、精致的感觉。这种字体的选择,可能反映了和鸿在书写时追求文字间的和谐与平衡,以及对于页面空间的合理利用。相比之下,东知抄本的字体则显得较大,给人一种开阔、舒展的视觉体验。

值得注意的是,字体特征并非孤立存在,而是与书手的书写习惯、个人风格,以及所处的文化背景等因素紧密相连。因此,在比较东知抄本与和鸿抄本的字体时,我们还需要结合其他方面的信息,如书写工具、纸张质量、抄写年代等,进行更为全面和深入的分析。

综上所述,东巴经字体的特征在一定程度上能够反映出书手的书写习惯和个人风格。以东知抄本与和鸿抄本为例,两者在字体上的差异为我们提供了研究东巴古籍书写传统和文化内涵的新视角。

# 第二节　哈佛藏东巴古籍的具体书写特征

哈佛藏东巴古籍的具体书写特征包括用字写法、符号的形式,以及运笔等内容。

## 一、用字写法特征

用字写法特征是指书手在同一个字的应用中所习惯使用的那一种写法特征。

### 1.文字的异写

东巴文作为纳西族独特的表意文字系统,其异写现象极为普遍。这种异写不仅体现在字符的形态上,更反映了东巴文作为表意文字的独特性和书写者的个性化风格。与汉字相比,东巴文的异写形式更加多样且富有变化。

一方面,有些东巴文字符的异写形式高度一致,如表示"太阳"的字符⊕,其异写形式相对较少,这可能是因为太阳作为自然界中的独特存在,其形象在人们的认知中相对固定,因此书写者在表现这一字符时,也倾向于采用相对统一的形态。

另一方面,有些东巴文字符的异写形式则异常丰富,几乎每个东巴在书写时都有自己的独特风格,甚至同一个东巴在不同的抄本中也会采用不同的写法。以表示"鹤"的字符为例,其异写形式多达数十种,每一种都独具特色,反映了书写者对字符形象的个性化理解和表达。

然而,尽管东巴文的异写现象普遍且复杂,但在某些特定情况下,异写字仍然可以成为判断书手或抄本价值的重要依据。

例如,哈佛藏东知抄本中表示"针"的字符一律反书作另一种形态。

东知 A7-13-10[1]⏋、A19-7-9 ⏋、B17-3-9 ⏋、B44-7-3 ⏋、B59-1-1 ⏋、C11-9-11 ⏋、C31-7-8 ⏋。

和鸿 D5-17-3 ⏐、D6-21-8 ⏐、D8-1-8 ⏐、D12-3-5、⏐D19-9-7 ⏐。

和华亭 G1-15-8 ⏐ K38-5-6 ⏐。

和泗泉 M27-11-7 ⏐。

东毕 K45-13-18 ⏐。

综上,东知与和鸿、和华亭、和泗泉、东毕的写法都不同。这种高度一致性的异写方式,无疑为判断东知抄本提供了有力的证据。

这一发现表明,尽管东巴文的异写现象多样且复杂,但在某些特定情境

---

[1] A7-13-10表示该字的出处,A7表示经书编号,13表示第13页,10表示第10节。以下同。

下,异写字仍然能够反映出书写者的独特风格和习惯,甚至成为判断抄本归属或时代先后的重要依据。因此,在研究东巴古籍时,我们不仅要关注东巴文字符的象形性和多样性,更要深入挖掘其背后的书写规律和个性化风格,以更全面地理解这一独特文字系统的魅力和价值。

2. 书手

东巴文,作为纳西族的祭司——东巴们的神圣文字,其书写与传承承载着丰富的文化意蕴。在笔迹学的视角下,书手被细分为书写者与抄写者两类,这两者在笔迹特征上存在着显著的差异。

首先,我们明确书写者的笔迹属于自述型笔迹。这类笔迹是书写者在没有外界干扰的情况下自然流露出的,因此能够真实、全面地反映其语言习惯和动作习惯。对于东巴而言,他们在书写东巴文正文时,往往倾注了深厚的宗教情感和文化认同,这使得他们的笔迹不仅具有独特的个人风格,还蕴含着丰富的文化内涵。

然而,当涉及抄写者时,情况就有所不同了。抄写者的笔迹属于非自述型笔迹,这类笔迹往往受到原稿字迹形体和写法的影响,因此可能无法准确反映抄写者自身的语言习惯。在东巴经中,抄写者通常需要按照既定的格式和内容进行抄写,这使得他们的笔迹可能在一定程度上偏离了自身的书写习惯。此外,由于东巴经往往包含大量的宗教符号和神秘图案,抄写者在抄写过程中也需要对这些元素进行精确的再现,这进一步增加了抄写笔迹的复杂性和独特性。

就东巴古籍而言,我们还需要将其分成正文和跋语两部分来讨论。正文是东巴古籍的主体部分,通常包含了丰富的宗教教义、神话传说和历史故事等内容。这部分内容往往由东巴本人亲自书写或口述,并由抄写者进行整理和抄写。因此,在正文中,我们可以观察到书写者与抄写者笔迹的交织与融合。而跋语部分,则通常是书手对抄写过程、时间、地点,以及个人感受的记录。这部分内容的笔迹往往更加接近书写者的自述型笔迹,能够为我们提供更多关于书手个人风格和书写习惯的信息。

　　综上所述,东巴文的书写者与抄写者在笔迹特征上存在着显著的差异。通过对东巴文正文和跋语的细致分析,我们可以更加深入地了解东巴古籍的文化内涵和书写传统。

　　东巴古籍经典的正文部分大都是代代传承的,并非某个东巴个人独立创作的作品。因此,东巴古籍正文应该属于非自述型笔迹。然而,实际上,即使两个抄本题目相同,它们的内容也存在着较大的差异。例如东巴古籍《创世纪》,不同时代、不同地域,甚至不同东巴的抄本都存在差异。而有些东巴根据自己的记忆来书写经书,这些抄本可以被视为自述型笔迹。有些东巴会照抄其他东巴的经书,这些被视为非自述型笔迹。但是,东巴一般不会一字不改地照抄其他经书,而是会在一些细节上做一些改变。在哈佛藏的东巴古籍中,存在大量的复本,即两册经书内容相同,但在分节、文字布局和具体用字上存在一些细微的差别。以下是哈佛藏 B19 和 B18 两册内容相同的经书的部分内容的对比。

哈佛藏 B19 第 1 页

哈佛藏 B19 第 2 页

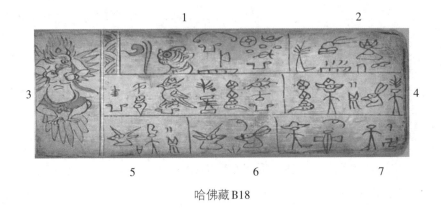

哈佛藏B18

B18与B19用字对比

| B19 | | | | | | | | | |
|---|---|---|---|---|---|---|---|---|---|
| B18 | | | | | | | | | |

| B19 | | | | | | | | | |
|---|---|---|---|---|---|---|---|---|---|
| B18 | | | | | | | | | |

| B19 | | | | | | | | | |
|---|---|---|---|---|---|---|---|---|---|
| B18 | | | | | | | | | |

| B19 | | | | | | | | | |
|---|---|---|---|---|---|---|---|---|---|
| B18 | | | | | | | | | |

| B19 | | | | | | |
|---|---|---|---|---|---|---|
| B18 | | | | | | |

　　这两册东巴古籍在内容上完全一致,均记载东巴古籍中常见的《大鹏与署的争斗》。通过对这两个抄本的仔细比对,我们可以发现其中的文字几乎如出

一辙,这不仅表明了它们可能源自同一个母本,还反映了东巴文化传承中的一致性和稳定性。然而,尽管两个抄本在整体内容上高度相似,但在细节之处仍存在着微妙的差别。具体表现在以下三点:

首先,分节有差异。B19分8节,B18分7节。B19的第1节相当于B18的第1节。B19的2—4节相当于B18的2—3节。B19的5—6节相当于B18的4—5节。B19的第7节相当于B18的第6节。B19的8—9节相当于B18第7节。具体见下表:

| B19 | B18 |
| --- | --- |
| 1 | 1 |
| 2—4 | 2—3 |
| 5—6 | 4—5 |
| 7 | 6 |
| 8—9 | 7 |

其次,文字布局有差异。比如,两个抄本的第一节写出来的字完全相同,但是文字的布局却不同。

再次,用字有差异。比如表示"东巴什罗"的字,B19用,本义为"木板",作声符。B18用,除了之外,又增加了作声符,的本义为"肉"。这是东巴个人书写习惯的体现。

综上所述,B18与B19两册经书不仅展示了东巴古籍在内容上的高度一致性,还通过细微的差别为我们揭示了东巴文化传承中的复杂性和多样性。这些发现对于我们深入研究东巴文化、探索其历史渊源和演变规律具有重要意义。

与东巴古籍的正文不同,跋语一般是东巴张扬个性之处。跋语一般是东巴对经书抄写的时间和地点的记录,或是个人感情的抒发。几乎不存在内容一模一样的两则跋语。所以,跋语可以看作东巴的自述型笔迹。

东巴古籍正文虽然没有固定的行款,文字按照事理顺序排列,但是遵

循一定之规。例如，D39第一个字组，　　　，一共5个字，它们的阅读顺序是

　　　　　。

　　东巴古籍跋语的行款确实不同于正文，且其排列方式具有多样性和灵活性。既有线性排列，又有非线性排列。跋语一般按线性排列，即文字从左至右横行书写，按语序呈线性排列。这种行款在丽江坝区的东巴古籍中尤为常见，体现了东巴文向成熟文字方向发展的趋势。除了线性排列外，东巴古籍跋语还存在非线性排列的情况。例如，有时文字会按照从上到下、从左至右的顺序书写，或者出现两个以上的单字竖排，但整体上仍然保持在一个水平线上的排列方式。此外，还有竖行和非横非竖的排列方式，这些都体现了东巴文书写上的随意性和灵活性。

　　综上所述，东巴古籍跋语的行款确实不同于正文，且表现出多样性和灵活性。这种行款特点不仅体现了东巴文向成熟文字方向发展的趋势，也反映了东巴祭司在书写过程中的随意性和创造性。

## 二、符号与标识

　　东巴古籍中的符号与标识不是传统意义上的文字，但却在东巴文的书写中扮演着重要角色。哈佛藏东巴古籍中的符号与标识主要分为起首符号、句间符号和特殊标识三类。

### 1.起首符号

　　如前所述，起首符号通常出现在东巴古籍的首页或段落的起首位置。它们用于标识新的段落或章节的开始，有助于读者快速定位和理解文本结构。不同地区的东巴可能会使用不同的起首符号，这些符号往往具有地域特色和个人风格。和鸿抄本中使用的起始符号相当固定，一般使用　，极少使用　、　或　，而东知抄本中常用的起首符号有三个：　、　和　。　和　应该是同一个符号的两种变体。

## 2.句间符号

句间符号则用于分隔句子或句群,帮助东巴在读经时区分不同的语句或思想单元。它们可能以点、线、图形等多种形式出现,具体形式取决于书手的书写习惯和当地的书写传统。句间符号的使用使得东巴文文本更加清晰易读,有助于东巴准确理解文本内容。此项内容已经在本书第五章第四节中有过论述,此处不再赘述。

## 3.特殊标识

有些东巴会为自己家的经书打上某种特殊标记,这些标记是判断经书归属的重要依据。比如,有些东巴古籍中会出现汉字"實"。有些会有印章,比如哈佛藏 M10 有方形印章"崐山黄记",D13 亦有印章,但字迹模糊,难以辨认。哈佛藏东巴古籍中最多的标识是双红圈,有 119 册带有双红圈,而双红圈正是东知家经书的特殊记号。

哈佛藏 M10

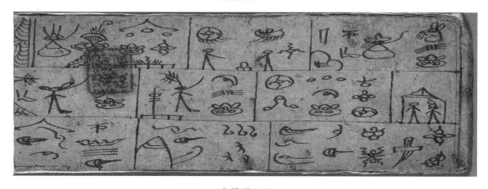

哈佛藏 D13

哈佛藏19

综上所述,东巴古籍中的特殊标识虽然不直接传达文字信息,但它们是文字系统不可或缺的一部分。起首符号和句间符号通过特定的笔迹和形式,为东巴文文本提供了结构上的支持和阅读上的便利。特殊标识则可以区分古籍的归属,为东巴文的分域和断代提供依据。

## 三、运笔特征

运笔特征是指书写笔画时,包括起笔、行笔、收笔过程中的动作特征。这些特征是书写者书写习惯的反映,具有较强的稳定性,有助于区别于其他书写者的字迹。在东巴文中,这种特征与汉字有所不同,因为东巴文字的象形性较高,基本类似于图画。根据木琛的研究,"书写纳西象形文字的笔画走向应大体遵循从左到右、从上到下的一般规律。构字中的笔画顺序并无定法,一个字先写哪一部分、后写哪一部分,要看如何安排才更便于构成完整的图形。一般来说,应先写出图形的主体部分,后写附加或修饰的部分,这与绘画艺术中的构图顺序是相一致的"[1]。一些结构较为复杂的东巴文的运笔特征可能不太明显,但相对简单的字则更加明显。

《东巴艺术》指出:"由于东巴图形文字尚处于文字的初始阶段,文字的符号化、规范化程度还很低,因地区因人而异的情况十分突出。这就为产生出多种个性风格提供了便利条件。有的隽秀流畅;有的粗犷豪放;有的圆润饱满;有的刚劲挺拔。"[2]

① 木琛:《纳西象形文字》,昆明:云南人民出版社,2003年,第49页。
② 赵世红、和品正:《东巴艺术》,昆明:云南人民出版社,2002年,第83页。

1.起笔

汉字书法的起笔分为直锋起笔和顿压起笔。我通过观察发现,东知与和鸿都喜欢直锋起笔。例如,✐(东知)、✑(和鸿)。

2.收笔

收笔分为直收笔和顿压收笔。东知喜欢直收笔,和鸿喜欢顿压收笔。例如:⌒(东知)、⌒(和鸿)。

3.行笔特征

东巴文的行笔特征主要表现为运笔的力度,它反映了书手的书写功力。运笔力度可以通过字迹的墨色反映出来,并且与书手的书写水平有直接的关系。书写水平高的书手力度就较均匀,书写水平低的书手运笔力度不均匀,或下笔较重,或下笔无力。水平高的书手所写字迹横画水平、竖画垂直或能保持一定的弧度;水平差的书手在书写时表现为不能很好地控制笔画运行的方向和轨迹,特别是一些曲折或带弧度的笔画,弯曲不自然流畅。下面举一些例子:

东巴文行笔特征对比

| 水平较高 | | | | |
|---|---|---|---|---|
| 水平较低 | | | | |

笔迹学,作为一门研究书写特征和书写习惯的学科,为东巴文的分域和断代研究开辟了全新的视角和路径。通过对哈佛藏东巴古籍中书写特征的细致观察和深入分析,我们不仅能够揭示出不同书手之间的个体差异,还能够洞察到东巴文在不同历史时期和地域空间中的演变规律和文化内涵。

在东巴文的分域研究中,笔迹学可以帮助我们划分出不同地域或流派的书写风格,进而探讨这些风格背后的地域特色和传承关系。这种分析有助于我们更深入地理解东巴文作为纳西族文化载体所承载的丰富信息和独特价值。

　　而在东巴文的断代研究中,笔迹学亦成为了判断抄本年代和真伪的重要依据。通过对抄本中书写特征的比对和分析,我们可以大致推断出抄本的相对年代,甚至在某些情况下还能够识别出特定时期的书写风格或书手特征,从而为东巴文的年代判定提供有力的证据支持。

　　综上所述,笔迹学在东巴文研究中的应用价值不可小觑。它为我们提供了全新的研究思路和方法,但是对于东巴文笔迹学的研究才刚刚开始,本章的研究也不够深入,留待以后做进一步研究。

# 第七章
## 哈佛藏东巴古籍书手调查研究

　　哈佛藏东巴古籍中涉及几十位东巴书手,其中署名的有十多位。但是由于资料有限,很多书手我们只知道他们的名字,关于他们生平事迹知之甚少。在哈佛藏东巴古籍众多的写手中,东知与和鸿是知名度较高的两位,他们书写的东巴古籍在哈佛藏东巴古籍中占比也最大。本章将采用文献分析与田野调查相结合的方法,对东知与和鸿这两位东巴进行深入而全面的研究。

# 第一节　东知研究

## 一、文献资料中的东知

关于东知,《人神之媒——东巴祭司面面观》记载:

*东知东巴*

*黄山乡长水下村人。生年不详,约民国初年去世,享年80多岁。是大东巴。善于制造东巴经书写用纸,一生抄写下很多东巴经书。*

杨光东巴

黄山乡长水下村人。又名木福光,20世纪60年代去世,享年约80多岁。前述东知东巴之子,但东巴经典知识只属一般。美国学者洛克曾到过他家,当时,先生曾将祖传东巴经典卖与洛克。[①]

《人神之媒——东巴祭司面面观》提到,杨光又名木福光,似乎不合情理,一个人有两个名字不奇怪,但有两个姓就很奇怪了。为此笔者专门拜访了《人神之媒——东巴祭司面面观》的作者李国文,查阅了他当年的田野考察笔记,其与书中所记载的内容一致。李国文还说,自己没有见到过杨光东巴。1982年,东巴达巴座谈会后,他采访过来参加会的一个黄山镇的东巴,关于杨光东巴的情况,是听那个东巴转述的。由于时间隔得太久已经记不清楚是哪一个东巴了。至少有一点可以肯定,不是李国文抄录过程中出现了差错。

洛克在其论著中多次提到长水的东巴杨福光。如《纳西族的那伽崇拜及其有关仪式》:"编号1017[②]的这本经书来自丽江西部马鞍山脚下的长水村,是杨福光的父亲写的,他的经书通常在每本经书的某几页上印上双红圈,以此作为标识。"[③]洛克所述的这本经书现藏在哈佛,朱宝田编号B29。

哈佛藏B44署名:长水马鞍山脚下东知。哈佛藏K43、K63、C19上写有汉字"木福光",C59上写有汉字"木渭廷"。

综合李国文、洛克和哈佛藏东巴古籍上留下的信息可知,东知之子有四个名字,"木渭廷""杨福光""杨光"和"木福光"。杨福光,又叫杨光比较好解释,杨光可能是杨福光的减省形式。那杨福光为什么又姓木呢?

## 二、关于东知的田野调查

2020年7月19日,笔者与丽江市东巴文化研究院的和力民研究员一同前往丽江玉龙纳西族自治县黄山街道下长水村进行调查。在下长水村村民和世明的带领下,我们来到了木福光家,并采访了他的儿媳和淑珍。和淑珍现年94

---

① 李国文:《人神之媒——东巴祭司面面观》,昆明:云南人民出版社,1998年,第218页。

② 此编号是洛克对自己收集经书的编号。

③ Joseph F. Rock, *The Na-khi Naga Cult and Related Ceremonies*, Vol. I and II, Rome: Instituto Italiano per il Medio ed Estremo Oriente, 1952, p. 262.

岁,于1947年嫁入木福光家。她告诉我们,木福光又被叫作杨福光,这是因为木福光作为家中独子,为了祈求他健康成长,父亲曾将他寄养在杨家,因此得此别名。

随后,我们又有幸采访到了木福光的孙子木林。木林透露,木福光本名木渭廷,而"杨福光"这个名字则是由美国学者洛克所取。这一点在木福光的墓碑上得到了印证,上面清晰地刻着"木渭廷"三个字。至此,木福光拥有四个名字的原因也得以明了。

木福光是这批珍贵书籍的拥有者,那么他与"东知"是否是父子关系呢?经过进一步了解,我们得知木福光父亲的名字并不叫"东知",而叫木佩玉。为了更深入地了解这个家族,我们又前往了他们的家族墓地。木佩玉的墓碑上刻有墓志铭,简单记录了他的生平事迹。

墓志铭特录于此:

"木公生平,正直是欤,是经是营,旨堂旨构,先君木知,本方文字,娴熟先传,至今三代。慈母和氏,赋性温柔。料理家常,尽行妇道。所生一子,再抚和门。以刻片石,佑启后人。"

墓碑上还显示,木佩玉生于道光癸卯年(1843)三月,卒于光绪癸巳年(1893)八月十八日,享年51岁。他的妻子则于宣统己酉年(1909)六月二十二日离世。墓志铭中高度赞扬了木佩玉及其妻子的一生,并提及了木佩玉的父亲"先君木知"。据墓志铭及后续了解,木佩玉与妻子育有一子一女,儿子即木福光(木渭廷),生于1885年,女儿木三娘则生于1878年,后招婿入赘,于1964年10月去世,享年86岁。木佩玉去世时,木三娘已15岁,而木福光尚年幼,仅有8岁。

木福光(木渭廷)与妻子和氏共育有三男二女,分别为木朝弼、木朝佐和木朝勋以及两个未提及姓名的女儿。木朝弼生于1916年,不幸在解放战争中牺牲,享年33岁,被追认为革命烈士。木朝佐生于1914年,去世于2003年,享年89岁。木朝勋则生于1923年,去世于1989年,享年66岁。木福光(木渭廷)本人则于1974年11月去世,享年89岁,他的一生见证了家族的传承与发展。

木佩玉墓碑

木渭廷墓碑

左起和世明、木林女儿、
木林、和力民、笔者

木福光家族谱系如下:

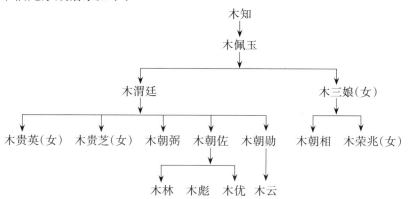

据调查可知,木福光父亲的名字叫木佩玉。又据李国文的记述,东知是木福光的父亲。那么东知是不是木佩玉? 我们认为,这种说法也是不能成立的。原因如下:

首先,名字不合。东知是法名,东巴的法名一般是东某。一般东巴的法名与真名并无联系,所以木佩玉的法名叫东知并无不可,但是现在我们知道木佩玉的父亲叫木知。而如果木佩玉的法名叫东知,这样就跟自己的父亲重名了,并不合理。

其次,年龄不合。李国文说,东知享年80多岁,而我们调查得知,木佩玉享年仅有51岁。

再次,与跋语的记载不合。在C60和K73两则跋语中均明确提到,这些跋

语是东知在 60 岁时所写。然而，根据调查可知，木佩玉享年 51 岁。这与东知
60 岁时写东巴经书的事实相矛盾。

因此，基于以上三点，我们可以断定木佩玉并非东知。

如果我们假设东知就是木知，那么根据跋语中的信息，东知在水鸡年时 60
岁。通过推算，我们可以确定这个水鸡年应该是 1873 年，进而推导出东知的出
生年份为 1814 年。[1]这一结论与和继全的研究结果不谋而合。

综上所述，李国文记述的东知东巴并非木佩玉，而是木佩玉的父亲木知，
其出生年份应为 1814 年。

## 三、东知抄本流失海外始末

通常情况下，东巴绝不会轻易地将自己个人的经书转让给他人，尤其是将
家中所有的经书全部出售，这种情况几乎是不可能发生的。因为经书对于东
巴而言，就如同他们的饭碗一样重要，失去了经书就等于失去了谋生的手段，
砸了自己的饭碗。根据《人神之媒——东巴祭司面面观》一书的记载："（和学
道）用哥巴文写的《燃灯经》是用道林纸写成的特种本子，美国学者洛克见后曾
出高价索买，但未卖，保存至今。"[2]这段话进一步印证了经书对于东巴的非凡
意义，以及他们对其的珍视程度。

洛克是哈佛藏东巴古籍的收集者之一，同时也是首位对这批珍贵文献进
行系统整理与深入研究的学者。洛克在他的多部论著中频繁提及东知及其所
抄写的东巴古籍。其中洛克在《纳西族文献研究》(Studies in ¹Nɑ-²khi Litera-
ture)一文还特别谈到他购买杨福光（即木福光）家藏东巴古籍的过程，原文
如下：

It is part of a set which like the book ³Shi-²lo ³t'u ³bbue belonged to a dto-
mba of the village of ²Ghügh-¹k'o，Ch'ang-shui 長水 in Chinese，a few li west of
the city of Li-chiang in the county of La-sha or La-sha li 剌沙里．The dto-mba's
name is Yang Fu-kuang 楊福光 and I was able to buy his whole library．His fa-
ther inherited the manuscripts from his ancestors，they were painstakingly writ-

---

① 这里指的是虚岁。

② 李国文：《人神之媒——东巴祭司面面观》，昆明：云南人民出版社，1998 年，第 215 页。

ten, and many of them handsomely illuminated. The son who inherited the office as well as the books, neither intelligent nor interested in the dto-mba business, cared little for the books. Just before l had purchased his books, over one hundred had been burned by accident, and the rats were beginning to eat the rest in the attic where they were being kept. No doubt all this made him desirous of disposing of the books, which in such more or less complete sets are most difficult to come by: As his manuscripts were well written and the texts most complete, they served in the major part as the basis for our translations.[1]

**译文如下：**

这本经书属于长水村的杨福光东巴，长水村在距离丽江城几英里外的剌沙里镇。我已经买下了他家藏的所有东巴经。他的父亲从祖先那里继承下这些经书，这些经书都是他们不辞劳苦写出来的，其中大部分书写得十分漂亮。他继承了家业和这批经书，但他既不聪明，又对做东巴教仪式不感兴趣，因此对这些经书也不珍惜。在我购买他的书之前不久，他的藏书中超过一百本经书不幸被烧毁，其余的书籍正被藏在阁楼上的老鼠啃食。毫无疑问，这些事件使他渴望处理掉这些书籍，因为这些成套的经书非常难得。由于他家的经书书写工整，文本内容也极为完整，它们中的大多数成为我翻译东巴经的参考的原本。

带有双红圈独特标记的经书，其书手为东知，一直传到他的孙子木福光手中。据木福光的孙子木林介绍，木家自木福光往上数三代，代代都是东巴，家境颇为富裕。然而，到了木福光这一代，他却对做东巴不感兴趣。为了维持生计，木福光不得不把家中的东巴古籍出售给洛克，其中不乏珍本。

木福光的儿媳和淑珍老人回忆道，当她嫁入木家时，正房二楼还堆满了各式各样的东巴古籍。然而，随着时间的推移，这些珍贵的书籍逐渐流失。

1945年11月，洛克与美国哈佛燕京学社达成了一项协议。他将自己收集的部分东巴古籍转让给哈佛燕京学社，以此换取资金支持，以便他能够重返丽

---

[1] Joseph F. Rock, Studies in ¹Na-²khi Literature: part I, *Bulletin de l'Ecole Francaise d'Extrême Orient*, *Hanoi*, 1937, 37 (1), p. 36.

江,继续完成东巴古籍的翻译工作。这些经书后来被珍藏在哈佛燕京图书馆中。

此外,我们在英国大英博物馆、我国中央民族大学图书馆,以及和志武先生学术陈列馆等地收藏的东巴古籍中,也发现了带有双红圈标记或书写风格相似的经书。这一发现充分证明了东知抄本在当时的广泛传播和深远影响。

# 第二节　和鸿研究

## 一、文献资料中的和鸿

关于和鸿,现有文献资料中并无记载,但在《人神之媒——东巴祭司面面观》中对他的孙子和诚有记载:"和诚东巴,白沙乡新善行政村白沙本古(村头)人,1879年生,1953年卒。白沙著名东巴久知腊嫡裔,到和诚已有21代,可谓源远流长。……先生的祖父和鸿是著名的大东巴,听说举行一次'高根金布'($ \eta ga^{33}kw^{33}dzi^{33}bv^{55}$)的大型超度道场,用牦牛、黄牛、猴子等作牺牲外,还买来一个人牲作牲品,作为稀事而流传。和诚祖父、父亲的墓碑上,原来刻有东巴文的墓志铭和对联,可惜已毁。"[1]

另外,在哈佛藏和鸿抄本中,总共有10则跋语。这些跋语不仅揭示了和鸿的出生年等关键个人信息,还为我们打开了一扇窗,得以深入了解其内心世界。

哈佛藏D63跋语:

光绪三年牛年那年写完的,七月初七织女身星当值那一天写的。雪山松林带,不生千肘的松树。大村庄里,没有百岁的男子。世间男儿的土地上,来一个轮回。好男子说的那些,后面有传说。哥巴弟子的延寿仪式成功。又看到经书,继续慢慢思考。延续祭祀,不要断绝。千世百代地做,要延续,不要断代。愿长寿富足。

通过这则跋语,我们知道这则跋语写于清光绪三年,即公元1877年。

① 李国文:《人神之媒——东巴祭司面面观》,昆明:云南人民出版社,1998年,第227页。

哈佛藏 D9 跋语：

花甲土兔年出生的男子写的，八月二十日写的。村头拉若初的男子和鸿我五十八岁写的。能说的有千家，上天又派来。有不如意的事，让它过去吧。好男去世了，名声不流逝。愿祭司寿长富足。后世拿板铃的这代，请跟我来学习。虽然说话容易，但是做事难，虽然要做容易，但是做好难，慢慢思考吧。

通过这则跋语，我们知道和鸿的生年是花甲土兔年。又因为 D63 这册经书写于 1877 年，由此推断，和鸿生于 1819 年，清嘉庆二十四年。

哈佛藏 D35 跋语：

白沙新善村的我在雪嵩村祭风处写的。心儿分三瓣，没有不思考的。玉龙雪山的银花是山的花，海里美丽的花是海的花。到主人的大村庄，一个传说胜过一个，说也说不完。

哈佛藏 D14 跋语：

白沙村头能干的男子汉我六十七岁那年写的。普天之下的一代人类，辽阔大地上，有更老的经书。诵经只听声音，读经时不看经书，心里就出现两三句经文。没有规矩教别人，没有规矩告诉别人。这完了以后，哥巴弟子们，教给就不说了。我心里盘算，真正的价值没遗漏。有不如意的事，让它过去吧。好男去世了，名声不流逝。愿长寿富足。人世间男儿的大地上，雪山的银花，那是山的花，金沙江的花，那是水的花。蜂鸣崖上开着美丽的花，不能让荆棘来摧残。广阔的大地上，有生病的男子，不会有规矩。不会者就不要来祭祖。不懂得迁徙的，就不要供奉祖先。（不然），后面又会有非议。说了两三句，请慢慢思考吧。

通过上述两则跋语，我们得以洞察和鸿巧妙运用比喻的修辞手法，这不仅展现了他内心世界的丰富多彩，还深刻反映了他对于生与死的独到见解和深刻感悟。

## 二、关于和鸿的田野调查

2020 年 7 月 20 日，笔者前往玉龙纳西族自治县白沙街道新善社区进行实地调研。在那里，笔者找到了和诚东巴的家，并有幸采访了和诚的孙子——和振伟。和振伟，1942 年生，据他说，他曾亲眼见过洛克，为笔者的研究提供了宝贵的口述资料。

随后，在和振伟的指引下，笔者与他的儿子和锡鹏前往和诚家族墓地实地考察。然而，当我们抵达墓地时，得知这个家族墓地是后来重建的，并非原址。在墓地中，我们发现了一块看似年代久远的墓碑。但遗憾的是，墓碑风化严重，碑文使其变得模糊不清，难以辨识出具体的内容。

李国文曾提到，和诚祖父与父亲的墓碑上原本刻有东巴文的墓志铭和对联。然而，这些珍贵的文字记录如今已不复存在，令人深感惋惜。在这次考察中，我们未能亲眼见到那些传说中的东巴文对联。

尽管如此，这次实地考察仍然为笔者的研究提供了宝贵的实地依据。通过与和振伟父子交流家族的历史与传说，笔者对和诚家族及其东巴文化传承有了更加深入的了解。

笔者采访和诚的孙子和振伟

和振伟家中珍藏着一份颇为简约的家谱。在和振伟的细致解说下，我们得以对和鸿的家族谱系有了更为清晰的认识，现将整理结果呈现如下：

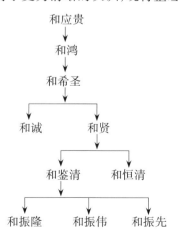

和鸿是清末生活在丽江白沙的一位大东巴。根据《人神之媒——东巴祭司面面观》的记载,他是历史上著名东巴久知腊的后代,同时也是民国时期白沙地区另一位知名东巴和诚的祖父。后来,研究者和继全在哈佛燕京图书馆藏东巴古籍中,通过细致的跋语辨识,发现了由和鸿亲笔抄写的经书。值得注意的是,这批珍贵的经书此前已被洛克进行过系统的整理与研究。

东知与和鸿可以被视为同一时代的大东巴。东知居住在丽江城附近的长水村,而和鸿则生活在白沙新善村。新善村距离长水不足20公里。历史上两地都属于白沙派,因此,两地的东巴多有交流。在哈佛藏 D67 的跋语中就提道:"这册经书原本属于长水的阿普知,后来由东奇赠予我。"此处的"阿普知"应当不是指东知,因为"阿普"在纳西语中意为"爷爷",鉴于东知与和鸿年龄相近,不可能称呼东知为"阿普"。但这至少可以说明,两地的东巴之间存在着频繁的交流。

东巴作为东巴文化的传承者,他们的生平事迹、师承关系、特长等方面的研究,对于深入探究东巴文化具有深远的意义。以往的学者通过实地调查与走访的方式,对20世纪80年代以前的部分东巴的基本情况做过简要介绍,如李国文所著的《人神之媒——东巴祭司面面观》、卜金荣主编的《纳西东巴文化要籍及传承概览》等。然而,这些论著中介绍的东巴大多属于现代,内容相对简略,且在某些方面存在不太准确的情况。

# 第八章
## 哈佛藏东巴古籍分域研究

　　纳西东巴古籍内部分为很多流派。按照民族支系来分,可以分为白地派、白函派、达巴派、汝卡派、龙龙派、班西派、傈僳派、普米派、堂狼派。按照地域分为宝山派、白沙派、南山派、鲁甸派、巨甸派。不同地域的东巴古籍在形制、文字等方面显示出差异性。在不同的地域,东巴文也存在汝卡文、玛丽马萨文等多种变体。各家对于东巴古籍地域分类也不同。李霖灿、郭大烈、和志武、邓章应等学者都做过分类。

　　经过深入研究考察,并结合哈佛藏东巴古籍的实际情况,我们把哈佛藏东巴古籍分为汝卡派、宝山派和白沙派三类。

# 第一节　哈佛藏汝卡派抄本研究

## 一、汝卡派抄本概貌

　　汝卡是纳西族中的一个族群,其称谓在翻译上历来多样,包括"约库""阮可""约古""茹库""如库""若喀""阮柯"等多种译法。洛克把其名转写成

¹Zher-²khin。作为纳西族的一个支系,汝卡人在语言文字、宗教经典、音乐舞蹈以及风俗习惯等方面,与丽江及其他地区的纳西族存在着显著的差异。

## (一)地理位置

纳西族汝卡支系分布比较广,主要分布在川滇交界的永宁、木里境内和香格里拉的白地地区,汝卡人生活的区域被称为汝卡地区。

洛克指出,汝卡人居住在无量河酷热、干燥的峡谷地带。永宁的汝卡人住在以下这些村子,油米13户,束堆7户,波罗13户,若瓦8户。在木里境内,同样居住在无量河东岸的汝卡村落有:加普、第普、资古。

洛克所说的永宁汝卡人的聚居地油米、束堆、波罗、若瓦是指现在的宁蒗县拉伯乡加泽行政村的油米、树枝、布洛、次瓦自然村。木里的汝卡村庄加普、第普、资古是指现在的木里县依吉乡的麦洛行政村的甲波、甲区等自然村。

李霖灿将使用东巴文的区域分成四个区,汝卡派属于第一区。他指出:

第一区在西康省无量河流注于金沙江附近,这是么些象形文字的发源地带,字数既小,经典亦不过百本左右,这就是所谓的"若喀"地域,意思是江边湿热之地,主要的村落名字为洛吉、苏支、上下海罗等。[①]

李霖灿又进一步指出汝卡人生活的中心地域"在金沙江N字大湾上之北端,即丽江奉科对江一带,在永宁之西,中甸之东,当东经100°—101°,北纬27°半—28°之间,主要村寨有洛吉河、俄丫、苏支、药眯、上下海罗等,当丽江、中甸、永宁土司地、木里土司地四地接壤之处。"[②]

李霖灿所说的汝卡人生活的中心区与洛克所说的汝卡人聚居区大致相当,但他调查的区域比洛克的大。洛吉河现在云南省香格里拉市(原中甸县)洛吉乡境内。俄亚现在四川省木里县俄亚乡境内。苏支、药眯现在云南省宁蒗县拉伯乡境内。上下海罗现在玉龙纳西族自治县奉科乡境内。

## (二)汝卡派经书的基本特征

1.外形尺寸:汝卡经书比丽江地区的经书较宽、较长。

---

① 李霖灿:《论么些经典之版本》,载《么些研究论文集》,台北"故宫博物院",1984年,第108页。
② 李霖灿:《么些象形文字字典·么些标音文字字典》,台北:台湾文史哲出版社,1972年,第125页。

2.内部书写:封面写书名用途和装饰图案,里页均两面书写,每页四行,据说这是规矩不得擅自处理,段、句、节间以竖线相隔。

3.经书数量与类型:相比起丽江坝、宝山等地区,经书的数量比较少,而且汝卡东巴经没有祭天类经书。

4.语言:汝卡人的语言与丽江纳西语有区别,其他派别的东巴读不懂汝卡东巴经。

5.特殊用字:在20世纪30年代,李霖灿于纳西族地区进行实地调查期间,收集了50个汝卡东巴文,并将其归类录入至《么些象形文字字典》的"若喀"字类中。

## 二、哈佛藏汝卡派抄本

### (一)哈佛藏汝卡派抄本目录

洛克收集的汝卡派抄本共25册。洛克在《纳西族日喜人及其宗教文献》(The ¹Zher-²khin Tribe and Their Religious Literature)一文中翻译了这套经书的书名并为每本经书撰写内容提要,此处根据洛克的记录将这25册汝卡东巴古籍的书名列出。

1. Shü-dti gkwua nv, Ndu-tsu nv-mä(R2429)

2. Yi-dta ngüch'i ngü(R2430)

3. Yü-yi mä-nv zs-yi-yü-mbr, zhwua-k'u mä-nv（R2431）

4. Kv zhr Kv ga k'u ga k'u mä-nv gku-chung（R2432）

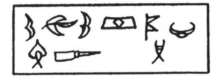

5. Kv zhr Kv ga k'u ga k'u mä-nv ma̱n-chung（R2433）

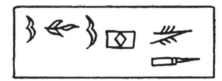

6. Dta-chia-ā-yu gko-gar k'u mä-nv（R2434）

7. Sz-p'u rä-mä na k'o mä-nv（R2435）

8. Ndji-gu-mä mä-nv（R2436）

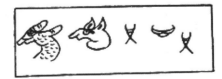

9. Dtĕr t'u p'shi mä-nv, ndo t'u p'shi mä-nv（R2437）

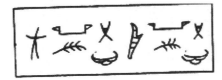

10. Mbu-t'u p'shi mä-nv（R2438）

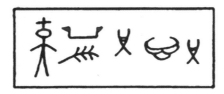

11. Dshi-t'u-p'shi mä-nv, Mi-k'a t'u-p'shi mä-nv（R2439）

12. Mbu tsu nv-mä dz-aw aw nv-mä（R2440）

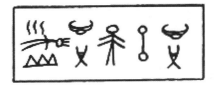

13. Ndzhĕr dsha che nv-mä（R2441）

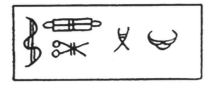

14. Ba zhu ba kai nv-mä, nda gu zhĕr kv mä nv（R2442）

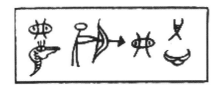

15. Sso sso ku mä nv(R2443)

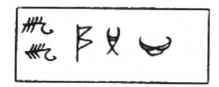

16. K'aw ndz tz mä nv, lä-rä-rä ku mä nv(R2444)

17. To-shi-shi mä nv, To-che-ch'i mä nv(R2445)

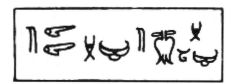

18. Yu-la-du-du gko-gar k'u mä-nv(R2446)

19. Dzhěr zs mä nv mä(R2447)

20. Ba-gka-mö mä-nv(R2448)

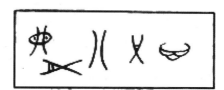

21. Dshi-ts'o-ch'i mä-nv（R2449）

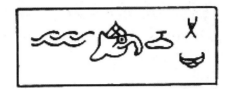

22. Zs-ngä-ha-ngä mä-nv, dzh rua kä mä-nv, ndje maṇ maṇ mä-nv, ťo k'ö
p'u mä-nv（R2450）

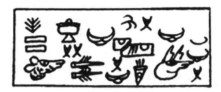

23. Dto-ma noṇ mä-nv（R2451）

24. Dtwuaṇ-gka-ssa mä-nv, Bä-ssa mä-nv（R2452）

25. Dü-nyi shu bä chěr-ngwua nv-mä（R2453）

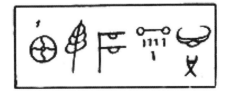

### (二)哈佛藏汝卡抄本中的用字

汝卡派抄本在用字上与其他地区的东巴古籍有明显差异。在20世纪30
年代,李霖灿于纳西族地区进行实地调查期间,收集到几十个汝卡东巴文,并将其归类录入至《么象》的若喀（汝卡）字类中。为了验证哈佛所藏的汝卡派抄本的真伪，我们将其中的字形与《么象》内记录的汝卡字的字形进行了细致的对比分析，结果显示两者字形完全一致。据此，我们可以确信哈佛所藏即为汝卡派东巴古籍。

哈佛藏汝卡派抄本用字与《么象》对比表

| 字形 | 《么象》 | 读音 | 释义 |
|---|---|---|---|
| 影 7-7-11 | 1629 | $dz_{l}v^{33}$ | 延伸也。云象延伸拉长之形，亦写作。 |
| 影 7-8-11 | 1630 | $o^{11}$ | 堆也。画谷堆之形。或写作。 |
| M29-2-17 | 1632 | $ty^{33}$ | 置也。放也。 |
| M29-7-11 | 1633 | $khv^{55}$ | 弯也，象弯曲之形，或写作。 |
| M29-2-3 | 1634 | $pe^{33}$ | 升也。当地人称之为梆子。 |
| M29-2-4 | 1636 | $tsu^{55}$ | 藏也，云画藏物之形。 |
| 影 7-8-14 | 1637 | $tsu^{33}$ | 束也，绑也。画束绑之形。或写作。 |
| 影 2-12-4 | 1638 | $ru^{11}$ | 弯卷也。画弯卷之形。 |
| M29-1-16 | 1639 | $tu^{33}$ | 方位也。位置也。地位也。 |
| 影 3-1-21 | 1640 | $dz\Lambda^{11}$ | 奢华也，云由方柜之变来。 |
| M29-3-1 | 1644 | $ndz\ae^{33}$ | 富也。 |
| M29-1-1 | 1645 | $o^{33}$ | 头也。云象头之形。 |
| M29-3-13 | 1655 | $po^{33}$ | 划也。划开两块木板之形。 |
| 影 11-10-10 | 1658 | $kv^{33}k\text{'}a^{33}$ | 甲衣也。象牛皮甲衣之形。 |
| M29-2-2 | 1662 | $k\Lambda^{55}$ | 耕地用之木耙。 |
| 影 2-1-10 | 1664 | $\mathcal{s}u^{11}$ | 黄也。字源不识。 |
| M29-7-3 | 1665 | $z\varepsilon^{11}$ | 神名。字源不识。 |

续表

| 字形 | 《么象》 | 读音 | 释义 |
|---|---|---|---|
| 影9-11-7 ◯ | 1672 ◯ | kwɛ¹¹ | 卷曲也。画卷曲之形。 |
| 影7-12-11 𝼥 | 1673 𝼥 | zo³³ | 儿子也,男子也。画一人形,头上之解释,东巴不知。 |
| M29-4-10 ⊕ | 1675 ⊕ | pa³³ | 蛙。 |
| M29-5-11 ◁ | 1676 ◁ | phi¹¹ | 肩胛骨。 |
| 影3-1-1 ◁ | 1677 𝕊 | ts'i¹¹ | 肩胛骨也。此二字字形及读音之分别,在若喀地域内如此。 |
| 影9-1-11 ⋀ | 1678 ⋂ | ndʐo¹¹ | 山也。此若喀地域内之写法。 |

　　在哈佛藏汝卡东巴古籍中,我们注意到尽管部分文字与《谱》中的东巴文字形存在较大差异,但通过深入分析比对,我们仍能够推断出这些文字的原始字形。这一现象有力地证明了汝卡东巴文并非一个独立的文字系统,而是东巴文在特定地域或文化背景下产生的一种变体。

哈佛藏汝卡派东巴经用字与《谱》对比表

| 哈佛藏M29 | 《谱》 | 释义 |
|---|---|---|
| M29-1-5 木 | 939 ⛾ | 茶,从茶盛碗。 |
| M29-5-7 ʒʒʒ | 14 ϭϭϭ | 雨,象雨点坠。 |
| M29-1-5 荞 | 139 ⴹ | 铁,象斧,其质铁,故为铁字。 |
| M29-1-12 禾 | 446 天 | 人,或作 𝼥,正视之形。 |
| M29-4-13 ↬ | 425 ↬ | 牛蝇,头大。 |
| M29-1-19 丰 | 1118 ⊤ | 解(结),从线解开。 |
| M29-1-2 ♡ | 731 ♡ | 心,象心旁有肺。 |
| M29-1-1 ▭◁ | 959 ◁ | 锥。 |

续表

| 哈佛藏M29 | 《谱》 | 释义 |
|---|---|---|
| M29-1-14 | 613 | 织布机。 |
| M29-1-17 | 134 | 银,象耳环,其质银,故为银字。 |
| M29-1-16 | 136 | 绿松石,象冠饰嵌绿松石花。 |
| M29-2-11 | 1005 | 门,象独扇之门。 |
| M29-2-12 | 264 | 蒜 |
| M29-4 | 1099 | 秤杆 |
| M29-6-1 | 1037 | 篮 |
| M29-5-17 | 1156 | 马鞍 |
| M29-6-2 | 184 | 折,从树折。 |
| M29-3-12 /M29-3-5 | 1177 | 悬,吊,悬物之貌。 |
| M29-7-11 | 553 | 我,从人手自指。 |
| M29-7-3 | 232 | 艾,蒿,象其枝。 |
| M29-7-7 | 838 | 梳子。 |
| M29-1-21 | 1265 | 烧天香也,从火盆烧柏枝、酥油、面粉。 |
| M29-1-15 | 1004 | 槽也,槽中有物,牛马就食。 |
| M29-2-16 | 711 | 目也,象张目。 |
| M29-5-11 | 790 | 针也,象针有孔。 |

| 哈佛藏M29 | 《谱》 | 释义 |
|---|---|---|
| M29-1-20 | 728 | 角。 |
| M29-2-17 | 1190 | 从花 ([zŋ³³]草)声。 |
| M29-5-1 | 262 | 芜菁,圆根有叶。 |
| M29-2-2 | 137 | 珠,象珠成串。 |

此列表旨在通过具体字形的对比,展示汝卡东巴文与丽江等地东巴文之间的内在联系,进一步支持了汝卡东巴文作为东巴文变体的观点。在哈佛藏汝卡派抄本的研究过程中,我们遇到了一些音义尚不明确的汝卡字。这些字虽然在当前阶段无法准确解读其音义,但它们为未来的研究提供了宝贵的线索和挑战。

# 第二节　哈佛藏宝山派抄本研究

## 一、宝山派抄本概貌

纳喜人和汝卡人一样都是纳西族的一个支系,纳喜人占整个纳西族人口的六分之五,绝大部分在丽江。纳喜支系分为白地派、宝山派、白沙派和太安鲁甸派。宝山派是纳喜支系的一个派别。

### (一)地理位置

宝山乡位于丽江市玉龙纳西族自治县城东北部,乡政府所在地果乐(腊汝)村离县城98千米。东与宁蒗县翠玉乡隔金沙江相望,南与鸣音乡、大具乡接壤,西与香格里拉市三坝乡隔金沙江为邻,北接奉科乡,总面积431.8平方千米。境内有纳西、普米、汉、彝、傈僳等民族。

宝山，纳西语名 la$^{33}$pə$^{21}$，汉语音译作"刺宝"。乡政府所在地果乐，纳西语名 la$^{33}$ʐ$^{33}$，汉语音译作"腊汝"。两个地名在《元史·地理志》中写作"罗邦""罗寺"，后写为"拉伯""拉汝"。位于宝山行政村的宝山石头城，纳西语叫作 la$^{33}$pə$^{21}$lv$^{33}$phər$^{21}$uə$^{33}$，汉语音译作"刺宝鲁盘窝"，意为刺宝白石寨。整座古城建在一座突兀的大岩石上，东临金沙江，西靠牦牛岭，北依太子关，周围都是悬崖峭壁，唯有南面一条道路可通城内，地势十分险要。古城内住有近百户人家 500 多口人，全是纳西族。城内居民利用天生岩石依山就势凿成石凳、石床、石水槽、石碾、石灶等。

李霖灿将东巴文区域分成四个区，宝山派属于第二区。他指出：

第二区在第一区之南，当金沙江 N 字大湾北端河套的左近，主要的村落有中甸县的北地六村和丽江县的刺宝东山二区。[1]

和志武、郭大烈在《东巴教的派系和现状》中对宝山派有具体阐述。

宝山派　丽江宝山、奉科、鸣音、大具（属古宝山州）是纳日、纳喜、阮可、鲁鲁等支系杂居之地，那里的傈僳族也学东巴，各民族相互有影响；同时该地区属于经济文化比较落后的山区，佛教、道教势力达不到，近代外国传教士在大具虽建过教堂，由于各种原因信的人很少。[2]

## （二）宝山派抄本的基本特征

宝山派抄本的主要特征可概括如下：

1. 宝山派抄本的开本比丽江坝和其他地方的略小，一般为横长 27~29 厘米，竖宽 8~9 厘米。经书封面一般不加装饰。彩色本亦较少。

2. 文字笔划纤细：这一特点很可能是由于宝山抄本在书写时通常使用的是铜笔或铁笔等硬质书写工具，从而形成了纤细而精致的笔划风格。这一地区的东巴古籍以"图形细致、笔划均匀"而著称。

3. 占卜书籍丰富：在宝山派抄本中，占卜相关的书籍占据了较大比例。

4. 语言文字的差异：因土语的关系，宝山话缺少声母 zz、rh、f，所以读经腔调不同。与丽江坝等其他地区的抄本相比，宝山派抄本在书写过程中除了

---

[1] 李霖灿：《论么些经典之版本》，载《么些研究论文集》，台北："故宫博物院"，1984年，第109页。

[2] 和志武、郭大烈：《东巴教的派系和现状》，载《东巴文化论集》，昆明：云南人民出版社，1985年，第42页。

"上"字之外，并未使用其他哥巴字。这一特点使得宝山派抄本在文字使用上与其他地区形成了鲜明的对比。

5.存在特殊用字：在一些常用字的写法上，宝山派抄本与丽江等其他地区的抄本也存在差异。这些差异不仅体现在笔划的粗细、结构的变化上，还可能涉及到文字的排列组合和整体风格等方面。李霖灿指出，宝山派抄本在用字上有两大特色：①这一区象形字的动物多画全身轮廓，而不像其他地区那么喜欢只画动物的头部；②宝山派的"黑"字（ ），意思是画一个黑点，又恐怕人家误为漏上一滴墨渣，所以特加圈起。

## 二、哈佛藏宝山派抄本

据我们研究发现，哈佛藏宝山东巴古籍抄本共有72册。这批东巴古籍具有宝山派抄本的一般特征：文字笔划比较纤细，字形瘦长。如下图：

宝山派东巴经的封面，哈佛藏 K30

哈佛藏 L18

哈佛藏 G13

## (一)地名

哈佛藏宝山派抄本经中有8册附有跋语,它们分别是H16、K75、L76、L46、B83、G4、G11、G12,其中L76、L46、B83、G4、G11、G12为同一人抄写。以上5则跋语中均出现的相同的人名"东昂"和地名"修曲山,恩果地"。例如:

L46跋语释读为:修曲山,恩果地,阿托脚下东巴东昂写的。花甲水兔年十二月写的。

L76跋语释读为:修曲山,恩果地,阿托脚下东巴东昂写的。花甲铁牛年正月写的。

B83跋语释读为:修曲山,恩果地,东巴东昂写的。花甲木牛年正月初三写的,东巴26岁写的。

G12跋语释读为:修曲山,恩果地,东巴东昂写的。花甲铁羊年。

休曲山,东巴文写作 ![icon]，纳西语读作çy³³tçhy²¹dzy²¹,意译作大鹏鸟之山。该地名在《全集》中出现3次,虽然不能确定其具体位置。这座山应该在现在的丽江市古城区的大东乡境内。据《中国西南古纳西王国》中记载:"阿那山:在丽江迤北270里处,在古时宝山州的南部边界上。这座山在汉朝时(公元前206—公元24年)称为邪龙,现在属于刺宝。山上有一个有栅栏的古老村庄,称为阿那和。"[①]我们认为,修曲山可能就是洛克说的阿那山。

以上几册东巴古籍的抄写人可能是宝山大东巴和学礼。据李国文《人神之媒——东巴祭司面面观》记载:

---

① 洛克:《中国西南古纳西王国》,昆明:云南美术出版社,1999年,第118页。

和学礼东巴

东巴法名多昂·do$^{33}$a$^{21}$。属龙,解放前去世,终年76岁。是和士诚东巴的亲戚,中等个子,性情温和,为人真诚。他自幼非常喜欢东巴文化,小时便开始学跳东巴舞。中年时代,能诵读东巴经,象形文字也写得好,家中东巴经书藏得非常多,据说美国学者洛克到丽江时,曾到他家买走部分经书。他有五个儿子,其中老五和文相是一个东巴。[1]

据和继全调查,和学礼东巴生于1868年,属龙,1943年去世。

## (二)占卜书

在哈佛所藏的东巴古籍中,占卜书有93册,其中确定属于宝山派的有54册。这些宝山派占卜书在装订方法上与宝山派其他经书以及非宝山派的占卜书都不同。它们共同特征是在经书上方打两个孔线装,且线比较松。

宝山派占卜书的内页:哈佛藏L23

## (三)用字

李霖灿提到宝山派抄本的一大特点在于"黑"字。在哈佛藏宝山派抄本中很常见,比如,〰 G13-21-3、〰 E1-20-4、〰 G11-29-2、〰 G7-1-6。丽江坝的经书用一个黑点表示,如,B19-3-12 ●。

宝山派东巴古籍与其他地域的东巴古籍之差异,主要体现在其独特的用字习惯上。具体而言,宝山派经书在文字运用上,不使用哥巴文;同时,在若干常用字的书写形式上,也与丽江等地存在着显著的不同。进一步地,通过将宝山派抄本与白沙派长水东知抄本进行细致比对,我们发现宝山派抄本中蕴含

[1] 李国文:《人神之媒——东巴祭司面面观》,昆明:云南民族出版社,1998年,第176页。

着众多别具一格的特殊字符,现将这些差异详细列举如下:

宝山抄本与东知抄本对比表

| 宝山抄本 | 东知抄本 | 字义 |
|---|---|---|
| G11-21-6 | B19-2-6 | 宝石 |
| G10-1-1 | I27-40-8 | 搓,从人搓麻线 |
| E1-3-1<br>G8-1-1<br>G15-1-2 | A3-3-10 | 吊,悬挂 |
| G10-6-1 | B19-7-9 | 手镯 |
| E1-3-5 | A3-1-8 | 蒜 |
| E1-2-10 | A3-5-1 | 金 |
| G7-7-9 | A3-9-8 | 解开 |
| B83-5-3<br>G10-1-8 | B5-4-2 | 大 |
| G10-3-6 | B20-26-1 | 完 |
| G17-16-6 | B20-12-6 | 碗 |
| G10-1-1 | B20-9-3 | 升 |
| G10-- | B26-7-5 | 漏斗 |
| G8-37-10 | B19-7-10 | 大秤 |
| B83-3-4 | B19-7-2 | 针 |
| G12-4-5 | G3-4-3 | 口弦 |

续表

| 宝山抄本 | 东知抄本 | 字义 |
|---|---|---|
| G6-1-3 | B5-1-1 | 右 |
| G10-6-10 | B5-1-1 | 左 |
| B83-17-9 、<br>G4-13-9 | B19-4-6 | 梳子 |
| K75-27-6 | A3-9-2 | 牙齿 |
| K75-27-8 | B24-16-10 | 初一之初 |
| B83-17-7 | B33-10-1 | 正月 |
| L46-10-3 | A3-3-9 | 东巴什罗 |

　　除了在文字书写上表现出的差异外,宝山派抄本在记录语言层面也表现出与众不同的特点。东巴古籍中经常出现一段程式语:"在天上的星星出来、地上的青草长出来的日子,左边太阳出大地温暖,右边月亮也出来,大地明亮。住在上面的藏族善算年,住在下面的白族善算月,住在中间的纳西族善算日子,今天是好年好月好日。"哈佛藏 G7 和 B5 中均出现此段程式语,G7 属于宝山派抄本,B5 属于白沙派东知抄本。具体如下:

哈佛藏 G7 第 6—11 节

哈佛藏B5第1–7节

在这一段程式语中，G7写出36个字，B5写出35个字。两者用字的数量相当，但是记录的词不同。比如，同样记录 ɣɯ³³（好）这个词，宝山派经书用🔵（宝石），而东知用卐（本教"万"字符）。宝山派抄本的🧍（藏族）、🧍（白族）、🧍（纳西族）三族，而白沙派东知抄本的三族用字分别是🧍（藏族）、🧍（白族）、🧍（纳西族）。

# 第三节　哈佛藏白沙派抄本研究

## 一、白沙派抄本概貌

与宝山派一样，白沙派是纳喜支系的另一个派别。

### （一）地理位置

白沙位于丽江玉龙纳西族自治县县城以北的玉龙山脚下，乡政府所在地三元村与县城相距仅9公里。其地理位置优越，南与大研镇、黄山金山、拉市等乡镇紧密相连，北依玉龙雪山并与大东乡接壤，西与龙蟠乡的山川相融，东则与金山乡相接，总面积达364平方公里。白沙以前称镇，现在称街道。

白沙不仅是纳西族在丽江坝内的最早聚居地,更是丽江木氏土司的发祥地。明初时期,木氏迁居至大研镇,而在纳西语中,白沙被称为"岩肯当",意为"上院",而大研镇的木家院则被称为 mu$^{21}$dy$^{21}$"美当",即"下院"。明代,木氏在大研镇大兴土木,建造土府衙署的同时,也在白沙修建了雪松庵、大定阁、金刚殿、琉璃殿、大宝积宫、解脱林、束河大觉宫等众多建筑群,并绘制了众多具有极高艺术价值的壁画。

李霖灿将东巴文区域分成四个区,白沙派属于第三区。地域上以丽江坝为大本营。

和志武、郭大烈在《东巴教派系和现状》中更进一步指出,白沙派东巴分布在丽江坝,主要分为五个片区:①白沙;②文笔、长水片;③贵峰、良美片;④五台片;⑤大研镇。

### (二)白沙派抄本的基本特征

白沙派抄本主要有以下基本特征:

1.有东巴文抄本、哥巴文抄本和东巴文哥巴文混合抄本三种类型。

2.经书外形一般是长方形,横长竖窄,尺寸一般为横长28厘米左右,竖宽9.5厘米左右。

3.主要用竹笔书写,也有用毛笔书写的,有较多的彩色本。

4.封面一般为横本横书。经书封面书名图框的左右两边,常贴红、黄、绿色等彩纸来装饰。

5.正文首页的左边或右边或左右两边绘有东巴祭司或神灵的黑白或彩色画像。

6.文字规范、典雅,排列错落有致,兼具语言性和艺术性,是东巴古籍中的精品。当然,不同的东巴也会表现出强烈的个性。

## 二、哈佛藏白沙派抄本

杰克逊曾说过,白沙的东巴写的东巴经书最多,擅长绘画和舞蹈。据我们统计,在哈佛藏东巴古籍中,白沙派的抄本占比最多,约占整个哈佛藏东巴古籍的二分之一。有多册经书的跋语中记录地名,这些地名明确记录了其属于白沙派。

### (一)丽江北部的白沙

#### 1.新善村(本古)

哈佛藏东巴古籍中有66册来自新善村的和鸿东巴。下面哈佛藏D3跋语如下:

哈佛藏D3

力力be³³雪,象雪花之形,借音作村。肖kv³³蒜,象蒜之形,借音作头,两字合起来表示村寨名"村头",音译作"本古"。现在的丽江市玉龙纳西族自治县白沙街道新善社区。

#### 2.雪山脚(坞鲁科)

哈佛藏G9、I19和C69跋语都署有地名"坞鲁科"。

哈佛藏I19

ŋv³³银,象银耳饰之形。 lv³³石,象石头之形。 khɯ³³脚,象人脚之形。三字连读借音作地名ŋv³³lv³³khɯ³³雪山脚,音译作坞鲁科。汉语名为雪嵩村,后改名为玉湖村。现在的丽江市玉龙纳西族自治县白沙街道玉湖村,它位于丽江坝最北部,玉龙山脚下,也是丽江坝海拔最高的村子。洛克曾经长期在此居住。

### 3.玉龙村

哈佛藏 M15 封二

哈佛藏 M15 封二署汉字:"玉龙小村文选氏笔,宣统二年五月十一日"。玉龙村,纳西语名为 dy²¹kv³³,现在的丽江市玉龙纳西族自治县白沙街道玉龙村。

此外,洛克在其论著中反复提到了一个白沙东巴家族——东拉兄弟。据洛克记述,白沙的东拉东巴一家,他们家世代都是东巴,明代这家有三兄弟,兄弟三人写经书都十分认真,而且几乎每一本都是精品。他们经书的第一页都画有一个彩色的东巴或者神的形象。我们按照洛克论著中的提到的经书编号,在哈佛藏东巴古籍中找到25册据说是东拉抄写的经书。

这批经书的封面大致有两种风格:一种是标题栏为圆形。首页会画一个神像或者精致的花边作为装饰。文字与一般经书用字差异不大,字间距较大。如图哈佛藏B70。另一类是类似和鸿抄本的标题栏为方框,两侧涂成彩色,如图哈佛藏I13;此外,这些经书都明显比较旧,时代比较久远。但是我们仍不能确定它们是否为明代的抄本。

哈佛藏 B70 封面

哈佛藏 I13 封面

哈佛藏 I13 首页

## (二)丽江西南拉市乡的文笔与长水

### 1.长水(恩科)

哈佛藏东巴古籍中,有181册源自长水东知东巴。

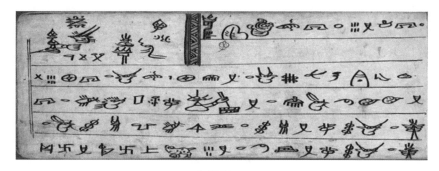

哈佛藏 B44

γɯ³³牛，象牛头之形。kho²¹栅栏，象木栅栏之形。两字连读借音作地名γɯ³³kho²¹恩阔，汉语名作长水。a³³呵，从口出声。na²¹哥巴文，字符借藏文字母ᠠna。na²¹黑，以黑点示之。重复标音。三字连读作山名ɔ³³na²¹阿纳。dʑy²¹山，象山峰之形。四字连读作山名ɔ³³na²¹dʑy²¹阿纳山，汉名作马鞍山，位于丽江市玉龙纳西族自治县黄山街道长水行政村。

### (三)丽江东部的贵峰与良美

#### 1. 阿噶古

哈佛藏C4、C12、C37、C38、C72、C82跋语出现同一个地名"阿噶古"。

哈佛藏 C82

a³³啊，象口呵气之形；ga³³胜利，象胜利的旗帜；kv³³蒜，象蒜之形。三字连读作借音作村寨名a³³ga³³kv³³，音译作阿噶古。笔者从和力民处获知，阿噶古即现在的丽江市古城区金山乡漾西村高士村。清末阿噶古有一个大东巴叫东巴帆，又名乌帆，丽江县(今丽江市)金山乡漾西行政村高士村人，属龙，生于1868年，卒于1941年。哈佛藏的这6册经书很有可能是东巴帆所写。

### 2.母猪山脚(补美局科)

K48、K45、M23、C27跋语中出现同一个地名"补美局科"。

哈佛藏 M23

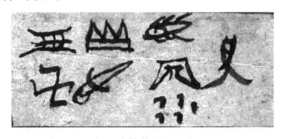（注：此处为正文中的字符图）bu³³猪,象猪头之形。 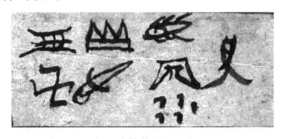me³³雌,象雌阴之形。两字连读作 bu³³me³³母猪,此处借音作山名,音译作补美。dzy²¹山,象山之形; khɯ³³脚,象人脚之形,此处引申作山脚。四字连读作 bu³³me³³dzy²¹khɯ³³,意译 为"母猪山脚",音译作"补美局科"。据光绪《丽江府志》记载:"又南为天马山, 在城西三十里,俗名补美山,此支与文笔山合。"①和力民告诉笔者,补美局科位 于今天的丽江市古城区金山乡漾西村的西面。

### 3.米如

I34出现地名"米如"。

哈佛藏 I34

（正文字符图）mi³³火,象火之形。tʂu⁵⁵锥子,象锥子之形。两字两字连读借音作 地名 mi³³tʂu⁵⁵,音译作米如。洛克《辞典》(下册)收录了该地名,书中说明它位 于丽江城南,东元乡和七河乡的交界处。《纳西语地名汇编》记载:米如村,丽江 市古城区开南街道漾西社区米如上村。

---

① 政协丽江市古城区委员会、文史资料委员会:光绪《丽江府志》,内部资料,第34页。

### 4.美自

A5出现地名"美自"。

哈佛藏 A5

$\text{mɯ}^{33}$天,象天之形;$\text{tsʅ}^{33}$捆,象用绳子拴茅草之形。两字连读借音作地名$\text{mɯ}^{33}\text{tsʅ}^{55}$美自。现在丽江市古城区开南街道良美社区美自村。

洛克《辞典》(下册)第558页收录了这个地名,它位于达瓦村的南边,它现在的名字是"美自增","增"是寨的音译,村名叫"美自"。

## (四)丽江南部的五台

### 1.五台(初柯督)

哈佛藏 M9

$\text{tshʅ}^{33}$温泉。$\text{kho}^{33}$角。$\text{dv}^{21}$毒,从花黑,以示其毒。三字连读借音作地名$\text{tshv}^{33}\text{kho}^{33}\text{dv}^{24}$初柯督,现在的丽江古城区五台行政村。

### 3.七河(补库)

A16出现地名"补库"。

哈佛藏 A16

$\text{bu}^{33}$坡,象山坡之形;$\text{khv}^{33}$收割,象镰刀,转意作"收获"。两字连读借音作地名$\text{bu}^{33}\text{khv}^{33}$,音译作补库,汉语名作七河。《纳西语地名汇编》记载:$\text{bv}^{21}\text{khv}^{21}$,七河,丽江市古城区七河镇。

　　以上这些东巴古籍抄本可以依靠其跋语或落款证明其属于白沙派。白沙派抄本是东巴古籍发展的一个重要阶段,在这里东巴古籍逐渐走向规范化,古籍的数量也显著增加。再加上洛克长期居住在白沙的玉湖村,这里是他的大本营。他有着近水楼台的优势,因此,他收集的白沙派东巴经的数量也是最多的。

　　不同地域的东巴古籍在装帧、用字等方面表现出明显的差异性,这是各地东巴文化在长期的实践和传承中自觉或不自觉地形成的,但是这种差异性并不是绝对的。纳西族地区相距并不太远,各地东巴之间也保持联系和交流,因此,各个派别之间也会相互学习和融合。丽江在民国时期还会举办大型的东巴法会,这些都是各地东巴交流的明证。

## 第九章

### 哈佛藏东巴古籍跋语译释及研究

  东巴古籍以手抄本的形式流传至今,承载着丰富的历史与文化信息。在东巴们精心抄写完经书正文之后,常常会附加一段记述性的文字,用以记录抄写的人物、时间、地点以及抄写过程中的点滴经历与内心感想,这些文字被形象地称为"跋语"。跋语在内容、语言风格以及文字运用上,往往与经书的正文部分形成鲜明对比,展现出独特的应用性文献特征。当然,跋语并不全都位于经书末尾,有些跋语也位于正文之前或正文中间,甚至有些跋语位于封面处。

  在哈佛所藏的东巴古籍中,共发现了97则跋语。其中,有43则明确包含了纪年信息,为我们追溯经书的抄写年代提供了宝贵依据。

## 第一节 东知抄本跋语译释及研究

  东知东巴,本名木知,丽江下长水村人,是清末一位杰出大东巴。他生于1814年,一生抄写了大量的东巴经书。木知的儿子木佩玉同样继承父业,也成为了一位大东巴。木知的孙子名为木福光,亦称作木渭廷,洛克则称其为杨福光。1932年,木福光将家族珍藏的书籍出售给了洛克。

## 一、东知抄本跋语译释

木福光家族藏东巴古籍抄本的显著特征是封面或内页上标有双红圈,在哈佛藏的东巴古籍中,有118册带有此标识,这些均被确认为东知(木知)的抄本。此外,还有部分抄本虽无双红圈标识,但依据其独特的书写风格等线索,亦可判定为东知所作。邓章应、张春凤通过对跋语、双红圈标识以及封面形制等几个方面的信息进行考察后,发现哈佛藏有165册东知抄本,占整个哈佛藏东巴古籍的四分之一左右。其中18册附有跋语,编号分别为A28、B20、B24、B33、B44、C33、C61、I18、I27、K6、K24、K60、K73、L21、L23、L24、M14、M16。以下是对这18册跋语的翻译,翻译内容按照朱宝田的分类体系从A至M排序,同类中再按序号从小到大依次排列。

### 1.A28《祭女魔王经》(上册)

本书的跋语位于正文的最后一页的最后一行,以东巴文书写,共35字。图像如下:

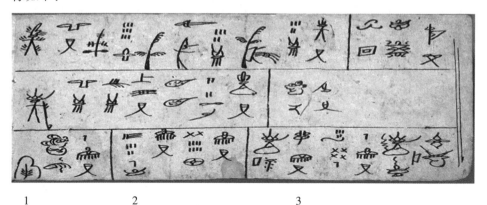

1     2     3

**全文标音及对译:**

(1) bu³³ tho²¹ la³³ khv⁵⁵ du²¹ khv⁵⁵ pər⁵⁵ me⁵⁵。(2) sa⁵⁵ ua³³ du³³ he³³ pər⁵⁵ me³³
花甲 虎 年 一 年 写 (语)  三月 一 月 写 (助)

ɲi³³tsər²¹ ho⁵⁵ ɲi³³ pər⁵⁵ me⁵⁵。(3) py³³by²¹to³³dzʅ²¹ nu³³ pər⁵⁵ me⁵⁵, ŋə²¹ lu³³tshər²¹
二 十 八 日 写 (语)  祭司 东知 (助) 写 (语) 我 四十

du³³du²¹① pər⁵⁵ me⁵⁵。 to³³ ba²¹ zŋ³³ ʂər²¹ ha⁵⁵ i³³ ho⁵⁵ o²¹ y²¹。
一 一 写（语） 东巴 寿 长 饭 有 愿（语）（语）

**译文：**

（1）花甲虎年写的。（2）三月二十八日写的。（3）东知写的，我四十一岁的时候写的。祝愿东巴长寿富足。

### 2.B20《崇则利恩与署的争斗·人类的来历》

本书跋语位于正文的最后一页的最后两行，以东巴文书写为主，间杂少量哥巴文，共43字。图像如下：

2 3 4

**全文标音及对译：**

（1）the³³ɣɯ³³ tʂŋ³³ tshæ⁵⁵ pər⁵⁵ me⁵⁵。 he³³dzə³³ pər⁵⁵ me³³。 tshe²¹ua³³ ɲi³³ thu³³ ɲi³³
经书 这 卷 写（语） 二月 写（语） 十 五 日 那日

pər⁵⁵ me⁵⁵。 y²¹ khv⁵⁵ du³³ ɲi³³ pər⁵⁵ me⁵⁵。（2）zŋua²¹ khv⁵⁵ du⁵⁵du³³ pər⁵⁵ me⁵⁵。
写（语） 羊 属 一 日 写 （语） 马 属 一样 写 （语）

（3）ɣɯ³³kho²¹ to³³dzŋ²¹ nu³³ pər⁵⁵ me⁵⁵。（4）py³³by²¹ zŋ³³ʂər²¹ ha⁵⁵ i³³ gv³³ be³³ ho⁵⁵。
长水 东知 （助）写 （语） 祭司 寿 长 饭 有 成 做 愿

---

① 此处的数字"一"是衍文。

**译文：**

(1)这卷经书是二月十五日这天写的。(2)属羊和属马这两天写的。(3)长水东知写的。(4)祝愿祭司长寿富足。

### 3.B24《求威灵》

本书跋语位于正文的最后一页的最后三行，使用东巴文书写，共59字。图像如下：

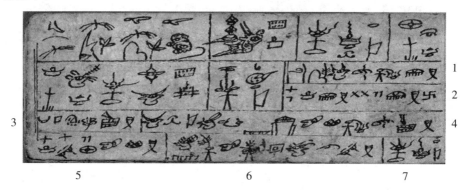

**全文标音及对译：**

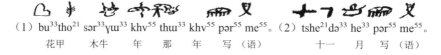

（1）bu³³tho²¹ sər³³ɣu³³ khv⁵⁵ thuu³³ khv⁵⁵ pər⁵⁵ me⁵⁵。（2）tshe²¹də³³ he³³ pər⁵⁵ me⁵⁵。
　　　花甲　木牛　年　那　年　写（语）　　　十一　月　写（语）

ȵi³³tsər²¹ȵi³³ ȵi³³pər⁵⁵ me⁵⁵。ɣu³³ （3）kho²¹ to³³dzʑ²¹ nuu³³ pər⁵⁵ me⁵⁵。　（4）y²¹i³³khu⁵⁵
二　十　二　日　写（语）　长　水　东　知（助）写（语）　　　杨玉科

le³³ bv³³ dy²¹ dzæ²¹ la⁵⁵khə³³ thuu³³ khv⁵⁵ pər⁵⁵ me⁵⁵，（5）tshe²¹me³³he²¹ tshe³³do²¹ ȵi³³ ȵi³³
鹤庆　城　攻破　那年　写（语）　　　十　月　初　二　日

la⁵⁵khə³³ me⁵⁵。（6）dy²¹ lo²¹ çi³³ la³³ ze³³ta²¹ se³³ mə³³ do²¹ me⁵⁵。（7）to³³ba²¹ zʑ³³ sər²¹
攻破　（语）　　　世间　人　也　多少　完　不　见（语）　　　祭司　寿长

ha⁵⁵ i³³ gv³³ ho⁵⁵。
饭　有　成　愿

**译文：**

(1)花甲木牛年那年写的。(2)十一月二十二日写的。(3)长水东知写的。(4)杨玉科攻占鹤庆那年写的，(5)是十月初二攻破的。(6)世间不知死了多少人。(7)祝愿东巴长寿富足。

4.B33《鬼牌的来历·送署》

本书的跋语位于正文的最后一页，以东巴文书写，共9字。图像如下：

1

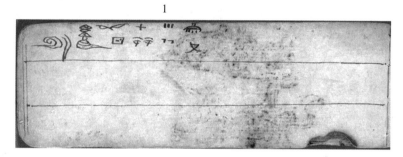

**全文标音及对译：**

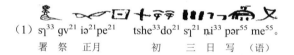

(1) s̩³³ gv²¹ iə²¹pe²¹   tshe³³do²¹ s̩²¹ n̠i³³ pər⁵⁵ me⁵⁵
署  祭   正月      初    三   日  写   (语)

**译文：**

(1)正月初三祭署日写的。

5.B44《送龙王面偶经》

本书的跋语位于正文的最后两页，以东巴文书写，共81字。图像如下：

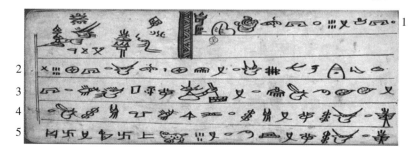

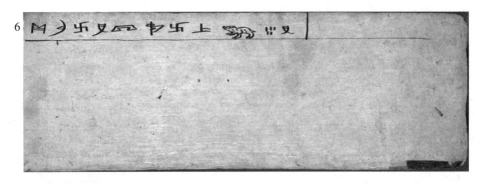

**全文标音及对译：**

（1）bu³³tho²¹ʂər³³la³³khv⁵⁵gə³³ tʂhua⁵⁵me³³ he³³ gə³³　（2）tshe²¹tʂhua⁵⁵ ȵi³³ gə³³
　　花甲　木 虎 年（助）　六月　　（助）　　十　六　日（助）

y²¹　khv⁵⁵du³³ ȵi³³pər⁵⁵　me⁵⁵。ɣu³³kho²¹ ə³³na²¹dʐʐ²¹khu³³thv⁵⁵（3）gə³³ lu³³bu²¹
　羊　属 一 日 写　（语）　长水　马鞍山　脚 下　　　（助）祭司

to³³dzʐ²¹ nu³³ pər⁵⁵　　me⁵⁵。pər⁵⁵le³³ mə³³ dər³³dər³³　me⁵⁵。（4）le³³ tʂhu³³ kv⁵⁵thv³³
　东知（助）写　　（语）写　又　没　错误　（语）　　又　念　处 到

lu⁵⁵mu³³ tsʅ⁵⁵，tʂhu³³kv⁵⁵me³³ nu³³ tʂhu²¹ nu⁵⁵，ze³³（5）uə²¹ ɣu³³ me³³ the³³ɣu³³
　如果　据说　念 会（助）（助）念　（助）　多么　好（助）经书

ʂə⁵⁵　tso²¹ ua³³ me⁵⁵。mə³³sʅ³³ me³³ nu³³ tʂhu³³ nu⁵⁵，ze³³（6）uə²¹ mə³³ ɣu³³me³³
　说 肯定 是（语）不 知 （助）（助）念　（助）　多么　不 好（助）

gə³³ the³³ɣu³³　ʂə⁵⁵ tso²¹ ua³³ me⁵⁵。
（助）经书　说 肯定 是（语）

**译文：**

（1）花甲木虎年的六月（2）十六日属羊的这一天写的。长水马鞍山脚下（3）的祭司东知写的，写得没有错误呀。（4）到了念的场合，如果会念的来念，（5）一定会说是多么好的书啊。如果不懂的来读，（6）一定会说是多么不好的书啊。

### 6.C33《安慰死者经》

本书的跋语位于正文的最后一页的最后两行，主要以东巴文书写，只有一
个哥巴文，共38字。图像如下：

**全文标音及对译：**

（1）bu³³tho²¹dʑi²¹æ²¹khv⁵⁵ thuɯ³³ khv⁵⁵ pər⁵⁵ me⁵⁵。（2）tʂhua⁵⁵me³³ɲi³³tsər²¹ho⁵⁵
花甲　水鸡年　　那　年　写　（语）　　　六月　二 十 八

ɳi³³ pər⁵⁵ me⁵⁵。（3）（4）ɣɯ³³kho²¹ ə³³na²¹dʑy²¹khu³³thv⁵⁵gə²¹（5）lu³³ bu²¹ to³³dʑʐ̩²¹
日　写（语）　　　　长水　马鞍山　脚　下　（助）　　祭司　东知

nɯ³³ pər⁵⁵ me⁵⁵（6）to³³ ba²¹ la²¹ ua³³ tshər²¹　khv⁵⁵ pər⁵⁵ me⁵⁵。
（助）写　（语）　　东巴 也 五 十　岁　　写 （语）

**译文：**

（1）花甲水鸡年那年写的。（2）六月二十八日写的。（3）（4）长水马鞍山脚下
的（5）祭司东知写的。（6）东巴五十岁时写的。

### 7.C61《情死鬼结尾经》

在本书的跋语位于正文的最后两页，主要以东巴文书写，只有一个哥巴
文，共105字。图像如下：

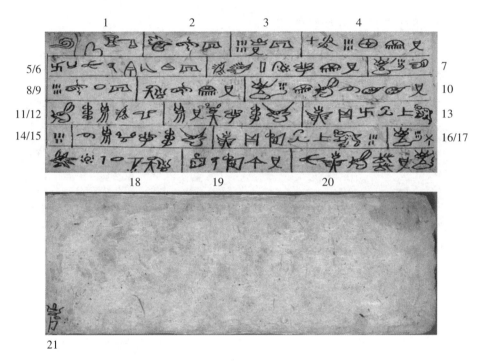

**全文标音及对译:**

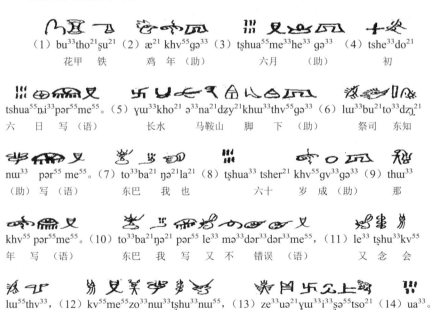

（1）bu³³tho²¹ʂu²¹（2）æ²¹ khv⁵⁵gə³³（3）tʂhua⁵⁵me³³he³³ gə³³（4）tshe³³do²¹
花甲　铁　　　鸡　年（助）　　六月　（助）　　　初

tshua⁵⁵ni³³pər⁵⁵me⁵⁵。（5）ɣu³³kho²¹ ə³³na²¹dzy²¹khu³³thv⁵⁵gə³³（6）lu³³bu²¹to³³dzʐ²¹
六　日　写（语）　　长水　马鞍山　脚　下（助）　　　祭司　东知

nɯ³³　pər⁵⁵me⁵⁵。（7）to³³ba²¹ ŋə²¹la²¹（8）tʂhua³³tsher²¹khv⁵⁵gv³³gə³³（9）thu³³
（助）写（语）　　东巴我也　　　六十　岁成（助）　　那

khv⁵⁵pər⁵⁵me⁵⁵。（10）to³³ba²¹ŋə²¹pər⁵⁵le³³mə³³dər³³dər³³me⁵⁵，（11）le³³tʂhu³³kv⁵⁵
年　写（语）　　东巴我写又不　错误（语）　　又念会

lu⁵⁵thv³³，（12）kv⁵⁵me⁵⁵zo³³nu³³tʂhu³³nu⁵⁵，（13）ze²¹uə²¹ɣu³³i³³ʂə⁵⁵tso²¹（14）ua³³。
将　到　　会（助）男子（助）念（助）　　多么　好有说一定　是

(15) mə³³kv⁵⁵zo³³ nuɯ³³ tʂhu³³nuɯ⁵⁵, (16) ze²¹uə³³ga³³ i³³ ʂə⁵⁵ tso²¹ ua³³。(17) to³³ba²¹

　　　不　会　男（助）念（助）　　　　多么　难　有　说　一定　是　　　东巴

ŋə²¹la²¹ (18) py³³by²¹ du³³ kv⁵⁵ be³³ thu³³, (19) dzə²¹na²¹ga³³mu³³me⁵⁵, (20) a³³ ze²¹

我　也　　祭司　一　个　做　那　　难　大　难　是（语）　　　慢慢

le³³ so³³so²¹ me⁵⁵。to³³ba²¹zɿ³³ʂər²¹ ha⁵⁵ i³³ (21) gv³³ be³³ho⁵⁵。

又　学习（语）　东巴　寿　长　饭　有　　　成　做　愿

**译文：**

　　(1)花甲铁(2)鸡年的(3)六月(4)初六写的。(5)长水马鞍山脚下的(6)祭司东知写的。(7)东巴我(8)六(十)岁(9)那年写的。(10)东巴我写的不错，(11)将会念的地方，(12)会的男子念了，(13)(14)一定会说多么好啊。(15)不会的男子来念，(16)一定会说多么难啊。(17)东巴我(18)做一个祭司，(19)难上加难，(20)(21)慢慢学习吧。祝愿东巴长寿富足。

### 8.I18《黑白战争》

　　本书的跋语位于正文的最后一页，以东巴文书写，共44字。图像如下：

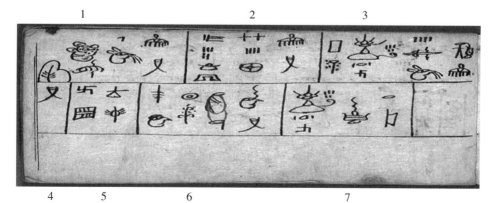

**全文标音及对译：**

（1）bu³³tho²¹la³³khv⁵⁵dш³³khv⁵⁵pər⁵⁵me⁵⁵。（2）sa⁵⁵ ua³³ he³³ gə³³ ɲi³³tsher²¹lu³³
　　 花甲　虎年　一　年　写（语）　　　三月　（助）　二十四

ɲi³³ pər⁵⁵ me⁵⁵。（3）py³³by²¹to³³dzʅ²¹ ŋə²¹ lu³³tsher²¹ thш³³khv⁵⁵ pər⁵⁵（4）me⁵⁵。
日　写　（语）　　　祭司　东知　我　四十　　那年　写　　（语）

（5）the³³ɣш³³tʂʅ³³dze²¹（6）zʅ³³na²¹hua⁵⁵ma²¹dzʅ³bv²¹ ko²¹tsʅ³³ me⁵⁵。（7）py³³by²¹ ŋə²¹
　　 经书　这　册　　　汝南化　玛自布　家　迎接（语）　　　 祭司　我

zʅ³³şər²¹ha⁵⁵i³³ gv³³ ho⁵⁵。
寿　长　饭　有　成　愿

**译文：**

（1）花甲虎年写的。（2）三月二十四日写的。（3）（4）祭司东知我四十岁那年写的。（5）这本经书（6）从汝南化玛自布家迎接来的。（7）祝愿祭司我长寿富足。

9.I27《左土尤麻护法神的故事》

本书的跋语位于正文的最后一页的最后两行，以东巴文书写，共45字。图像如下：

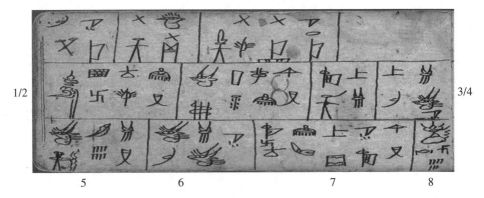

1/2　　　　　　　　　　　　　　　　　　　　　　　　　　　　　　　3/4

5　　　　　　　6　　　　　　　7　　　　　　　8

**全文标音及对译：**

（1）the³³ɣu³³tʂhɿ³³dze²¹pər⁵⁵me⁵⁵，（2）ɣu³³kho²¹ to³³dzɿ²¹ mu³³pər⁵⁵ mu³³ me⁵⁵。

经书 这 本 写 （语） 长水 东知 （助） 写 是 （语）

（3）ga³³ sə⁵⁵ kv³³（4）sə⁵⁵mə³³ kv⁵⁵ i³³ be³³，（5）i³³bi²¹ ho²¹ kv³³me⁵⁵（6）i³³ mə³³ kv⁵⁵

难 说 会 说 不 会 有 做 大江 深 处（语） 流 不 会

i³³ be³³。（7）the³³ɣu³³tʂhɿ³³pər⁵⁵la²¹ sə⁵⁵ hu²¹ be³³ ga³³ mu³³ me⁵⁵。（8）py³³by²¹ʐɿ³³sər²¹。

有 做 经书 这 写 也 说 易 做 难 是 （语） 祭司 寿 长

**译文：**

（1）（2）这本经书是长水东知写的。（3）有人会说很难（4）有人不会说难，
（5）就像大江深处（6）水不会流一样。（7）写这本经书说易做难。（8）祭司长寿。

### 10.K6《祭死者做羊毛账幕》

本书的跋语位于正文的最后两页，以东巴文书写，共139字。图像如下：

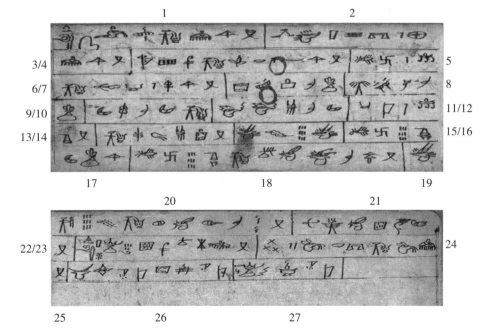

全文标音及对译：

（1）bu³³tho²¹ʐʅ²¹ khv⁵⁵thɯ³³khv⁵⁵pər⁵⁵mu³³me⁵⁵。（2）bu²¹to³³dər³³ gə³³du³³n̠i³³
　　花甲　蛇　年　那　年　写　是（语）　　　猪腰星　当值（助）一　日

（3）pər⁵⁵mu³³me⁵⁵。（4）the³³ɣɯ³³du³³thɯ³³ʐʅ³³gv³³du³³ʐʅ³³ mu³³me⁵⁵，（5）lɯ⁵⁵ɣɯ³³
　　写　是（语）　　　经书　得到　那　路　成　一　条　是（语）　　经书

du³³ʐu²¹　（6）thɯ³³dʑʅ³³ khua⁵⁵ du³³ ly³³mu³³me⁵⁵。（7）hu²¹ly²¹ bæ²¹ mə³³ du³³，
一　句　　那　吃　碗　一　个　是（语）　　　富　看　高兴　不　兴

（8）si³³ ly²¹ na²¹mə³³（9）du³³。（10）dʑy²¹ ne³³ mə³³ dʑy²¹thɯ³³，（11）tɕy³³tɕy³³
　　穷　看　不悦　不　　兴　　　有　和　没　有　那　　　　客气

kv⁵⁵mə³³dʑy²¹。（12）kho³³khu³³du³³ʐu²¹（13）ʂu²¹me⁵⁵，（14）thɯ³³sʅ³³ o⁵⁵ kv⁵⁵dʑæ²¹
会　没　有　　　谚语　　一　句　　找（语）　　那　智慧　财富　会　有

me⁵⁵。（15）i³³bi²¹gv³³ i³³，（16）lɯ⁵⁵ɣɯ³³gv³³ty⁵⁵（17）dʑy²¹du³³mu³³。（18）lɯ⁵⁵ɣɯ³³
（语）　　大江　九　条　　经书　九　叠　　　有　兴　是　　　　经书

gv³³ty⁵⁵thɯ³³so²¹le³³se²¹mə³³ tha⁵⁵me⁵⁵，（19）i³³（20）bi²¹gv³³ho²¹thɯ³³dzi²¹le³³tʂu⁵⁵
九　叠　那　学　又　完　不　能（语）　　　大江　　九　条　那　水　又　接

mə³³phɯ⁵⁵me⁵⁵。（21）a³³ ze²¹ le³³ sʅ³³dv³³ la²¹（22）me⁵⁵。（23）to³³dʑʅ²¹py³³by²¹
不　断（语）　　　慢慢　又　想（语）　　　（语）　　　东知　　祭司

ŋə²¹the³³ɣɯ³³du³³tʂʅ³³tshæ⁵⁵pər⁵⁵me⁵⁵。（24）sʅ³³tshər²¹n̠i³³ khv⁵⁵ gv³³gə³³thɯ³³khv⁵⁵
我　经书　得到　这　卷　写（语）　　　三　十　二　岁　成（助）那　年

pər⁵⁵（25）me⁵⁵。（26）nu²¹ o³³ be³³ho⁵⁵，hu²¹dzæ³³be³³ho⁵⁵。（27）py³³by²¹ʐʅ³³ʂər²¹
写　　（语）　　　福泽　做　愿　　富裕　　做　愿　　　　祭司　寿　长

ha⁵⁵ i³³be³³ho⁵⁵。
饭　有　做　愿

**译文：**

(1)花甲蛇年这年写的。(2)猪腰星当值的一天(3)写的。(4)得到经书就是得到一条路，(5)一句经文(6)就是一个饭碗。(7)不要见了富人就高兴，(8)(9)见了穷人就不高兴。(10)对有(钱)或没(钱)的，(11)都要客气没有(区别)。(12)(13)找到一句谚语，(14)就有智慧和财富。(15)大江有九条，(16)(17)经书就会有九叠。(18)九叠经书学不完，(19)(20)就像九条大江流不绝。(21)(22)慢慢想一想吧。(23)东知祭司我得到这卷经书并写了。(24)(25)三十二岁这年写的。(26)祝愿有福有财，祝愿富裕。(27)祝愿祭司长寿富足。

### 11.K24《祭死者狗和端鬼》

本书的跋语位于正文的最后一页的最后两行，以东巴文书写，共36字。图像如下：

3

**全文标音及对译：**

(1) $\gamma u^{33} kho^{21}$ $\vartheta^{33} na^{21} dzy^{21}$ $khu u^{33}$ $thv^{55} g\vartheta^{33}$ $lu^{33} bu^{21}$ $to^{33} dz\eta^{21}$ $nu u^{33}$ $p\vartheta r^{55}$ $me^{55}$。
　　　长水　　　马鞍山　　脚　下　(助)　祭司　　东知　　(助)　写　(语)

(2) $to^{33} ba^{21} \eta\vartheta^{21} la^{21}$ (3) $ua^{33} tsh\vartheta r^{21} lu^{33} khv^{55} gv^{33} thu^{33}$ $khv^{55}$ $p\vartheta r^{55} me^{55}$。 $luo^{33} me^{33} he^{33} p\vartheta r^{55}$
　东巴 我 也　　五 十 四 岁 成 那　年　写 (语)　　四月 写

$me^{55}$, $tshe^{21} ua^{33} \eta i^{33}$ $p\vartheta r^{55} me^{55}$。
(语)　十 五 日　写 (语)

译文：

(1)长水马鞍山脚下的祭司东知写的。(2)东巴我(3)五十四岁那年写的，四月十五日写的。

### 12.K60《祭女死者献牲》(下册)

本书的跋语位于正文的最后一页的最后一行，以东巴文书写，共18字。图像如下：

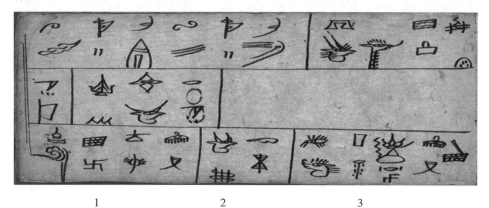

　　　　　　1　　　　　　　　　　2　　　　　　　　　3

**全文标音及对译：**

(1) the³³ɣɯ³³ tʂʅ³³ dze³³pər⁵⁵me⁵⁵, (2) ɣɯ³³kho²¹tshæ⁵⁵ʂʅ³³　(3) lɯ³³bu²¹

　经书　这　本　写　(语)　　　　长水　村　新　　　祭司

to³³dʐʅ²¹ zʅ³³ʂər²¹ha⁵⁵ i³³.　py³³by²¹ pər⁵⁵　　me⁵⁵

东知　　寿长饭有　　祭司　写　　(语)

译文：

(1)写这本经书,(2)是长水新村的(3)祭司东知长寿富足。祭司写的。

### 13.K73《茨则吉姆经》

本书的跋语位于正文的最后一页的后三行，主要以东巴文书写，只有一个

哥巴文,共73字。图像如下:

1

2 3

4

**全文标音及对译:**

（1）bu³³tho²¹dʑi²¹æ²¹ khv⁵⁵ du³³khv⁵⁵pər⁵⁵me⁵⁵。ɣu³³kho²¹ ə³³na²¹dzɿ²¹khu³³
　　花甲　水鸡年　一　年　写（语）　长水　　马鞍山　脚

thv⁵⁵ gə³³ lu³³bu²¹ to³³dzɿ²¹nu³³（2）pər⁵⁵me⁵⁵。（3）to³³dzɿ²¹ŋə³³ la²¹ tʂhua³³tshər²¹
下（助）祭司　东知（助）　写（语）　　东知　我　也　六十

khv⁵⁵gə³³thu³³khv⁵⁵pər⁵⁵me⁵⁵。pər⁵⁵le³³mə³³dər³³dər³³, tʂhu³³le³³mə³³the²¹ dər³³ɲi⁵⁵
岁（助）那　年　写（语）写　又　没　错误　念又　没　这错误

me⁵⁵。lu⁵⁵du³³（4）zu²¹, thu³³so²¹ le³³ se³³ mə³³ tha⁵⁵。mə³³ sɿ³³ le³³ me⁵⁵me³³
（语）经文 一　　句　那　学　又　完 不 能　不 懂　又　教育

me⁵⁵, a²¹ ze³³ le³³ so³³so²¹ me⁵⁵。py³³by²¹zɿ³³ ʂər²¹ha⁵⁵i³³ gv³³ ho⁵⁵。
（语）慢慢 又　学习（语）　祭司 寿 长 饭有成愿

**译文:**

（1）花甲水鸡年这一年写的,长水马鞍山脚下的东巴东知（2）写的,（3）（4）东知我六十岁时这年写的。写得没有错误,念也没有错误。一句经文是学不完的。不懂的要教,慢慢学习啊。祝祭司长寿富足。

## 14.L21《算星的吉凶·看打雷的方向·看开天门》

本书的跋语正文的最后一页，以东巴文书写，共86字。图像如下：

全文标音及对译：

（1）bu³³tho²¹sər³³tho³³le³³ khv⁵⁵thu³³ khv⁵⁵pər⁵⁵ me⁵⁵，（2）ua⁵⁵me³³he³³（3）pər⁵⁵
　　花甲　木　兔　年　　那　年　　写（语）　　五月　　　写

（4）me⁵⁵，ua⁵⁵me³³tshe³³lu³³ɲi³³pər⁵⁵me⁵⁵，（5）zy²¹gu³³to⁵⁵dər³³（6）ɲi³³ pər⁵⁵ me⁵⁵。
（语）　五月　十　四　日　写（语）　　织女身星　当值　日　写　（语）

（7）ɣu³³kho²¹ ə³³na²¹dʑy²¹khu³³thv⁵⁵lu⁵⁵（8）bu²¹to³³dʑy²¹ŋə³³la²¹py³³by²¹kv³³du²¹ua³³
　　长水　马鞍山　脚下　　东巴　东知　我　也　祭司头大　是

me⁵⁵。（9）ə³³ ɲi³³ la³³ sər²¹ɲi³³gə³³py³³by²¹kv³³du³³me³³，gu²¹（10）mæ³³mə³³tha⁵⁵i³³
（语）　昨天　又　前天　的　祭司　头大（助）　随　　赶　不能　有

mu³³me⁵⁵。(11) ṣə⁵⁵ hu²¹ be³³ (12) ga³³ i³³, ɲi³³ hu²¹ tɕhy²¹ ga³³ i³³ me⁵⁵。(13) py³³by²¹
是 (语) 说 易 做 难 是 要 易 如意 难 有(语) 祭司

ŋə²¹ (14) lu³³tshər²¹ɲi³³khv⁵⁵ gv³³thu²¹khv⁵⁵pər⁵⁵me⁵⁵。(15) py³³by²¹zɿ³³ṣər²¹ha⁵⁵i³³。
我 四 十 二 岁 成 那 年 写(语) 祭司 寿 长 饭 有

**译文：**

(1)花甲木兔年写的,(2)五月(3)写的,(4)五月十四日写的。(5)织女身星当值的(6)这天写的。(7)长水马鞍山脚下的东巴(8)东知我也是大东巴了,(9)但以前的大东巴,(10)是赶不上的。(11)(12)说话容易做事难,要做容易做好难。(13)祭司我(14)四十二岁这年写的。(15)祝祭司长命富足。

15.L23《算星和流星的吉凶》

本书的跋语位于正文的倒数第二页的最后两行和倒数第一页,以东巴文书写,共109字。图像如下：

**全文标音及对译:**

（1）bu³³tho²¹mi³³lv²¹khv⁵⁵gə³³ thɯ³³ khv⁵⁵ pər⁵⁵（2）me⁵⁵。（3）ɣɯ³³kho²¹ ə³³na²¹dʑy²¹
　　　花甲　火龙 年　（助） 那 年 写　（语）　　　 长水　 马鞍山

khɯ³³ thv⁵⁵ gə³³ lɯ³³（4）bu²¹to³³dʑʐ²¹ nɯ³³ pər⁵⁵ me⁵⁵。（5）the³³ɣɯ³³tʂη³³（6）dze³³tsη³³
 脚　 下　（助）　 祭司　 东知　（助） 写 （语）　　 经书　 这　 本 迎

tʂη²¹me⁵⁵，（7）le³³tɕhi³³ bər²¹ dər³³ dy²¹ gə³³（8）py³³by²¹ dʑə²¹ka³³hɯ³³gə³³ to³³ba²¹
来 （语）　又 求　白地　 地　（助）　　祭司 甲高恒 （助）　东巴

（9）lɯ⁵⁵（10）ɣɯ³³to⁵⁵ nɯ³³tsη³³ tʂη²¹me⁵⁵。（11）lɯ⁵⁵（12）ɣɯ³³dɯ³³ ʐu²¹（13）thɯ³³,
 经书　　 上　（助）迎　 来（语）　　 经书　　 一　句　　 那

（14）mə³³ dʑy²¹ me³³ nɯ³³ be³³ i²¹ dʑə²¹na²¹（15）ga³³ i²¹ me⁵⁵。（16）ɕi³³ nɯ³³ tɕi⁵⁵
 没　 有 （助）（助）做 有 难大　　难 有（语）　　 别人（助）驮

dər³³dʑy²¹bɯ³³（17）la³³,（18）ŋi³³ iə⁵⁵ the²¹phi⁵⁵ i³³,（19）ly²¹ lɯ⁵⁵ o²¹ mə³³（20）bɯ³³
纸 有　　 即使　　借 给 莫说 （助）　　看 甚至 是 不　　 要

i²¹ mu³³ me⁵⁵。(21) mə³³dzy²¹ şə⁵⁵ thu²¹ i³³,(22) şə⁵⁵ le³³ se²¹ mə³³ tha⁵⁵ me⁵⁵。(23) tho³³
有 是 (语)　　没 有 说 难 (助)　　说 又 完 不 能 (语)　　这

dzy²¹ (24) le³³ hu³³ ho⁵⁵ me⁵⁵。(25) to³³ba²¹zɳ³³şər²¹ha⁵⁵i³³ gv³³ ho⁵⁵。
有　　又 去 愿 (语)　　东巴 寿 长 饭 有 成 愿

## 译文：

（1）（2）花甲火龙年这年写的。（3）长水马鞍山脚下的东巴（4）东知写的。（5）（6）这本经书是迎来的,（7）是从白地的（8）祭司甲高恒的东巴（9）（10）经书中迎来的。（11）（12）（13）这几句经文,（14）（15）没有的做起来很难。（16）（17）别人即使有成驮的经书,（18）不要说借给你,（19）（20）甚至看一下都不行。（21）要说没有经书的艰难,（22）说都说不完。（23）（24）愿这些都过去吧。（25）祝愿东巴长寿富足。

## 16.L24《算星流星蛇鬼和富鬼的来历》

本书的跋语位于正文的最后一页的最后五行,以东巴文书写,共45字。图像如下：

5

**全文标音及对译：**

（1）γɯ³³kho²¹to³³dʐ̩²¹ŋə²¹the³³γɯ³³tʂʰ̩³³dze³³tɕhi³³　（2）tsʰ̩³³me⁵⁵，bər²¹dər³³
　　长水　东知　我　经书　这　册　求　　　来（语）　白地

gə³³dʑə²¹ka³³hu³³gə³³（3）the³³γɯ³³to³³tɕhi³³tsʰ̩³³me⁵⁵。tsho²¹（4）ts̩³³muu³³nɯ³³
（助）甲高恒（助）　经书　上　求　来（语）　人类　迎天　（助）

ts̩³³me⁵⁵。tsho²¹bv²¹dy²¹nu³³bv²¹me⁵⁵。（5）mə³³da²¹tho²¹dʑə²¹le³³hu³³ho⁵⁵me⁵⁵。
迎（语）人类　孵　地（助）孵（语）　　不如意　这　有　又　去（语）（语）

**译文：**

（1）（2）（3）长水东知我求这本经书，是从白地的甲高恒那里中求来的。（4）
迎接人类，天来迎，孵化人类，地来孵。（5）让这些不如意的事情都过去吧。①

## 17. M14《扣鬼的来历经》

本书的跋语位于正文的最后一页，以东巴文书写，共15字。图像如下：

1

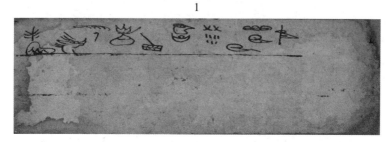

**全文标音及对译：**

（1）bu³³tho²¹mi³³bu²¹duu³³khv⁵⁵pər⁵⁵me⁵⁵，hua⁵⁵me³³he³³ɲi³³tsər²¹ʂər³³ɲi³³
　　花甲　火　猪　一　年　写（语）　　八月　　二　十　七　日

pər⁵⁵me⁵⁵。tʂhu³³the³³dər³³dər³³。
写（语）　念　不要　错误

---

① 这则跋语最后四个东巴文有残缺。

**译文：**

（1）花甲火猪年写的，八月二十七日写的。念的时候不要错了。

## 18.M16《地狱六地·伯多得地》

本书的跋语位于倒数第二页的最后一行和最后一页，以东巴文书写，共25字。图像如下：

1      2      3

4

**全文标音及对译：**

（1）the³³ɣw³³ tsŋ³³ tshŋ²¹ me⁵⁵，（2）da³³lv³³ gə³³ tho³³tɕi⁵⁵ ko³³ tsŋ³³ tshŋ²¹ me⁵⁵，

  经书 迎接 来 （语）  达鲁 （助）东吉 家 迎接 来 （语）

（3）ni³³uə³³ tʂhua⁵⁵ dy²¹ （4）gə³³ tʂhua⁵⁵dze²¹tsŋ⁵⁵ tshŋ²¹me⁵⁵。py³³by²¹ zŋ³³ʂər²¹。

 地狱 六 地  （助）六 册 迎 来（语） 祭司 寿 长

**译文：**

（1）这本经书是迎来的，（2）是从达鲁村东吉家迎来的，（4）迎来地狱六地的六册经书。祭司长寿。

## 二、东知抄本跋语研究

哈佛所藏的东知抄本中，共计包含18则跋语。这18则东巴文跋语的长度不一，其中最长的一则多达141字，而最短的一则仅9字而已。接下来，我们将从东知抄本跋语的署名、行款布局、跋语中的纪年信息、跋语所记载的经书传抄情况以及用字特征等几个维度展开探讨。

### （一）署名

在B44跋语中用东巴文写作 。读作 ɣɯ³³，象牛之形，本义为牛。读作 kho²¹，象栅栏之形，本义为栅栏。两字连读作 ɣɯ³³kho²¹牛棚或牛栏，此处用作地名，音译作"恩科"。在带双红圈东巴经C33的跋语中将该地名写作 。读作 ɣɯ³³，象宗教符号卍，本义为好。读作 kho³³，象牛角之形，本义为牛角。两字连读借音作地名 ɣɯ³³kho²¹恩科。

东巴文写作 。读作 a³³，从人张嘴发啊的音。读作 na²¹，哥巴文，字符借自藏文字母ན。两字连读借音作山名 ə³³na²¹阿纳。读作 dʑy²¹，象大山之形，本义为山。三字连读作 ə³³na²¹dʑy²¹阿纳句。在山字里面，也是一个字，读作 na²¹，象一个黑点，本义为黑，这里重复记录了山名 ə³³na²¹阿纳的第二个音节。在带有双红圈东巴经K24跋语中，阿纳句写作 。把山字中的黑点去掉了。

哈佛藏东巴古籍跋语中的署名有两个，即 和 。A28、B20、B44、I18、I27、K6、K24、K60、L21、L23、L24署名 。B24、C33、C61、K73署名 。

朱宝田认为 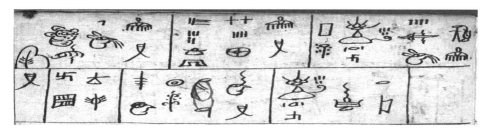 两字是清朝皇帝年号"同治"。但是认真释读经书跋语后可知， 不是年号，而是人名。 字象木板之形，读作 to³³。 字象滴漏之形，读作 dzn²¹。两字连读借音作东巴法名 to³³dzn²¹，音译作"东知"。 是  的变体。

东巴一般有家名和法名。法名通常为"东某"，例如和泗泉与和学道，他们是民国时期丽江长水的大东巴。和泗泉的法名叫"东发"，和学道的法名叫"东青"。

## （二）行款

东巴古籍的正文行款通常不固定，然而其后的跋语行款却较为一致。在东巴古籍的跋语中，常见这样一种行款布局：各句话之间以竖线分隔，阅读时首先按从左至右的顺序进行；当遇到竖列中包含两个或更多字符时，则转而采取从上至下的阅读方式。在我们统计的18则东知抄本的跋语中，有7则是严格遵循这一特定行款格式来撰写的。另有11则跋语采用了线性排列的行款：各句间均以竖线界分，阅读顺序统一为自左至右，使读者能够流畅地逐行阅读。值得注意的是，东巴古籍跋语中确有以圆圈作为句末标记的用法，其功能类似于现代汉语中的句号。

哈佛藏I18

哈佛藏 C61

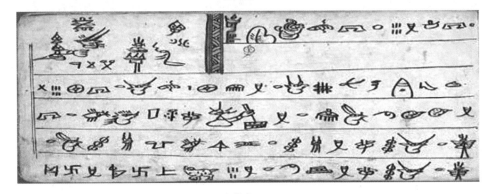

哈佛藏 B44

## (三)跋语纪年

这18则跋语中有12则有纪年信息,它们主要采用了纳西族花甲纪年法、年龄纪年法和大事纪年法三种纪年方式。

所谓花甲,是纳西族"bu³³tho²¹布托"的意思。布托以五行各分阴阳为十,和十二生肖相配为六十来纪年,相当于汉族的干支纪年,也有单用五行或生肖来纪年的。如甲子年纳西历为木阳鼠年,又称木鼠年、鼠年、木年。东知跋语中有3则只采用花甲纪年。

年龄纪年法,是东巴用自己的年龄来标示出经书抄写的年代。东知跋语中只有1则采用年龄纪年法。

大事纪年法,是用历史上著名的事件来标示出经书抄写的年代。东知跋语中只有1则是采用大事纪年法。

有的跋语只采用一种纪年方法,大多数采用两种或两种以上的纪年方法。下面我们把东知抄本中有纪年的跋语列表如下:

| 序号 | 编号 | 花甲纪年 | 年龄纪年 | 大事纪年 |
|------|------|----------|----------|----------|
| 1 | A28 | 木虎 | 41 | |
| 2 | B24 | | | 杨玉科攻占鹤庆那年 |
| 3 | B44 | 木虎 | | |
| 4 | C33 | 水鸡 | 50 | |
| 5 | C61 | 铁鸡 | 60 | |
| 6 | I18 | 木虎 | 40 | |
| 7 | K6 | 蛇 | 32 | |
| 8 | K24 | | 54 | |
| 9 | K73 | 水鸡 | 60 | |
| 10 | L21 | 木兔 | 42 | |
| 11 | L23 | 火龙 | | |
| 12 | M14 | 火猪 | | |

仅凭花甲纪年(即六十甲子纪年法)或年龄纪年往往难以确定具体的年份,因为这些纪年方式本身具有循环性和相对性。花甲纪年每六十年一个循环,而年龄纪年则是根据个人的生命历程来计算的,都无法直接对应到公历的某一年。

相比之下,大事纪年则能够更准确地指示出具体的时间点。大事纪年通常是以某个重大历史事件为标志。这种纪年方式具有明确性和唯一性,能够让人们清晰地了解某个事件发生的具体时间。

因此,在进行抄本年代推断时,我们应该综合运用多种纪年方法,并结合历史文献等多方面的证据,来尽可能准确地确定具体的时间。同时,也要注意不同纪年方法之间的转换和对应关系,以避免出现误解或错误。

### 1.东知的生年

关于东知的生年,主要依靠一则使用大事纪年的跋语,即哈佛藏 B24 的这则跋语。下面我们来仔细分析这则跋语。

和继全发现并翻译了这则跋语,他的译文是:"木牛年十一月二十二日,长水东知写的。是杨玉科攻占鹤庆的那年写的。"[①]

---

① 和继全:《美国哈佛大学燕京图书馆馆藏东巴经跋语初考》,《中央民族大学学报》2009年第5期。

在和继全之前,洛克也翻译了这则跋语,原文如下:

In ms., no 1027, on the page before last there are two half lines and two full lines giving in simple pictographs as follows: Written in the ox year, in the eleventh moon, on the 22nd day, written by the ²dto²dzhi ( = ²dto-¹mba) of ²Ghügh-¹ko at the time when ³Yü-¹yi-²k'u captured ²Lä-²bbu ¹dü from the Mohammedans in the eleventh moon and 2nd day, when he fought and smashed the city.[1]

**译文如下:**

在编号 1027(按,此为洛克编号)的经书最后的一页的最后两行有东巴文书写的跋语,跋语内容:写在牛年的 11 月 22 日,书写者是 ²Ghügh-¹ko 的东知东巴,当 ³Yü-¹yi-²k'u 从回民手中夺取 ²Lä-²bbu¹dü 的时间是在经书抄写这一年的 11 月 2 日。

《哈藏》(第 2 卷)将这段跋语译作:"天干,属木,牛年的农历十一月二十二日写的。是恩颗的东支写的,是余依空白族地区城被攻破那年写的,城是农历十一月初二日攻破的。世间不知死了多少人。愿东巴延年益寿。"[2]

洛克和《哈藏》(第 2 卷)将杨玉科攻克鹤庆的时间译成"11 月 2 日"。我们查看原文,发现此处有误,实际应为 10 月 2 日。《哈藏》在杨玉科的人名翻译上亦不准确。

《丽江纳西族自治县志》记载:"同治四年(1865)8 月,杨玉科、张润率部到中甸。……后率练勇五百余,经石鼓占领鹤庆城,后又失城。"[3]和继全认为,这则跋语中提到的杨玉科就是清末丽江镇压回民起义的杨玉科。据此认为,这则跋语写于 1865 年。并且 1865 年就是乙丑木牛年,与花甲纪年相合。

关于杨玉科攻陷鹤庆城的记载,《丽江纳西族自治县志》引用光绪《丽江府志》,原文如下:

---

[1] Joseph F. Rock, *The Na-khi Naga Cult and Related Ceremonies*, Vol. I and II, Rome: Instituto Italiano per il Medio ed Estremo Oriente, 1952, p. 225.

[2] 中国社科院民族学与人类学研究所等编:《哈佛燕京学社藏纳西东巴经书》(第 2 卷),北京:中国社会科学出版社,2011 年,第 467 页。

[3] 李汝明:《丽江纳西族自治县志》,昆明:云南人民出版社,2001 年,第 672 页。

　　乙丑四年秋八月，杨玉科同张润至中甸。润由阿喜渡攻丽城，玉科过巨甸渡，执署理维西协军李祖玉，杀之，以其私于贼故也。乘势到桥头里傈僳地，攻杀前逃脱傈匪李绍先。潜带劲练五百余人跨山寻径，过石鼓而西，以计入鹤庆城据之，旋失守。①

　　从上文可知，1865年8月，杨玉科跟张润率军到中甸。后面就说杨玉科攻打丽江、巨甸、桥头等地，又用计谋进入鹤庆城，但是很快就失守了。但是光绪《丽江府志》并没有提到具体什么时间攻克的鹤庆城。

　　光绪《鹤庆州志》记载：

　　同治四年，协戎杨玉科奉云南巡抚岑毓英檄，由会川绕道直抵中维，旋夺石门关，连破贼营数十座。伪大将军宋时盛、李绍先等弃甲抛旗而走。玉科由是渡金江进九河，侦知米映山赴榆，乃亲率兵三百，假贼旗帜号衣，由鹤之西山直捣西城门。……遂于十月初二日克服鹤城。②

　　东知跋语记载攻克鹤庆城的时间与清光绪《鹤庆州志》一致，可以相互印证。由此可见，杨玉科占领鹤庆的时间是1865年农历十月初二，并不是洛克和《哈藏》译文中的十一月初二。

　　洛克对于这则跋语还有一条注释，详细介绍了杨玉科的事迹，原文如下：

　　²Ghügh-¹k'o is the Chinese Ch'ang-shui 长水, to the west of Li-chiang. ³Yü-²yi-²k'u was General Yang Yü-k'o 杨玉科, ²Lä-²bbǔ ¹dü is the town of Ho-ch'ing 鹤庆 inhabited by Min-chia 民家 or ²Lä-²bbǔ, ¹dü means land. He was the famous Chinese general a native of the Li-chiang district, as he was born in Lachiming 喇雞鳴, a salt-well village now in the district of Chien-ch'uan 劍川縣. It was he who finally quelled the Mohammedan rebellion which raged for twenty five years in Western Yünnan, by capturing Ta-li 大理, their stronghold. The date corresponds to 1865.③

　　**译文如下：**

　　²Ghügh-¹ko 汉语写作"长水"，地名，位于丽江西部。³Yü-¹yi-²k'u 是杨玉科

① 政协丽江市古城区委员会、文史资料委员会：光绪《丽江府志》，内部资料，2005年，第202页。
② 杨世钰、赵寅松：《大理丛书·方志篇（卷八）》，北京：民族出版社，2007年，第478页。
③ Joseph F. Rock, *The Na-khi Naga Cult and Related Ceremonies*, Vol. I and II, Rome: Instituto Italiano per il Medio ed Estremo Oriente, 1952, p. 229.

将军，$^2$Lä-$^2$bbu是鹤庆城，白族居住区。$^1$du指的是地方。杨玉科是丽江地区著名的将军，他出生在剑川县喇鸡鸣村，他最终平定了云南西部延续25年的回民起义，夺取了大理要塞。1865年，他攻占鹤庆。

光绪《丽江府志·人物志》对杨玉科亦有记载：

杨玉科，字云阶，谥武愍。少习武艺，有胆略，而贫窭无资，所如不偶，往往被同辈揶揄。呼为"杨背锅"。咸丰丙辰构乱，回逆杜文秀占据榆城，烽火四起，武愍随营效力。①

和继全又释读同样署名东知的编号A28经书跋语，具体如下："木虎年三月二十八写的，东知我四十一岁那年写的，祝愿东巴长寿富贵，吉祥。"②和继全认为，木虎年应该在1865年前后，所以，认定是1854年。而跋语中显示此时东知41岁，因为民间以虚岁记年龄的习惯，所以实际上是40岁。那么如果1854年东知40岁，进而推出东知生于1814年。

我们梳理了哈佛藏东知抄本，找出7则同时具有花甲和年龄两种纪年方式的跋语，分别计算出东知的生年，其中有四则跋语符合生年1814年的结论，有三则不符合。其中I18与推算的1814年相差一年，应该是东知记录有误。而C61和C33很可能是东知的笔误。因此，我们认为东知生年应该是1814年，木狗年，即清嘉庆十九年。

东知生年推算表

| 编号 | 花甲纪年 | 年龄纪年 | 公元纪年 | 生年 |
|---|---|---|---|---|
| K6 | 蛇年 | 32 | 1845 | 1845−32＋1＝1814 |
| A28 | 木虎年三月二十八 | 41 | 1854 | 1854−41＋1＝1814 |
| I18 | 木虎年三月二十四 | 40 | 1854 | 1854−40＋1＝1815 |
| L21 | 木兔年五月十四 | 42 | 1855 | 1855−42＋1＝1814 |
| C61 | 铁鸡年六月初六 | 60 | 1861 | 1861−60＋1＝1802 |
| K73 | 水鸡年 | 60 | 1873 | 1873−60＋1＝1814 |
| C33 | 水鸡年六月二十八 | 50 | 1873 | 1873−50＋1＝1824 |

① 政协丽江市古城区委员会、文史资料委员会：光绪《丽江府志》，内部资料，2005年，第282页。

② 和继全：《美国哈佛大学燕京图书馆馆藏东巴经跋语初考》，《中央民族大学学报》2009年第5期。

2. 东知的卒年

关于东知的卒年，只有《人神之媒——东巴祭司面面观》记载：

东知东巴

黄山乡长水下村人。生年不详，约民国初年去世，享年八十多岁。是大东巴。善于制造东巴经书写用纸，一生抄写下很多东巴经书。[①]

显然，李国文的记载有误，东知生于1814年，即使他活到89岁，也应该在1903年去世，而不是民国时期。我们的调查显示，东知的儿子木佩玉生于1843年。因此，东知和木佩玉之间相差28岁是合理的。木佩玉卒于1893年，我们在木福光的家族墓地未发现东知的坟墓，因此，东知不可能在木佩玉之后去世。无论是东知还是木佩玉，他们都不是生活在民国时期，而是生活在清末。

根据田野调查，我们得知东知的儿子木佩玉卒于1893年。墓志铭上写道"先君木知"，表明东知在木佩玉之前去世，即在1893年之前。

因此，我们可以得出结论，东知在60岁时（即1873年）还在书写东巴经，这表明他当时还活着。据此推断，东知可能在1874至1892年间去世。

3. 东知抄本的抄写年代

确定了东知的生卒年后，我们可以根据东知抄本跋语中的花甲或年龄纪年，推算这些抄本的抄写年代。

东知抄本年代

| 编号 | 公元纪年 | 东知年龄 |
|---|---|---|
| M14 | 1827 | 14 |
| K6 | 1845 | 32 |
| A28、B44、I18 | 1854 | 41 |
| L21 | 1855 | 42 |
| L23 | 1856 | 43 |
| C61 | 1861 | 45 |
| B24 | 1865 | 52 |
| K24 | 1867 | 54 |
| C33、K73 | 1873 | 60 |

① 李国文：《人神之媒——东巴祭司面面观》，昆明：云南人民出版社，1998年，第218页。

　　根据上表可知,这批经书的时代大致在1827—1873年之间,正是东知从14岁到60岁期间抄写的时期。

### (四)跋语记录的经书传抄信息

　　东知在跋语中记载了东巴经传抄的情况:4则跋语显示出经书的传抄信息:

　　L23:这本经书是从白地的东巴甲高恒那里抄来的。

　　L24:这本经书是从白地的甲高恒那里抄来的。

　　I18:这本经书从汝南化玛日布家抄来的。

　　M16:这本经书是达鲁村东吉家抄来的。

　　白地作为东巴教的圣地,在民间流传着"不到白地不算真东巴"的谚语。从L23和L24两则跋语中我们得知,东知曾亲临白地。据和继全研究,甲高恒是清末白地著名的东巴大师,东知在访问白地期间,曾拜甲高恒为师,并从他那里抄录了众多经书。文中提及的I18中的汝南化,即现今玉龙纳西族自治县太安乡的汝南化村;而M16中的达鲁村,则是玉龙纳西族自治县黄山镇白华行政村下的达鲁自然村。杰克逊曾指出:"我们对图书馆馆藏资料的研究显示,在1840—1880年注有日期(和未注日期)的纳西手稿大量增加。"[1]这一时期恰逢东知的壮年时代,太安、黄山地区涌现出众多杰出的东巴,东巴祭祀活动也极为频繁。当时,东巴之间相互传抄经书蔚然成风,为东巴文的繁荣与发展创造了有利的环境。

### (五)用字分析

#### 1.造字法分析

　　东知跋语所用东巴文的造字法分析如下:

| 编号 | 象形(%) | 指事(%) | 会意(%) | 形声(%) | 假借(%) |
|------|---------|---------|---------|---------|---------|
| A28  | 11      | 17      | 3       | 3       | 66      |
| B20  | 11      | 14      | 0       | 5       | 70      |

---

① [英]杰克逊:《纳西仪式、索引书籍的作者以及占卜书籍》,载《纳西、摩梭民族志——亲属制、仪式、象形文字》,昆明:云南大学出版社,2010年。

续表

| 编号 | 象形(%) | 指事(%) | 会意(%) | 形声(%) | 假借(%) |
|------|---------|---------|---------|---------|---------|
| B24 | 19 | 10 | 2 | 2 | 67 |
| B33 | 11 | 11 | 0 | 0 | 68 |
| B44 | 16 | 7 | 0 | 0 | 77 |
| C33 | 17 | 10 | 0 | 3 | 67 |
| C61 | 14 | 5 | 1 | 4 | 76 |
| I18 | 9 | 15 | 3 | 15 | 88 |
| I27 | 7 | 2 | 7 | 7 | 77 |
| K6 | 10 | 8 | 4 | 3 | 75 |
| K24 | 11 | 16 | 0 | 3 | 70 |
| K60 | 6 | 0 | 0 | 12 | 82 |
| K73 | 11 | 6 | 1 | 1 | 81 |
| L21 | 11 | 9 | 2 | 4 | 73 |
| L23 | 10 | 0 | 2 | 0 | 88 |
| L24 | 10 | 0 | 0 | 2 | 88 |
| M14 | 29 | 14 | 0 | 0 | 57 |
| M16 | 12.5 | 12.5 | 0 | 0 | 75 |

根据上表数据,可以观察到,假借字在东知跋语中占据最大比重,其次是象形字,而指事字、会意字和形声字则比例较少。一般而言,在成熟的意音文字系统中,形声字所占比重较大。东巴文中假借字比重较大,这主要是由于东巴文的形声字仍处于早期发展阶段。东巴文形声字的特点为其声符和意符的分工不够明确且类化程度低,形声字特点不明显,多形多声字大量存在,大多处于形声造字法的早期阶段。东巴文并没有像汉字那样,在产生形声字之后走上全面形声化之路,其形声字主要是以注音式为主,而这种注音式形声字又缺乏能产性,因此就导致了假借字在东巴文跋语中使用更为频繁。

此外,东巴文指事字比重的增加可能是由于跋语的内容涉及时间、年龄等具体、抽象的信息,因此纯指事字的比重会相应增加。

从假借字的使用情况来看,某一特定词汇通常对应一个相对固定的假借字。例如:

| 字形 | 本字读音 | 本义 | 假借读音 | 假借义 | 假借次数 |
|---|---|---|---|---|---|
| 梳 | pər⁵⁵ | 梳子 | pər⁵⁵ | 写 | 51 |
| 收 | khv³³ | 收获 | khv⁵⁵ | 年 | 24 |
| 心 | nɯ³³ | 心 | nɯ³³ | 主语助词 | 20 |

#### 2.字词关系

跋语与一般的宗教文献有所不同,它会逐词逐字地记录语言。东知跋语也遵循这一特点,通常是一字对应一音,但也存在少数例外情况。如:A28

**字释:**

bu²¹tho³³ 布托(花甲), bu²¹坡,像山坡。 tho³³ 松树。

la³³虎。

khv³³收获,借音作khv⁵⁵年。

dɯ²¹一。

pər⁵⁵ 梳子,借音作写。

me⁵⁵雌,语尾助词。

**全文标音及对译:**

bu²¹tho³³ la³³ khv⁵⁵ dɯ²¹ khv⁵⁵ pər⁵⁵ me⁵⁵。

布托　虎　年　一　年　写(语)

**译文:**

(这本经书是)花甲虎年这一写的。

这句话看起来是一字一音,文从字顺,但是在东知其他的跋语中,生肖前面会搭配五行。比如:C33水鸡年;L23火龙年;等等。这一则跋语只有生肖纪年,似乎不合习惯。和继全推测,这一则跋语写于1854年,这一年是木虎年。

在东巴文中,"松树"和"木"这两个字属于同形字,经常混用,都可以用 ⿻(象树木之形)表示。由此我们推测,⿻中 ⿻读两次,第一次读作 tho$^{33}$松树,借音作"花甲"的第二个音节。第二次读作 ʂər$^{33}$木。我们再查 B24、B44、I18、K6、L21五则跋语中的纪年无一例外都是这种情况。由此,我们肯定,东巴在此省略了一个 ⿻字。

另外一种省略是在跋语末尾的祝福语中。例如:哈佛藏 A28

**字释:**

⿻ to$^{33}$ba$^{21}$东巴。东巴身上的线表示 zɿ$^{33}$ʂər$^{21}$长寿。

⿻ ha$^{55}$饭,此处读作 ha$^{55}$i$^{33}$有饭。

⿻ ua$^{21}$绿松石,借音作福泽。

⿻ nɯ$^{21}$羊,引申作财产、福泽。

⿻ khu$^{33}$门,此处读作 hu$^{55}$。

**全文标音及对译:**

to$^{33}$ ba$^{21}$ zɿ$^{33}$ ʂər$^{21}$ ha$^{55}$ i$^{33}$ ua$^{21}$ ne$^{21}$ nɯ$^{21}$ ho$^{55}$。

东巴　寿　长　饭　有　福　和　泽　愿

**译文:**

愿东巴长寿富足,福泽富裕。

此处 ⿻可以看作一个语境异体字,曲线表示长寿。如果逐字记录的话,应用 ⿻两个字。此外还省略了一个连词 ne$^{21}$。因为这些都是套话,因此即使省略也不会影响整个的意思的表达。

由此我们得出结论:东知跋语基本上遵循一字一音的原则,但也存在少数省略现象。这些省略一部分源于对已书写文字的借用,另一部分则源于一些惯用的套话。当然也存在漏字的情况。

东知是一位在当时颇具声望的大东巴。然而,目前文献资料中关于他的介绍却极为有限,我们甚至对他的姓氏都知之甚少,这无疑是一大遗憾。不过,通过这些跋语,我们得以一窥东知东巴的内心世界,从而更深入地感受东巴文化的独特魅力。

# 第二节　和鸿抄本跋语译释及研究

和鸿,清末大东巴,生于东巴世家。和鸿的孙子和诚也是民国时期著名的东巴。和诚是美国学者洛克的第一任经师。哈佛所藏的和鸿抄本东巴经应是和诚卖给洛克的。

## 一、和鸿抄本跋语译释

哈佛藏和鸿抄本共68册,其中10册附有跋语,编号分别是D3、D9、D14、D20、D24、D28、D35、D43、D63、D67。下面对这些跋语进行译释。

1.D3《压秽建柏树云梯经》(下册)

本书的跋语位于正文的最后一页,主要以东巴文书写,间杂少量哥巴文,共108字。图像如下:

**全文标音及对译：**

（1）bə³³ʂɿ²¹ be³³ kv³³ gə³³，（2）ho²¹hu²¹ nɯ³³ pər⁵⁵ mu²¹ me⁵⁵。（3）hua⁵⁵ me³³
　　白沙　　村头（助）　　　和鸿　（助）写　是（语）　　　　八　月

tshe²¹ua³³ n̩i³³ pər⁵⁵ mu³³ me⁵⁵。（4）ŋv³³lv³³（5）tho³³ dzy³³ua³³，tv²¹ tʂhe⁵⁵ dzər²¹ mə³³
十五　日　写　是（语）　　　雪山　　　松　山　腰　千　肘　树　不

dzɿ²¹。（6）na²¹mu³³ be³³ thv⁵⁵du³³，çi³³ khv⁵⁵ zo³³ mə³³ dzy²¹。　（7）ʂɿ⁵⁵tɕə⁵⁵ zo³³ lo²¹dy²¹，
生　　　大村　里面　　　百岁　男　没　有　　　　世界　男　人间

（8）zɿ³³ tʂu⁵⁵ py²¹ ʂə⁵⁵ thu³³（9）zɿ³³ ʂər²¹ ha⁵⁵ i³³ du³³。（10）sɿ³³ me³³ zo³³ nɯ³³ ly²¹，
　寿　延　祭　说　那　　寿　长　饭　有　兴　　　懂（助）男（助）看

（11）nɯ³³ n̩iə²¹ khu⁵⁵（12）　tso³³ mu²¹。（13）mə³³ sɿ³³ zo³³ nɯ³³ ly²¹，（14）thu³³ ʂə⁵⁵
　　心　上　装　　　　一定　是　　　不　懂男（助）看　　　　那　说

ne²¹ mə³³tho²¹。（15）ŋə³³ nɯ³³ sɿ³³ me³³ ni²¹（16）sɿ²¹ zu²¹，（17）çi³³ nə²¹ ʂə⁵⁵ iə⁵⁵ se²¹。
的　不　知　　　我（助）懂（助）两　　　三　句　　　别人　上　说　给　了

（18）mə³³ sɿ³³ n̩i³³ sɿ³³ zu²¹，（19）le³³ so²¹ kv³³（20）mə³³ dzɿ²¹。（21）zo³³ ɣɯ³³ le³³ hu³³
　不　懂　两　三　句　　　又　学　会　　　没　生　　　男　好　又　去

lɯ⁵⁵，（22）kho³³khu³³mæ⁵⁵ n̩ə²¹ tɕi³³ du³³ iə³³。
如果　　　名声　　后面　上　置　兴（语）

**译文：**

（1）白沙村头的（2）和鸿写的，（3）是八月十五日写的。（4）（5）在雪山松林带，不长千肘高树。（6）在广大的村庄里没有活到百岁的人。（7）在世间的大地上，（8）做"延寿仪式"（9）是为了长寿富足。（10）（11）（12）内行人看了会装在心里，（13）（14）外行人看了则不知所云。（15）我所知道的两（16）三句，（17）已告诉给了别人。（18）而不懂的两三句（19）（20）却无处求教了。（21）好男去世了，（22）名声留于后世。

## 2.D9《神将来历经，失将寻将经》

本书的跋语位于正文的最后一页的后五行，以东巴文与哥巴文书写，前面4行哥巴文，最后一行东巴文，共109字。图像如下：

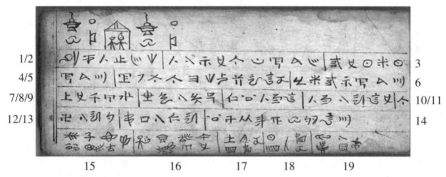

**全文标音及对译：**

（1）bu$^{33}$tho$^{21}$ tʂʅ$^{33}$ me$^{33}$ gə$^{33}$ （2）tho$^{33}$le$^{33}$ khv$^{55}$ me$^{33}$ zo$^{33}$ nɯ$^{33}$ pər$^{55}$ mu$^{33}$ me$^{55}$。

布托　土（助）（助）　　　兔　年（助）男（助）写　是（语）

（3）ho$^{55}$me$^{33}$ nɲi$^{33}$tshər$^{21}$ nɲi$^{33}$ pər$^{55}$（4）mu$^{33}$ me$^{55}$。（5）be$^{33}$ kv$^{33}$ la$^{33}$ zo$^{33}$ tʂhu$^{33}$ gə$^{33}$ iɔ$^{33}$ kæ$^{33}$

八月　二十　日　写　　是（语）　村头　虎　幼　祭（助）丈夫

ho$^{21}$hu$^{21}$ ŋə$^{21}$（6）ua$^{33}$tshər$^{21}$ho$^{55}$ khv$^{55}$ pər$^{55}$ mu$^{33}$ me$^{55}$。（7）ʂə$^{55}$ me$^{33}$ tv$^{33}$ ko$^{33}$ i$^{33}$。

和鸿　我　　　五十八　岁　写　是（语）　说（助）千　消息　有

（8）mɯ$^{55}$tɕi$^{33}$ le$^{33}$ tshʅ$^{21}$ dæ$^{21}$。（9）mə$^{33}$ da$^{21}$ tho$^{33}$ dzy$^{21}$ ho$^{55}$。（10）tho$^{33}$ dzy$^{21}$ le$^{33}$ hu$^{33}$

天际　又　来　能人　　不　满意　这　有（语）　　这　有　又　去

ho$^{33}$ me$^{55}$。（11）zo$^{33}$（12）ɣu$^{33}$ le$^{33}$ hu$^{33}$gv$^{33}$，（13）kho$^{33}$khu$^{33}$ le$^{33}$ mə$^{33}$ hu$^{33}$。（14）py$^{33}$by$^{21}$

（语）（语）　男　好　又　去　成　　名声　又　不　去　　祭司

zʅ$^{33}$ʂər$^{21}$ha$^{55}$i$^{33}$ gv$^{33}$ ho$^{55}$ me$^{55}$。（15）mæ$^{33}$nɲiə$^{33}$ tsʅ$^{33}$ lər$^{33}$ y$^{33}$ tʂhʅ$^{33}$ zʅ$^{33}$。（16）ŋə$^{33}$ tɕə$^{21}$

寿　长　饭　有　成　愿（语）　后面　　板铃　拿　这　代　　　我　上

le$^{33}$ so$^{21}$ ka$^{33}$ mu$^{33}$ me$^{55}$。（17）ʂə$^{55}$ hu$^{21}$ be$^{33}$ga$^{33}$ na$^{55}$，（18）nɲi$^{33}$ hu$^{21}$ tɕhy$^{21}$ ga$^{33}$ na$^{55}$。

又　学　请（语）　　　说　易　做　难　虽　　借　易　如意　难　虽

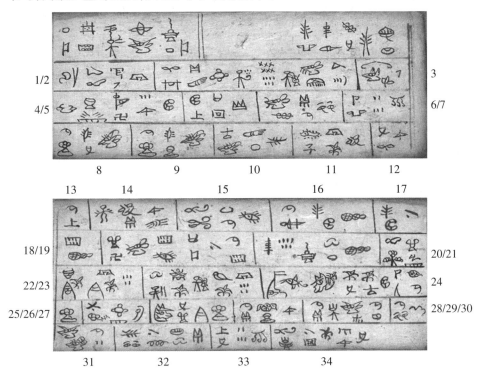

（19）a³³ ze²¹ le³³ sๅ³³dv³³。
　　慢慢　　又　　思考

**译文：**

　　（1）花甲土（2）兔年，男子写的，（3）（4）八月二十日写的。（5）村头拉若初①的男子和鸿我（6）五十八岁写的。（7）能说的有千家，（8）上天又派来。（9）有不如意的事呀，（10）让它过去吧。（11）（12）好男去世了，（13）名声不流逝。（14）愿祭司寿长富足。（15）后世拿板铃的这代，（16）请跟我来学习。（17）虽然说话容易做事难，（18）虽然要做容易做好难，（19）慢慢思考吧。


　　3.D14《含依达巴神树的来历·束缚胜利神和生命神(上册)》

　　本书的跋语位于正文的倒数第二页的后三行和最后一页，主要以东巴文书写，间杂少量哥巴文，共169字。图像如下：

---

① 拉若初，地名，直译为祭幼虎，可能曾在此处祭祀幼虎。

**全文标音及对译：**

（1）bə³³ʂʅ²¹ be³³kv³³ gə³³ （2）iə³³ kæ³³ uə²¹ la³³du²¹ ŋə²¹ tʂhua⁵⁵tshər³³sər³³ thu³³ khv⁵⁵
白沙　村头（助）　　　丈夫　我　大手　我　六十七　　　那　年

pər⁵⁵ mu³³ me⁵⁵。（3）（4）mu³³bv³³dzi³³du³³ʐŋ³³，la³³ lər³³ dy³³tɕər³³，the³³ɣu³³ sʅ³³
写　是（语）　　　天　下　人一代　广阔　地上　经书　先

mu³³ dzy²¹。（5）dzy²¹ ʂə⁵⁵ kho³³ ta³³ mi³³。（6）le³³ tʂhu³³ kv³³ mə³³ ly²¹。（7）ko³³thv³³ ȵi²¹
老　有　　有　说　声音只有听　　又　读　处　不　看　　心里 出现　两

sʅ²¹ zu²¹，（8）mə³³ du³³ ɕi³³ me⁵⁵ se³³。（9）mə³³ du³³ ɕi³³ du³³ se³³。（10）tʂhʅ³³ se³³ la²¹
三　句　　没有　规矩 别人 教　完　　没有 规矩 别人 告知 了　　这　完　也

gv³³ mæ³³。（11）di³³tsʅ³³ gə²¹ba²¹ nu³³。（12）me⁵⁵ iə⁵⁵ mu³³ （13）mə³³ ʂə⁵⁵。（14）ȵy³³
成　后　　弟子　哥巴（助）　　　教　给　了　　不　说　　我

nu³³ kv³³ mu⁵⁵ tsʅ³³。（15）ə³³ tɕi⁵⁵ phv³³ mə³³ lu³³。（16）mə³³ da²¹ tho³³ dzy²¹ ho⁵⁵。
心　上　够　算　　独　爷爷　不　来　　　不　满意 这　有（语）

（17）tho³³ dzy²¹ le³³ （18）hu³³ ho⁵⁵。（19）zo³³ ɣu³³ le³³ hu³³ lu³³，kho³³khu³³ le³³
要　有　又　　去（语）　　男　又　也　去　了　　名声　又

mə³³ hu³³。（20）zʅ³³ʂər¹¹ha⁵⁵i³³ kv³³ ho⁵⁵。（21）ʂʅ³³tɕə⁵⁵ zo³³ lo²¹ dy²¹，（22）ŋə³³lv³³
不　去　　　寿　长　饭 有　会　愿　　　世间　男　里　地　　　雪山

ŋv²¹ ba²¹ thu³³，dzy²¹ gə³³ ba²¹ ua³³。（23）i³³bi²¹hæ²¹ ba²¹ thu³³，dzi²¹ gə³³ ba²¹ ua³³。
银　花　那　山（助）花 是　　　江金 花　那　水 的　花 是

(24) bæ³³ lər²¹ æ³³ zi³³ ba²¹ me³³ ba²¹ tʂʅ³³ dzy²¹, ko³³ tɕhi³³ phiə⁵⁵ mə³³ (25) du³³。
蜂鸣崖 的 花 美 开 这 有 高原 荆棘 叶 不 兴

(26) la³³ lər³³ du²¹lo³³ dy²¹, (27) gu³³ me³³ zo³³ dzy²¹ du³³。(28) mə³³ kv³³ dzy²¹ du³³ mu³³。
广阔 大 里 地 病 的 男 有 习惯 不 会 有 规矩

(29) mə³³ kv³³ tsʅ³³ y³³ py³³ mə³³ ŋi³³。(30) mə³³ ly²¹ bər²¹ (31) y³³ lo³³ mə³³ ŋi³³。
不 会 竖立 祭祖 不要 不 看 客 祖先 招待 不要

(32) mæ³³nə³³ le³³tʂhə⁵⁵ piə⁵⁵ i³³kv³³。(33) ʂə⁵⁵ me³³ ŋi³³ sʅ²¹ zu⁵⁵ (34) a³³ze²¹le³³ sʅ³³dv³³
后面 又 非议 有 会 说 (助) 二 三 句 慢慢 又 思考

译文：

(1)白沙村头(2)能干的男子汉我六十七岁那年写的。(3)(4)普天之下的一代人类,辽阔大地上,有更老的经书。(5)诵经只听声音。(6)读经时不看经书,(7)心里就出现两三句经文。(8)没有规矩教别人,(9)没有规矩告诉别人。(10)这完了以后,(11)哥巴弟子们,(12)教给(13)就不说了。(14)我心里盘算,(15)真正的价值没遗漏。(16)有不如意的事,(17)(18)让它过去吧。(19)好男去世了,名声不流逝。(20)愿长寿富足。(21)人世间男儿的大地上,(22)雪山的银花,那是山的花,(23)金沙江的花,那是水的花。(24)(25)蜂鸣崖①上开着美丽的花,不能让荆棘来摧残。(26)广阔的大地上,(27)有生病的男子,(28)不会有规矩。(29)不会者就不要来祭祖。(30)不懂得迁徙的,(31)就不要供奉祖先。(32)(不然),后面又会有非议。(33)说了两三句,(34)请慢慢思考吧。


4.D20《求富裕圣灵经》

本书的跋语位于正文的最后一页,以东巴文和哥巴文书写,前4行是哥巴文,最后两行是东巴文,共78字。图像如下:

---

① 第24节,ʂua²¹a²¹高,此处不读音。

**全文标音及对译：**

（1）bu³³tho²¹ tʂʅ³³ me³³ gə³³ （2）tho³³le³³ khv⁵⁵ me³³ zo³³ nu³³ pər⁵⁵ mu³³ me⁵⁵。
布托 土 （助）（助）　　　兔 年 （助）男 （助）写 是 （语）

（3）sæ²¹me³³ pər⁵⁵ mu³³ me⁵⁵。（4）be³³ kv³³ la³³zo³³tʂhu³³ gə³³ iə³³kæ³³ ho²¹hu²¹ ŋə²¹
三月 写 是 （语）　　　村头 虎幼 祭 （助）丈夫 和鸿 我

（5）ua³³ tshər²¹ du²¹ khv⁵⁵ pər⁵⁵ mu³³ me⁵⁵。（6）zo³³ ɣu³³ le³³ hu³³ gv³³, kho³³khu³³ le³³ mə³³
五十 一 岁 写 是 （语）　　　男 好 又 去 成 名声 又 不

hu³³。（7）py³³by²¹ zʅ³³ʂər²¹ha⁵⁵i³³ kv³³ ho⁵⁵ me⁵⁵。（8）mæ³³nə³³ tsʅ³³ lər³³ y²¹ tʂhʅ³³ zʅ³³。
去　　　祭司 寿 长 饭 有 会 愿 （语）　　　后面 板铃 拿 这 代

（9）ŋə²¹ tɕər³³ le³³ so²¹ ka³³ mu³³ me⁵⁵。（10）a³³ ze²¹ le³³ sʅ³³dv³³ ka³³ mu³³ me⁵⁵。
我 上 又 学 请 （语）　　　慢慢 又 思考 请 （语）

**译文：**

(1)花甲土(2)兔年出生的男子写的。(3)三月写的。(4)村头拉若初的男子和鸿我(5)五十一岁写的。(6)好男走了，但名声留下了。(7)愿祭司长寿富足。(8)后代拿绿板铃这代，(9)请跟我来学习吧。(10)慢慢思考吧。

### 5.D24《向神献饭》

本书的跋语位于正文的最后一页的最后两行，主要以东巴文书写，间杂少量哥巴文，共70字。图像如下：

全文标音及对译：

（1）lu³³ me³³ tshe³³do²¹ gv³³ ɲi³³ pər⁵⁵ me⁵⁵. tho³³le³³ dzɿ³³ pər⁵⁵ me⁵⁵. y²¹ dzɿ³³
　　　四月　　初九　　日　写　（语）　兔　时　写　（语）　羊　时

se²¹ me⁵⁵. ua³³tshe³³ho⁵⁵ khv⁵⁵ thu³³ pər⁵⁵ me⁵⁵. be³³ kv³³ he²¹dzi²¹ zæ²¹me⁵⁵。
完（语）　五十八　　岁那　写（语）　村头　神庙　建造（语）

（2）pər⁵⁵ le³³ zo³³ kæ³³ tɕi⁵⁵ iə⁵⁵ se³³.　zo³³ nu³³ le³³ sɿ²¹ la³³ me⁵⁵.（3）ʂo³³ hu²¹
　　　写　又　儿子　面前　给　了　　儿子（助）又　知道（语）（语）　　说　易

be³³ ga³³ iə³³,　ɲi³³ hu²¹ tɕhy²¹ ga³³ mu³³ me⁵⁵.（4）so²¹ le³³ tʂhər⁵⁵tʂhər³³ bv³³ me³³,
做　难（语）　借　易　如意　难　是　（语）　学　又　代代　每　（助）

nv³³me³³ sɿ²¹ ko³³ gə³³.　a³³ ze²¹ le³³ sɿ³³dv³³ ka²¹ mu³³ me⁵⁵.
心　懂　中间　慢慢　又　思考　请　（语）

译文：

（1）四月初九写的，从兔时开始写，羊时完成。五十八岁那年村头建了庙宇。（2）写了送给儿子，儿子也是懂的。（3）说话容易做事难，要做容易做好难。（4）代代都要学习，心儿分三瓣，又请慢慢思考吧。

### 6.D28《求大圣灵的弟子洛雌经》

本书的跋语位于正文的最后一页，主要以东巴文书写，间杂少量哥巴文，共112字。图像如下：

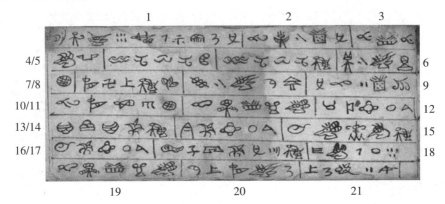

**全文标音及对译：**

（1）ŋə²¹ y²¹ tʂhua⁵⁵tʂhər²¹du³³ khv⁵⁵ pər⁵⁵ se²¹ me⁵⁵。（2）a³³ze³³ le³³ sๅ²¹ me⁵⁵。
　　我　生　六十一　　　年　写　完（语）　　　慢慢　又　懂（语）

（3）kha²¹ dy²¹ kha²¹khu³³ thv⁵⁵。（4）tɕi³³ sæ³³ i²¹ sæ³³ dʐy³³。（5）tɕi³³ sæ³³ i²¹ sæ³³ thu³³。
　　皇帝 地方 皇帝　住　到　　　金山　银山　有　　　金山　银山　那

（6）tse²¹ le³³ se³³ du³³mu²¹。（7）the³³ɣu³³ ʂə⁵⁵ thu³³ nv⁵⁵，（8）tʂhu³³ le³³ se³³ mə³³ tha⁵⁵。
　　用 又 完 规矩　　　经书 说 那 话　　　念 又 完 不 可以

（9）me⁵⁵ iə⁵⁵ ɲi³³ sๅ³³ zu²¹，（10）ə⁵⁵the²¹ phi⁵⁵ ka³³ mu³³。（11）sๅ⁵⁵tɕə³³ tɕər²¹ lo²¹ dy²¹，
　　教　给 二 三 句　　　远 不 丢 请　　　世间　上　地方

（12）kho³³khu³³ du³³ kv³³ mu²¹。（13）ŋv³³lv³³ ŋv²¹ ba²¹ thu³³，（14）dʐy²¹ ba²¹ du³³ kv³³
　　谚语　一　个　是　　　雪山　银花 那　　　山花 一 个

mu²¹。（15）hu⁵⁵ lo²¹ li³³ mi³³ hua³³ thu³³。（16）hu³³ ba²¹ du³³ kv³³ mu²¹。
的　　　海 里 谷鸟 群 那　　　海雁 一 个 是

（17）di³³tsʅ³³ gə²¹ba²¹ me⁵⁵me³³ thu³³，（18）tʂhu³³ gv³³ du³³ kv³³ ua²¹。（19）ʂʅ⁵⁵tɕə³³
弟子  哥巴  教育   他        念   成  一  句  是     世界

dy²¹ tɕər²¹ lo²¹，（20）mə³³ ʂə⁵⁵ the³³ɣu³³ se³³se²¹，（21）ʂə⁵⁵ se³³ nua³³ n̥i⁵⁵ mu²¹。
地  里面         不  说   经书  完  了        说  了  心  空  是

**译文：**

（1）我六十一岁写完的，（2）慢慢就懂了。（3）皇帝住京城，（4）有金山银山。（5）那金山银山，（6）也有用完时。（7）经书说起来，（8）不可能念完。（9）教的三两句，（10）是远处请来的。（11）世间男儿大地上，（12）流传一句谚语。（13）那雪山的银花，（14）是一朵山花。（15）那海里美丽的红花，（16）是一朵海花。（17）教育弟子哥巴，（18）作一个念好经的人。（19）世间男儿大地上，（20）不说经书就完了，（21）说了心里却空了。

### 7.D35《九石河神·分寿岁·献河牲经》

本书的跋语位于正文的最后一页的最后一行，主要以东巴文书写，间杂少量哥巴文，共62字。图像如下：

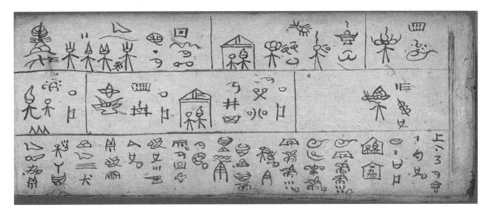

**全文标音及对译：**

（1）bə³³ʂ¬²¹ be³³ kv³³ ŋə³³ y²¹ ŋv³³lv³³khu³³　hər³³khu³³ kv³³ nu³³ pər⁵⁵ mu⁵⁵ me⁵⁵。
　　白沙　村头　我　生　雪山　脚　　祭风　处（助）写　够　（语）

nu³³ me³³ ʂ¬²¹ ko³³ko²¹。　　mə³³ ʂ¬²¹ dv³³ mə³³ dzy²¹。　ŋv³³lv³³ tɕi²¹ ŋv³³lv³³ ŋv³³ ba²¹
心（助）想　牢牢　　不　思考　不　有　　雪山　云　雪山　银　花

thu³³。　dzy²¹ gə³³ ba²¹ ba³³ ua³³。　hu⁵⁵ lo²¹ li³³ li³³ ba²¹。　hu⁵⁵ gə³³ ba²¹ ba³³ ua³³。
那　　山（助）开花　是　　海　谷　到处　花　　海（助）开花　是

i³³da²¹ na²¹mu³³ be³³ thv²¹ du²¹ kho³³khu³³ du²¹ gv³³ me⁵⁵。　ʂə⁵⁵ le³³ se²¹ mə³³ tha⁵⁵。
主人　大村　下　一　名声　一　成（语）说　又　完　不　可

**译文：**

（1）白沙村头的我在雪山脚(雪嵩村)祭风处写的。心儿分三瓣，没有不思考的。玉龙雪山的银花是山的花，海里美丽的花是海的花。到主人的大村庄，一个传说胜过一个，说也说不完。

## 8.D43《董神分福泽·分寿岁》

本书正文用东巴文书写，跋语位于正文倒数第二页的后两行和最后一页，以哥巴文书写，共185字。该经书倒数第二页图像如下：

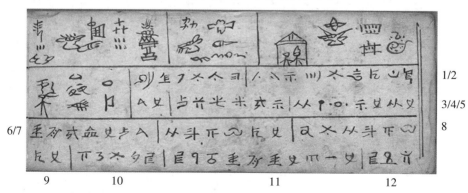

该经书最后一页图像如下：

全文标音及对译：

（1）be³³ kv³³ la³³zo³³tṣhu³³（2）tho³³le³³ khv⁵⁵ me³³ la³³ ho²¹hu²¹ nuu³³ pər⁵⁵
村头 拉若初 兔 年 （助）（助） 和鸿 （助） 写

（3）mu³³ me⁵⁵。（4）iə³³kæ³³ tṣhua⁵⁵tshər³³du²¹ khv⁵⁵。（5）zŋ³³ tṣu⁵⁵ py²¹ khv⁵⁵ me³³ zŋ³³ me³³
是 （语） 丈夫 六十一 岁 延寿仪式 年 求 寿 求

（6）lv³³bv³³ du²¹ dz³³ me³³ iə³³ mu³³。（7）zŋ³³ ṣər²¹ ha⁵⁵ i³³ ho³³ me⁵⁵。（8）ŋə²¹ la³³
孙子 得 生 求 给 是 寿 长 饭 有 愿 （语） 我 也

zŋ³³ ṣər²¹ ha⁵⁵i³³（9）ho⁵⁵ me⁵⁵。（10）tṣhŋ³³ se³³ la³³ gv³³ mæ³³。（11）mæ³³nə²¹ tṣhŋ³³
寿 长 饭 有 愿 （语） 这 怎么 也 成 得 以后 这

lv³³bv³³ lv³³me³³ ka³³ du³³ me⁵⁵。（12）mæ³³ do²¹ nuu³³,
孙子 孙女 好 兴 （语） 后 见 幸福

（13）nuu³³ mæ³³ du³³。（14）dzi²¹ nuu³³ tsæ³³ ho³³ mu³³ me⁵⁵。（15）pər⁵⁵ le³³ lv³³ bv³³ kæ³³
幸福 后 兴 房子 （助） 放 愿 是 （语） 写 又 孙子 前

tho³³ se³³。（16）zo³³ kæ³³ tɕi³³ se³³ me⁵⁵（17）ə³³ ze²¹ le³³ tshŋ²¹ dæ³³。（18）tsŋ³³lər³³mæ³³tṣhŋ³³
要 完 儿子 前 放 完 （语） 慢些 又 来 可以 板铃 得到 这

zๅ³³ （19）ŋə²¹ tɕər²¹so²¹lɯ³³ iə²¹。（20）pər⁵⁵ dzๅ²¹ la³³ tɕhy²¹ mu³³。 le³³ （21）dæ³³ lɯ³³ du³³
代　　　我　经文　学　　来　了　　　写　　有　也　满意　是　又　　　能干　来　兴

mu³³。（22）tʂhu³³dzๅ²¹ mu³³ tɕhy²¹ua³³。（23）le³³ pa³³ lɯ³³ du³³ mu³³。（24）py³³tɕhy²¹py³³ le³³
是　　（22）读　　有　不　满意　是　　又　帮忙　来　兴　是　　　　念　顺　念　又

y²¹。（25）le³³ dæ³³ lɯ³³ du³³ mu³³。（26）khv⁵⁵ kv³³ tshe²¹ ni³³ khv⁵⁵。（27）du²¹ se²¹
拿　　（25）又　能干　来　兴　是　　　年　里　十　二　年　　　阳　阴　十　二　月

tshe³³ni³³he³³。
（28）du³³ he³³ sๅ³³ tshər²¹ha³³（29）mə³³ ɕə³³ me³³ se³³ me³³。（30）mə³³ ɕə³³ du³³ se³³ me³³。
　　　一　月　三　十　日　　　　不　休　的　而且　　　　　　不　休　兴　而且

（31）dv³³ tsๅ³³ gə³³ gu³³ nɯ³³。（32）me³³ iə³³ nɯ³³ mə³³ ʂə⁵⁵ （33）me⁵⁵。 （34）tɕi³³ me³³
　　　肚子　的　饱　（助）　　　教　给　你　不　说　　（语）　　　　　小（助）

ko³³ lo³³ me⁵⁵。（35）u³³ me³³ ni³³ æ³³ lv³³ gv³³ nə³³ ʂə⁵⁵ mə³³ du³³。
想念　（语）　　　我们　二　十　四　成　年　说　不　兴

**译文：**

（1）村头拉若初（2）兔年出生的和鸿写的。（3）丈夫我的六十一岁。（4）延寿仪式上，求寿求岁，求生孙子。（5）愿长寿富足，（6）愿我也长寿富足。（7）这是可以得到的。（8）后代的孙子孙女会很好。（9）后代兴旺。（13）后代幸福。（14）愿放在房子里。（15）（经书）在孙子面前写完了。（16）放在儿子面前。（17）可以慢一些。（18）得到板铃这一代，（19）我来学经文。（20）写得让人满意（21）又能干。（22）读得不满意，（23）又来帮助。（24）念顺的来念，（25）能干的祭司又来。（26）十二年一循环，（27）一年十二个月，（28）一月三十天，（29）无休无止，（30）无休无止。（31）肚子满了，（32）（33）教给你的不要说。（34）从小想念。（35）我们二十四年不能说了。

### 9.D63《请水的福泽和长命之水》

本书的跋语位于正文的倒数第二页的最后一行和最后一页,主要以东巴文书写,间杂少量哥巴文,共111字。图像如下:

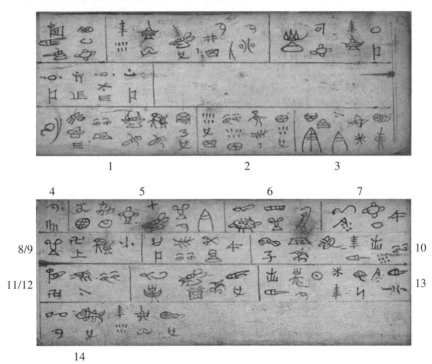

全文标音及对译:

（1）kua³³sy⁵⁵ sa²⁴ŋə²¹ gə³³ yu³³ khv⁵⁵ thu³³ khv⁵⁵ pər⁵⁵ se³³ me⁵⁵。（2）ʂər³³ me³³
　　光绪　　三年　（助）牛　年　那　年　写　完　（语）　　　　七月

tshe³³do²¹ ʂər³³ ɲi³³ ŋy³³mæ³³ du³³ ɲi³³ ua³³ me⁵⁵。（3）（4）ŋv³³lv³³ tho³³ dzy²¹ua³³,
初　七　日　鱼尾　　一　日　是（语）　　　雪山　松　山腰

tv²¹ tʂhə⁵⁵ dzər²¹ mə³³ dzɹ²¹。（5）na²¹mu³³ be³³ thv⁵⁵ du³³, ɕi³³ khv⁵⁵ zo³³ mə³³ dzy²¹。
千　尺　树　不　生　　大村　　里面　百岁　男　没　有

（6）sɹ³³tɕɕ⁵⁵ zo³³ lo²¹ dy²¹,（7）bu²¹ be³³ du³³ kv³³ mu³³,（8）zo³³ yu³³ ʂ⁵⁵ thu³³ nv³³。
世间　男里地　　轮回　一　个　是　　男　好　说　那　话

（9）kho³³ khu³³ mæ⁵⁵nə²¹ tɕi³³ dzɿ³³ mu³³. （10）di³³tsɿ³³ gə²¹ba²¹ nu³³ zɿ³³ tʂu⁵⁵ py²¹
名声　　后面　置　有　是　　弟子　哥巴（助）寿　延　祭

nə²¹ gv³³.（11）the³³ɣu³³ lu³³ le³³ do²¹,（12）a³³ze²¹ le³³ sɿ³³dv³³ tʂu⁵⁵ me⁵⁵。
上　成　　　经书　来　又　见　　慢慢　又　思考　续（语）

（13）py²¹ tʂu⁵⁵ bu²¹ mə³³ ȵi³³, tv²¹ zɿ³³ pa²¹ tʂhə³³ be³³。 tʂu⁵⁵ phu⁵⁵（14）o³³ mə³³ȵi³³
祭　续　绝　不　要　　千世　百　代　做　　续　断　　是　不　要

me⁵⁵。 zɿ³³ ʂər²¹ ha⁵⁵ i³³ ho³³ me⁵⁵。
（语）　寿　长　饭　有　愿（语）

**译文：**

（1）光绪三年牛年那年写完的，（2）七月初七织女身星当值那一天写的。（3）（4）雪山松林带，不生千肘的松树。（5）大村庄里，没有百岁的男子。（6）世间男儿的土地上，（7）来一个轮回。（8）好男子说的那些，（9）后面有传说。（10）哥巴弟子的延寿仪式成功。（11）又看到经书，（12）慢慢地思考延续。（13）延续祭祀，不要断绝。千世百代地做，（14）要延续，不要断代。愿长寿富足。

### 10.D67《纳采卜兆经·祭白羊卜兆经》

本书的跋语位于正文的最后一页，以东巴文和哥巴文书写，前5行是哥巴文，最后一行是东巴文，共93字。图像如下：

**全文标音及对译：**

（1）bu³³tho²¹ tʂɿ³³ me³³ gə³³ tho³³le³³ khv⁵⁵ me³³ zo³³ nu³³ pər⁵⁵ mu³³ me⁵⁵。
花甲　土　（助）（助）　兔　年　（助）男（助）写　是　（语）

iə²¹pe²¹ tʂhər³³du²¹ （2）n̠i³³pər⁵⁵ mu³³ me⁵⁵。be³³ kv³³ la³³zo³³tʂhu³³ gə³³。iə³³kæ³³
正月　十一　　　日　写　是　（语）　村头　虎幼祭（助）　男子

uə³³ ŋə²¹ tʂhua⁵⁵tʂhər³³du³³ khv⁵⁵ （3）pər⁵⁵ mu³³ me⁵⁵。ʂə⁵⁵ me³³ tv³³ ko³³ i³³。mu³³ bv³³
我　我　六十一　岁　　　写　是　（语）　说（助）千　句　有　天　下

le³³tʂhɿ²¹ dæ²¹。mə³³ da²¹ tho³³ dzy²¹ （4）ho⁵⁵。tho³³ dzy²¹ le³³ hu³³ ho⁵⁵ me⁵⁵。zo³³
又　来　能人　不　满意　这　有　　（语）　这　有　又　去　（语）（语）　男

ɣu³³ le³³ hu³³ gv³³。kho³³ khu³³ le³³ mə³³ hu³³。（5）py³³by²¹ zɿ³³ ʂər²¹ ha⁵⁵ i³³　gv³³
好　又　去　成　名声　又　不　去　　　祭司　寿　长　饭　有　成

ho⁵⁵ me⁵⁵。（6）the³³ɣu³³ tʂɿ³³ dze²¹ ɣu³³kho²¹ ə²¹phv³³ dzɿ³³。to³³ tɕhi³³ pu⁵⁵ se³³ mu³³
愿　（语）　　　经书　这　册　长水　爷爷　知　东奇　带　了　是

me⁵⁵。
（语）

**译文：**

（1）花甲土兔年出生的男子写的。正月十一（2）日写的。村头拉若初的男子我六十一岁（3）写的。会说千万句，天又来了一个能干的人。会有不满意的呀，有的这些都会过去呀（4）好男去世了，但名声不会流逝。（5）愿祭司长寿富足。（6）这册经书是长水阿普知的。东奇送给我的。

## 二、和鸿抄本跋语研究

哈佛藏和鸿抄本中，共计包含10则跋语。从篇幅上来看，最长的169字，最短的62字。从使用的文字类型来看，D3、D14、D24、D28、D35、D63主要以东巴文书写为主,间杂一些哥巴文。D43用哥巴文书写。D9、D20、D67前半部分用哥巴文书写,后半部分用东巴文书写。和鸿抄本跋语包括了丰富的信息,接下来,我们将从和鸿抄本跋语的署名、行款布局、跋语中的纪年信息以及用字特征等几个维度展开探讨。

## (一)署名

哈佛藏D3跋语出现 〰〰〰〰 四个东巴字, 〰 $bə^{33}$脚底,象脚底之形, 〰 $ʂɿ^{33}$肉,象肉之形,两字连读借音作地名$bə^{33}ʂɿ^{21}$,音译作白沙。

《谱》【90f-15】〰 $bə^{33}ʂɿ^{21}$在丽江白沙。字从地 〰($bə^{33}$脚板) 〰($ʂɿ^{33}$肉)声。意为巴人死亡之地。因此, 〰〰 表示地名"白沙"。 〰 $be^{33}$雪,象雪花之形,借音作村。 〰 $kv^{33}$蒜,象蒜之形,借音作头,两字合起来表示"村头",此处作村寨名,音译作"本古"。据李国文记载,民国时期著名东巴和诚是白沙"本古"村人。"本古"即现在的丽江市玉龙纳西族自治县白沙街道新善社区。

D3跋语中还出现 〰〰 两个东巴字, 〰 $ho^{21}$肋骨,象肋骨之形; 〰 $hu^{21}$胃,象胃之形,两字连读借音作人名$ho^{21}hu^{21}$,与白沙著名的东巴和诚的祖父"和鸿"的汉名读音颇为接近。地点相同,人名读音相近,和继全据此判断,这两册经书是清末白沙本古村东巴和鸿抄写的。

这两册经书风格独特,易于辨认。通过对哈佛藏东巴古籍的全面考察,我们发现在哈佛藏东巴古籍中还有不少与哈佛藏D3和哈佛藏D35风格一致。如下:

哈佛藏D3封面

哈佛藏 D4 封面

哈佛藏 D3 首页

哈佛藏 D4 首页

哈佛藏 D3 有跋语证明是和鸿抄本,哈佛藏 D4 没有跋语但书写风格类似,疑似和鸿抄本。

我们发现,这两册经书的书写风格独具一格,字形一般较小,字迹清晰,字体内敛隽秀,字与字之间少有勾连。文字布局合理,字形严谨且少有错漏。

依据这一特征,我们对哈佛藏东巴古籍进行了全面的梳理后发现,与 D3 书写风格一致的经书共有 50 册。我们判断,这 50 册经书都是和鸿抄写的。

在 50 册和鸿抄本中有 10 册带有跋语,除在 D3 跋语中出现人名之外,还在

D9、D20 和 D43 跋语中也出现和鸿的人名，只不过这三则跋语中的人名"和鸿"使用哥巴文书写。具体如下：

D9 跋语，哥巴文〔符号〕，读作 ho$^{21}$。〔符号〕，读作 hu$^{21}$，两字连读作人名 ho$^{21}$hu$^{21}$ 和鸿。D20 与 D9 中人名"和鸿"用字相同。D43 跋语，哥巴文〔符号〕，读作 ho$^{21}$，〔符号〕，读作 hu$^{21}$，两字合起来读作人名 ho$^{21}$hu$^{21}$ 和鸿。

三则跋语东巴的名字有两种写法，分别是〔符号〕和〔符号〕。哥巴文作为一种音节文字，本身没有区别声调的符号，而且每个字的读音也不太稳定，因此，一般用哥巴文书写的经书只有书写者自己或者特别熟悉哥巴文者才能完全识别。我们根据现有的哥巴文字典只能标出大概的读音，而〔符号〕和〔符号〕的读音与"和鸿"相近。此外，D9 还出现地名〔符号〕。〔符号〕，读作 be$^{33}$，意为村。〔符号〕，读作 kv$^{33}$，意为头。两字合起来表示"村头"，村寨名，音译作"本古"。

综合以上各种因素，我们认为，〔符号〕和〔符号〕是"和鸿"的哥巴文写法。

## （二）行款

从行款上来看，和鸿抄本跋语与东知抄本差别不大，仍然遵循从左向右书写，如果处在同一条竖线上，则从上向下书写。与东巴经正文的行款大相径庭。文字已经初步实现了线性排列。值得注意的是，在哥巴文书写的跋语中，其排列已经与汉字无异。从标点上来看，仍然大多采用竖线作为分隔句子的标识。当然也有个别跋语使用圆圈来分隔句子。

哈佛藏 D43

### (三)跋语纪年

和鸿抄本跋语的纪年方式主要有年龄纪年和年号纪年两种,主要以年龄纪年为主。具体如下:

| 编号 | 年龄纪年 | 年号纪年 |
|------|----------|----------|
| D20 | 51 | |
| D67 | 51 | |
| D9 | 58 | |
| D24 | 58 | |
| D63 | | 光绪三年 |
| D28 | 61 | |
| D43 | 61 | |
| D14 | 67 | |

原先仅知和鸿大致生活在清末,但具体生年不详。然而,我们在哈佛藏D9的跋语中发现了关键线索。跋语中写道:"花甲土兔年出生的男子写的。八月二十日写的。村头拉若初的男子和鸿我五十八岁写的。"根据中国传统纪年法,"花甲土兔年"可能对应公元1879年或1819年。鉴于1879年乃和鸿之孙和诚之生年,故可断定和鸿应出生于1819年。

为了进一步证实这一推断,我们还找到了另一则哈佛藏D63的跋语作为佐证。D63跋语中记载:"光绪三年,牛年那年写完的。七月初七织女身星当值那一天写的。" kv$^{33}$,象蒜之形,借音作kua$^{33}$, s1$^{33}$,象羊毛之形,借音作sy$^{55}$,两字连读借音作皇帝年号光绪。 sa$^{33}$,象汽之形,借音作三,汉语借词。 ŋiə$^{21}$,象眼睛之形,借音作年,汉语借词。光绪三年为公元1877年,丁丑年。由此我们可以确定,这册经书的抄写年代为1877年。这一发现进一步证明了和鸿不可能出生于1879年,而是应该出生于1819年。因此,结合两则跋语的信息,我们可以确信和鸿的出生年份为1819年。

我们确定和鸿的出生于1819年,根据跋语中的年龄纪年,可以推出和鸿抄本写于1869至1885年之间。推算过程如下表:

| 编号 | 和鸿年龄 | 抄写时间 |
|---|---|---|
| D20 | 51 | 1819+51−1=1869 |
| D67 | 51 | 1819+51−1=1869 |
| D9 | 58 | 1819+58−1=1876 |
| D24 | 58 | 1819+58−1=1876 |
| D63 | 1877−1819+1=59 | 1877 |
| D28 | 61 | 1819+61−1=1879 |
| D43 | 61 | 1819+61−1=1879 |
| D14 | 67 | 1819+67−1=1885 |

## (四)跋语文字分析

### 1.用字分析

和鸿跋语所用文字类型分析如下：

| 编号 | 东巴文 | 哥巴文 | 总字数 |
|---|---|---|---|
| D3 | 93 | 15 | 108 |
| D9 | 23 | 85 | 108 |
| D14 | 175 | 14 | 189 |
| D20 | 59 | 19 | 78 |
| D24 | 68 | 3 | 71 |
| D28 | 55 | 16 | 71 |
| D35 | 55 | 7 | 62 |
| D43 | 0 | 185 | 185 |
| D63 | 103 | 8 | 111 |
| D67 | 15 | 78 | 93 |

　　相较于东知跋语,和鸿跋语中哥巴文的使用大大增加,甚至出现了全篇都用哥巴文书写的跋语。这至少说明,清末哥巴文在白沙地区的使用已经是非常普遍了。但是此时还没有出现整本经书都用哥巴文书写的情况。

　　从造字法上看,和鸿跋语使用最多的是象形字,但是用作本义的象形字数量并不多,比如:

D14 ⿰ ba²¹花。

D14 ⿰ hæ²¹金,象金纽扣之形。

D14 ⿰ dʑi²¹水。

D14 ⿰ z̪ua³³马。

借形字:

D14 ⿰ khv⁵⁵年、岁,由 fv⁵⁵鼠借形而成。

D14 ⿰ z̪u²¹夏天,由 huɯ²¹雨借形而成,借音作句,量词。

会意字:

D14 ⿰ bi²¹搓。

D14 ⿰ thuɯ²¹喝

D14 ⿰ zi³³美,从马戴花。

形声字数量非常多,并且已经出现了以哥巴文为声符的形声字,比如:

D24 ⿰ tho³³le³³兔子,从 ⿰ 兔子,哥巴文 ⿰ le³³声。

D24 ⿰ sɿ⁵⁵茅草,从 ⿰ 草,⿰ sɿ²¹骰子声。

D24 ⿰ tshər⁵⁵切,从刀切,⿰ tshe³³盐声,借音作 tshər²¹十。

D24 ⿰ ŋə²¹我,从人自指,⿰ ŋə³³五(藏音)声。

D24 ⿰ na²¹mu³³be³³大村庄,从 ⿰ 屋,⿰na²¹黑、⿰ be³³雪声。

D24 ⿰ tshe³³盐,从 ⿰ 块状物,⿰tshe²¹十声,借音作 tshe²¹十。

D14 ⿰ æ²¹崖,从 ⿰ 崖,⿰ æ²¹鸡声。

2. 字 词 关 系

从字词关系上看,和鸿基本做到了一字一音,严格对应。我们以哈佛藏 D24 跋语为例进行分析。我们先对这则跋语进行字释,如下:

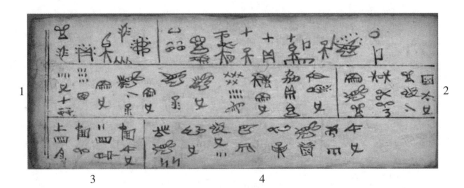

字释：

（1）

**||||** lu³³四。

**ㄓ** me³³雌，象雌阴，借音作月份名附加成分。两字连读作luə⁵⁵me³³四月。

**十** tshe²¹十。

**⟨图⟩** do²¹见。两字连读借音作tshe³³do²¹农历初几之初。

**⟨图⟩** gv³³九。

**⟨图⟩** ŋi³³太阳，引申作日子。

**⟨图⟩** pər⁵⁵梳子，借音作写。

**ㄓ** me³³雌，象雌阴，借音作me⁵⁵语气词。

**⟨图⟩** tho³³le³³兔子，从 ⟨图⟩ 兔子，哥巴文 ⟨图⟩ le³³声。

**⟨图⟩** dzʅ²¹时间。

**⟨图⟩** pər⁵⁵梳子，借音作写。

**⟨图⟩** y²¹羊。

**⟨图⟩** dzʅ²¹时间。

**⟨图⟩** se²¹岩羊，借音作se³³完。

**ㄓ** me³³雌，象雌阴，借音作me⁵⁵语气词。

$ua^{33}tsh\vartheta r^{21}$ 五十。

$ho^{55}$ 八。

$khv^{33}$ 收获，从镰割物，借音作 $khv^{55}$ 年。

$th\mu^{21}$ 喝，借音作 $th\mu^{33}$ 那。

$p\vartheta r^{55}$ 梳子，借音作写。

$me^{33}$ 雌，象雌阴，借音作 $me^{55}$ 语气词。

$be^{33}$ 雪，借音作村。

$kv^{33}$ 蒜。两字连读借音作 $be^{33}$ $kv^{33}$ 村头，音译作本古，村寨名。

$he^{21}$ 神。

$dzi^{21}$ 水，借音作 $dzi^{33}$ 房。两字连读作 $he^{21}dzi^{33}$ 神庙。

$z\ae^{21}$ 笑，借音作建造（房屋）。

$me^{33}$ 雌，象雌阴，借音作 $me^{55}$ 语气词。

（2）

$p\vartheta r^{55}$ 梳子，借音作写。

$le^{33}$ 獐子，借音作又。

$zo^{21}$ 罐，借音作 $zo^{33}$ 男子、儿子。

$k\ae^{21}$ 秋千。

$t\wp i^{55}$ 羊毛剪。两字连读借音作 $k\ae^{33}t\wp i^{55}$ 面前。

$i\vartheta^{33}$ 烟叶，借音作 $i\vartheta^{55}$ 给。

$se^{21}$ 哥巴文，了，表示已完成。

$zo^{21}$ 罐，借音作 $zo^{33}$ 男子、儿子。

$n\mu^{33}$ 心，借音作主语助词。

入 le³³哥巴文,又。

囝 sๅ²¹骰子,借音作sๅ³³知道、懂得。

杰 la²¹哥巴文,也。

女 me³³雌,象雌阴,借音作me⁵⁵语气词。

(3)

上 şə⁵⁵哥巴文,说,字符借汉字"上"。

四 hɯ³³牙齿,借音作hɯ²¹容易。

身 be³³做。

旗 ga³³旗帜,以战旗示之,借音作难。

呀 iə³³烟叶,借音作呀。

‖ ȵi²¹二,借音作ȵi³³要,意为要做某事。

四 hɯ³³牙齿,借音作hɯ²¹容易。

刺 tɕhy³³刺穿,借音作tɕhy²¹如意、达到要求。

旗 ga³³旗帜,以战旗示之,借音作难。

天 mɯ³³天,借音作mɯ³³是。

又 me³³雌,象雌阴,借音作me⁵⁵语气词。

(4)

大秤 so²¹大秤,借音作学习。

獐 le³³獐子,借音作又。

骨 tʂər⁵⁵骨节,借音作代。

骨 tʂər⁵⁵骨节,借音作代。

锅 bv³³锅,借音作bv²¹下。

me³³雌，象雌阴，借音作 me⁵⁵语气词。

nɯ³³心。

me³³雌，象雌阴，借音作 nv⁵⁵me³³心的第二个音节。两字连读作 nv⁵⁵ me³³心。

sʅ²¹三。

ko³³鹤，借音作之间、间隙。《纳象》114 页："ko⁵⁵之间。"

tʂua³³床，借音作 tʂua⁵⁵间隔、房间。两字连读作 ko⁵⁵tʂua³³房间。五字连读作 nv⁵⁵me³³sʅ³³ko⁵⁵tʂua³³心分三部分，东巴意译作心儿分三瓣，表示细心、用心。

a³³呵，从口出声。

ze²¹飞鬼。两字连读借音作 a³³ze²¹慢慢。

le³³獐子，借音作又。

sʅ⁵⁵茅草，从 草，sʅ²¹骰子声。

dv³³毒，从花黑，以示其毒。两字连读借音作 sʅ³³dv³³思考。

ka³³哥巴文，好。

mɯ³³天。两字连读借音作 ka³³mv³³请。

me³³雌，象雌阴，借音作 me⁵⁵语气词。

这则跋语共 71 个字，其中 68 个东巴文，3 个哥巴文，一共记录了 73 个音节。

只有 和 分别用一个字记录了两个音节。其余做到了一字一音。值

得注意的是， 是一个形声字，本来 可以读两个音节，但是东巴为了做

到一字一音，又加了一个哥巴文 来标写这个词的第二个音节。可见和鸿

东巴在书写跋语时的"良苦用心"。

# 第三节　东发抄本译释及跋语研究

## 一、东发抄本跋语译释

### 1. M9《送天神》

本书的跋语位于正文的最后一页的最后一行,以东巴文与哥巴文混合书写,共35字。图像如下:

全文标音及对译:

（1）tshɣ$^{33}$ kho$^{33}$ dv$^{24}$ gə$^{33}$　lu$^{55}$bu$^{21}$ to$^{33}$ fa$^{24}$　nuɯ$^{33}$ pər$^{55}$。uə$^{33}$ ly$^{33}$ khuɯ$^{33}$ gə$^{33}$

　　初柯督　（助）　祭司　东发　（助）写　　坞鲁科　（助）

to$^{33}$ tshi$^{21}$ iə$^{55}$　tçhi$^{21}$ pər$^{55}$。gv$^{21}$mə$^{33}$ gv$^{21}$ ʂə$^{55}$ iə$^{55}$ mə$^{33}$ du$^{21}$。（2）py$^{33}$ by$^{21}$ zɿ$^{33}$ ʂər$^{21}$

东其　给　卖写　　有　不　有　说 给　不　兴　　　祭司　寿　长

ha$^{55}$ i$^{33}$　ho$^{55}$　la$^{21}$me$^{55}$。

饭　有　愿　也（语）

译文:

（1）初柯督东发写的。坞鲁科的东其卖给我的。不兴不会说的。(2)愿祭司长寿富足。

## 2. M27《祭村寨经》

本书的跋语位于正文的最后一页的最后一行,主要以哥巴文书写,最后四个字用东巴文书写,共20字。图像如下:

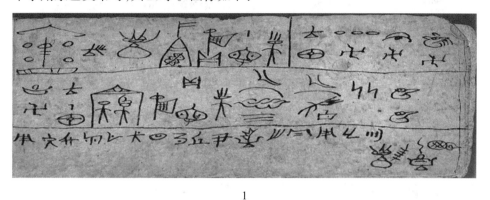

1

**全文标音及对译:**

（1）ɣɯ³³kho³³ a³³na²¹dʑy²¹ khu³³ thv⁵⁵ gə³³ lu³³bu²¹  to³³fa²¹ the³³ɣɯ³³ ua³³ me⁵⁵。
恩科　　　阿纳句　　脚　下（助）祭司　　　东发　　　经书　　是（语）

py³³by²¹ zɿ³³ʂər²¹ ha⁵⁵i³³ ho⁵⁵。
祭司　寿 长 饭 有 愿

**译文:**

（1）恩科阿纳句脚下的祭司东发的经书。愿祭司长寿富足。

# 二、东发抄本跋语研究

哈佛藏东巴古籍跋语中确实记录了两册署名"东发"的经书,但经仔细考证,这两册经书的书手并非同一人。其判断依据在于,两位"东发"所署的地名存在明显差异,一人为"初柯督东发",而另一人则为"恩科阿纳句东发"。地名的不同直接指向了不同的地理区域,进而表明这两位"东发"很可能来自不同的地区,因此他们不可能是同一人。这一发现对于研究东巴古籍的流传、书手身份以及东巴文化的地域性差异具有重要意义。

### (一)初柯督东发

哈佛藏M9的跋语署名"初柯督东发"。《全集》中有13册东巴古籍跋语署名为"初柯督东发"。[①]"初柯督"东巴文写作 𝍉𝍈𝍊。𝍉 $tsh\eta^{33}$ 温泉,象泉水之形;𝍈 $kho^{33}$ 角,象角之形;𝍊 $dv^{21}$ 毒,象毒草之形。三字连读借音作地名 $tshv^{33}kho^{33}dv^{24}$ 初柯督。初柯督即丽江市玉龙纳西族自治县黄山镇五台村(现黄山街道五台居委会)初柯督自然村,汉语名叫东园村。"东发"用东巴文写作 𝍋𝍌。𝍋 $to^{33}$ 板,象木板之形。𝍌 $fa^{21}$ 哥巴文。两字连读作 $to^{33}fa^{21}$ 。

"初柯督东发"这一名字在现存的东巴传记中虽未见明确提及,但初柯督作为民国时期纳西东巴文化的一个重要据点,其地位不容忽视。该村不仅孕育了和芳及其子和启文等著名的大东巴,且历来拥有深厚的东巴文化传统。喻遂生曾经就"初柯督东发"请教过丽江东巴文化研究所的研究员李静生,他认为东发的辈分在和芳之前。

值得注意的是,根据邓章应在《东发东巴所写纳西东巴经研究》[②]一文中的考证,我们得知东发出生于1844年,这一发现为我们进一步探究东发的生平事迹及其在东巴文化传承中的贡献提供了宝贵的时间线索。通过综合这些信息,我们可以更加全面地理解"初柯督东发"这一署名背后的历史与文化价值。

另外,哈佛藏M9封面内页有"天玉清"三个字。如下图:

哈佛藏M9

哈佛藏C65封面也有"天玉清"三个字。

---

① 分别在《全集》第6、23、26、37、42、45、47、71、79、80、83和92卷。
② 邓章应:《东发东巴所写纳西东巴经研究》,载《纳西东巴文分域与断代研究》,北京:人民出版社,2013年,第102—123页。

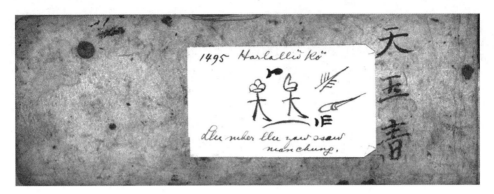

哈佛藏 C65

因此,我们可以断定 C65 也是初柯督东发抄写的经书。

## (二)恩科阿纳句东发

哈佛藏 M27 跋语中署名"恩科东发"。**⟨字⟩** ɣɯ³³哥巴文。**⟨字⟩** kho²¹哥巴
文。两字连读作地名 ɣɯ³³kho²¹栅栏,音译作恩科。

对于这个地名,洛克在《辞典》(下册)第535页中有解释,原文如下:

²Ghügh- ¹k'o. A village. The Chinese Ch'ang-shui 長水 situated

west of Li-chiang at the foot of the western spur which encircles the Li-chiang

plain. The name occurs in many of the ¹Na-²khi mss. See ms. 1146, p.10, rubr. l;

ANKSWC, P.176.[1]

**译文如下:**

²Ghügh-¹k'o[2],村庄名。汉语名为长水,在丽江西部山脉的脚下(丽江坝四
面皆山)。这个名字出现在编号1146经书的第10页的第1节。详细信息参见
《中国西南古纳西王国》[3]第176页。

---

[1] Joseph F. Rock, *A Na-khi-English Encyclopedic Dictionary*, Part II, Instituto Italiano per il Medio ed Estremo Oriente, Rome, 1972, p. 535.
[2] 这是洛克音标,转写成国际音标为 ɣɯ³³kho²¹。
[3] 指英文原版。

“阿纳句”是一座山，“阿纳”是山名，“句”是山。在 M27 跋语中文写作

。三字都是哥巴文，连读作 a$^{33}$na$^{21}$dʑy$^{21}$。

洛克《纳西语-英语百科辞典》（下册）中收录了相关词条，原文如下：

$^2$Ghügh-$^1$k'o-$^2$a-$^1$na $^1$ngyu $^1$gyi[①]. The waters of a mountain in $^2$Ghügh-$^1$k'o, q.v. The Chinese name of the mountain is Ma-an Shan 馬鞍山 of Ch'ang-shui 長水 = $^2$Ghügh-$^1$k'o. See ms.8270, p.18, rubr.1; NNCRC, pp.156 note 192,570,729; ANKSWC, p.41,map 3.[②]

**译文如下：**

$^2$ghügh-$^1$k'o-$^2$a-$^1$na $^1$ngyu $^1$gyi, $^2$ghügh-$^1$k'o$^2$a-$^1$na 山的水源。参见：马鞍山（Ma-an Shan, 汉语名）位于长水（Ch'ang-shui），即 $^2$ghügh-$^1$k'o。参考资料：编号 8270 经书第 18 页第 1 节。《纳西族的那伽崇拜及其有关仪式》第 156 页注释 192，第 570 页，第 729 页。《中国西南古纳西王国》第 41 页，地图 3。

关于“阿纳句”，《纳西族的那伽崇拜及其有关仪式》有一个注释（第 156 页，注释 192），原文如下：

This is a mountain to the west of Li-chiang, it adjoins Wen-pi Shan (q.v., note 181) on the north, and has the shape of a saddle, hence its Chinese name Ma-an-Shan 馬鞍山. The village of $^2$Ghügh-$^1$k'o, the Chinese Ch'ang-shui 長水 is situated at the foot of the mountain, facing east.[③]

**译文如下：**

这座山位于丽江城的西部，北边与文笔山相连，形状像一座马鞍，因此得名马鞍山。$^2$Ghügh-$^1$k'o 村（汉语名长水）就坐落在马鞍山脚下，坐北朝东。

---

① 这是洛克音标，转写成国际音标为 ɣɯ$^{33}$kho$^{21}$ə$^{33}$na$^{21}$ndʑy$^{21}$dʑi$^{21}$。

② Joseph F. Rock, *A Na-khi-English Encyclopedic Dictionary*, Part II, Instituto Italiano per il Medio ed Estremo Oriente, Rome, 1972, p. 535.

③ Joseph F. Rock, *The Na-khi Naga Cult and Related Ceremonies*, Vol. I and II, Rome: Instituto Italiano per il Medio ed Estremo Oriente, 1952, p. 156.

和志武《丽江下长水古许祭天群体之祭天》中对"恩科阿纳句"也有记载：

长水行政村统称 eekoq[①]，意为"牛棚"，即古时放牧牛群之处；村后有马鞍山，纳西语称 eekoq enal jjuq[②]"牛棚阿纳山"，东巴经请升日山神时要点此山名：𓃿𓂀𓆽，因此还有点小名气。下长水自然村称 eekoqmeewe[③]（牛棚下村）。[④]

根据以上材料可知，"²Ghügh-¹k'o"（恩科）就是现在云南省丽江市玉龙纳西族自治县黄山镇的长水行政村。"²Ghügh-¹k'o-²a-¹na"（阿纳句）就是马鞍山。

关于下长水村，《丽江纳西族自治县志》和洛克《中国西南古纳西王国》都有记载。据《丽江纳西族自治县志》记载："（黄山乡）位于县城西南，乡政府所在地白华村，离县城3公里。东与大研镇相连，南接七河、太安两乡，西靠文笔山、马鞍山、普济山与拉市接壤，北连白沙乡、幅员92.2平方公里。"[⑤]洛克的《中国西南古纳西王国》记载："木保里迤北是剌沙里。最重要的村庄有长水，纳西语称为恩可。"[⑥]

长水行政村分为上、中、下三个自然村，三个村子并排。民国时期，这里的东巴文化十分兴盛，著名的大东巴和泗泉是中长水村人，和学道是下长水村人。

在《中国原始资料丛编·纳西族卷·东巴传记》《人神之媒——东巴祭司面面观》中对和泗泉有记载。

和泗泉（1885—1943），纳西名议常发，法名东发，丽江县黄山镇长水行政村中村人。因家门口有一温泉而得名。和泗泉来自东巴世家，与下长水村的和学道关系密切，二人曾一同前往东巴教圣地白地乡阿明什罗灵洞烧天香和求威灵。因此，我们认为哈佛藏东巴古籍中恩科阿纳句东发即和泗泉。

值得一提的是，和泗泉曾与丽江东巴中的有识之士，尤其是在邻村的和学道的协助下，编辑了一本《东巴文哥巴文对照字汇》。该字汇的原稿为本地土棉纸毛笔书写，存放在和学道家中，由和泗泉用梨木刻制成木刻版，现藏于丽

---

① 这是纳西语拼音，转写成国际音标作 ɣɯ³³kho²¹。

② 这是纳西语拼音，转写成国际音标作 ɣɯ³³kho²¹ɔ³³na²¹dʑy²¹。

③ 这是纳西语拼音，转写成国际音标作 ɣɯ³³kho²¹mɯ³³uɔ³³。

④ 和志武：《丽江下长水古许祭天群体之祭天》，载《和志武纳西学论集》，北京：民族出版社，2008年，第91页。

⑤ 李汝明等：《丽江纳西族自治县志》，昆明：云南人民出版社，2001年，第52页。

⑥ 洛克著，刘宗岳译：《中国西南古纳西王国》，昆明：云南美术出版社，第112页。

江市博物馆。其序言和三版图版已收录在《谱》中，成为东巴文化发展史上的一件大事和重要历史文物。和泗泉在哥巴文方面也有很高的造诣，曾书写了许多经书，其中有多种黑底白字的特制哥巴文写本，极为珍贵。

# 第四节　其他东巴抄本跋语译释

在哈佛藏东巴经跋语中，很多抄本我们仅凭跋语并不能确认这些抄手的真实身份，所以，我们特将这部分跋语译释录在此处。

### 1. A5《胜利神点油灯》

本书的跋语位于正文的最后一页的最后一行，主要以东巴文书写，只有一个哥巴文，共17字。图像如下：

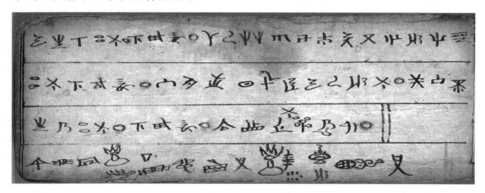

1

**全文标音及对译：**

（1）mu⁵⁵tsʅ³³ gə³³ lu³³bu²¹ to³³ tshe³³ nɯ³³ pər⁵⁵ me⁵⁵。lu³³bu²¹ zʅ³³ ʂər²¹ ha⁵⁵ i³³
　　美自　（助）祭司　东才　（助）写　（语）　祭司　寿长　饭有

ho⁵⁵ me⁵⁵。
愿　（助）

**译文：**

（1）美自的祭司东才写的。愿祭司长寿富足。

2. A10《水洗牦牛经》

本书的跋语位于正文的倒数第二页的最后一行和最后一页，以东巴文书写，共42字。图像如下：

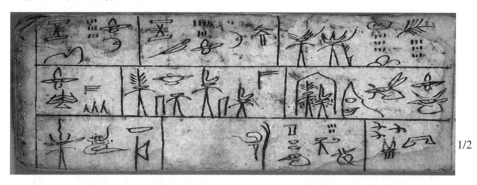

1/2

3　　　　　　　　4　　　　　　　　5

6

全文标音及对译：

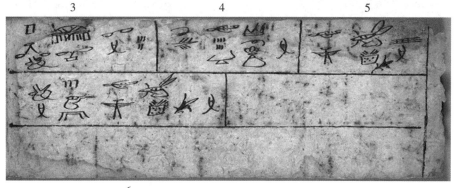

（1）to³³tsʅ⁵⁵ ŋə³³ nɯ³³　（2）be³³ kv³³ gə³³　（3）to³³zy²¹ nɯ³³ pər⁵⁵ iə⁵⁵ ua²¹ o³³me⁵⁵,
　　东柱俄　（助）　　村头　（助）　　东蕊　（助）写　给　是（语）（语）

（4）gv³³mæ³³ ə³³sər²¹ khua⁵⁵, mi⁵⁵ mə³³　du³³ me⁵⁵。（5）a³³ze²¹ le³³ sʅ³³dv³³ dər³³ me⁵⁵,
　　头尾　筷子　碗　忘记 不　兴（语）　　　慢慢　又　思考　应该（语）

（6）nv⁵⁵me³³ sʅ⁵⁵ ko⁵⁵ tʂua³³,　a³³ze²¹　le³³　sʅ³³dv³³ me⁵⁵。
　　心　三　瓣　慢慢　又　思考（语）

**译文：**

（1）（2）东柱俄村头的（3）东蕊写了送给我的。（4）若头尾碗筷一样和谐地诵读，就不会忘记的，（5）慢慢去想吧。（6）心儿分三瓣，慢慢去想吧。

### 3. B4《药的来历》

本书的跋语位于正文的最后一页，以东巴文书写，共57字。图像如下：

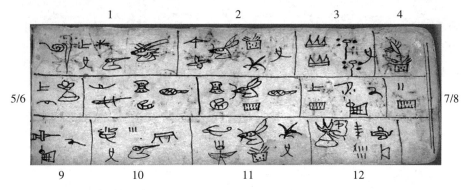

**全文标音及对译：**

（1）ʂə⁵⁵ me³³ tv³³ ko²¹ i³³，（2）mu³³ sy⁵⁵ le³³ sɿ³³dv³³me⁵⁵。（3）mi³³mi²¹ tshɿ³³tshɿ²¹
　　说（助）千　句（语）　　　　万　事　又　思考（语）　　　　听见　　分辨

me⁵⁵，（4）çi³³ sɿ²¹ ʂə⁵⁵ mə³³ du²¹。（5）mə³³ da²¹ tho²¹ dʑy²¹ ho⁵⁵，（6）tho²¹ dʑy²¹
（语）　　人　生　说　不　兴　　　不　如意　这　有（语）　　　这　有

le³³ hu³³ ho⁵⁵。（7）ʂə⁵⁵ hu²¹ be³³ ga³³ na⁵⁵，（8）ȵi³³hu²¹（9）tɕhy²¹ga³³ na⁵⁵，
又　去（语）　　说　易　做　难　虽　　　要　易　　　如意　难　虽

（10）nv³³me⁵⁵ sɿ³³ ko⁵⁵gu³³，（11）a³³ ze²¹ le³³ sɿ³³ dv³³ me⁵⁵。（12）lu³³bu²¹ zɿ³³ ʂər²¹ ha³³
　　　心　三　房间　　　慢慢　又　思考（语）　　　　祭司　寿　长　饭

i³³ ho⁵⁵。
有　愿

**译文：**

（1）说千句话，（2）想万件事。（3）听见又分辨，（4）不兴给外人说。（5）有不满意的呀，（6）有的都让它过去吧。（7）虽然说话容易，但是做事难，（8）虽然要做容易，（9）但是做好难，（10）心儿分三瓣，（11）又慢慢思考吧。（12）祝愿祭司长寿富足。

### 4. B6《开署门》

本书的跋语位于正文的倒数第二页的最后一行和最后一页，以哥巴文书写，共57字。图像如下：

**全文标音及对译：**

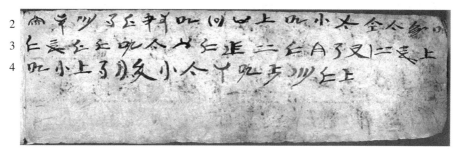

（1）dər²¹ɣɯ³³ gə³³lɯ³³bu³³to³³ŋə²¹nu³³ （2）pər⁵⁵mu³³me⁵⁵. lɯ³³bu³³to³³ŋə²¹thɯ³³ py²¹

地方 好 （助）祭司 东俄 （助）　　写 是（语）祭司 东俄 辛苦 念

kho²¹ ʂə⁵⁵ thu³³ nv⁵⁵ la²¹ hy²¹。zo³³ ʐu³³ khu³³ mə³³lo³³。ɕi²¹mə³³dzə³³zo³³la²¹（3）mə³³thv²¹。

声音 说 辛苦 嘴 又 红 男 饿 言语 不 能 稻 没 有 男 也 不 成

dy²¹ mə³³ dzy²¹se²¹me⁵⁵。 dy²¹ lo³³ ʂə⁵⁵ (4) thu³³ nv⁵⁵, ʂə⁵⁵ lu³³ le³³ ua³³ nv⁵⁵。 zo³³ y²¹
地 不 有 了（语） 世上 说 艰难 嘴 说 了 又 是（助） 男 生

dzə³³ iə⁵⁵ me³³ mə³³ʂə⁵⁵。
好 给 的 不 说

**译文：**

（1）是好地方祭司东俄（2）写的。祭司东俄他念的艰难，如果说辛苦又会被说嘴恶。饿肚子不能念经，没有粮食也（3）不成。述说人世间的艰难。（4）即使说了也就只能这样。但是如果给我美好的人生，我也会无往而不利。①

### 5. B7《东巴什罗开署门·让署给主人家赐予福泽、保福保佑》

本书的跋语位于正文的最后一页的最后两行，主要以东巴文书写，只使用了1个哥巴文，共39字。图像如下：

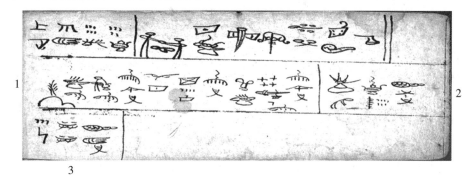

**全页标音：**

（1）bu³³tho²¹ ə⁵⁵y²¹ khv⁵⁵ thu³³ khv⁵⁵ pər⁵⁵ mu³³ me⁵⁵, iə²¹ pe²¹ tshe²¹ lu³³ ɲi³³
　　　布托 猴 年 那 年 写 是（语） 正月 十 四 日

pər⁵⁵ me⁵⁵, zo³³ y²¹ lu³³tshər²¹du³³khv⁵⁵ pər⁵⁵ mu³³ me⁵⁵。（2）py²¹ zl³³ ʂər²¹ ha⁵⁵i³³
写 （语） 男生 四十一 岁 写 是（语） 祭司 寿 长 饭 有

---

① 这则跋语的翻译得到喻遄生师的帮助，在此谨致谢忱。

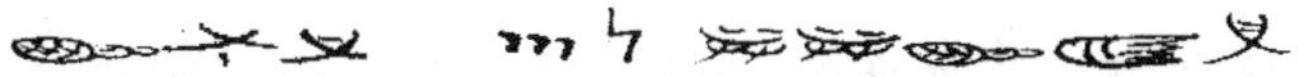

ho$^{55}$ la$^{21}$ me$^{55}$, （3）sɿ$^{33}$ tʂhər$^{33}$ ly$^{21}$ ly$^{33}$ ho$^{55}$ la$^{21}$ me$^{55}$。

愿 （语） （语） 三 代 圆满 愿 （语） （语）

**译文：**

(1)花甲猴年那年写的，正月十四日写的，男子四十一岁时写的。(2)祝愿东巴长寿富足吧，(3)愿三代人圆满吧。

6. B8《开署门》

本书的跋语位于封二，以东巴文书写，共19字。图像如下：

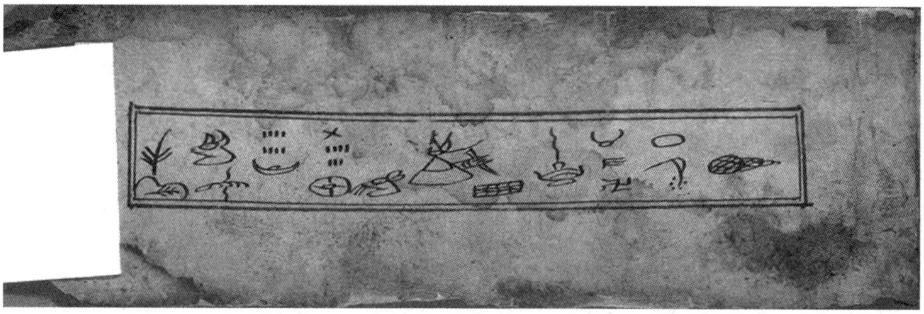

1

**全文标音及对译：**

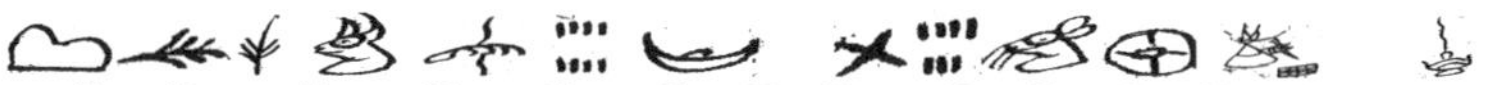

（1）bu$^{21}$tho$^{33}$ sər$^{33}$ khɯ$^{33}$ khv$^{55}$ hua$^{55}$me$^{33}$he$^{33}$ tshe$^{33}$ʂər$^{33}$ fv$^{55}$ ȵi$^{33}$ pər$^{55}$。 ha$^{55}$ i$^{33}$

布托 木 狗 年 八月 十七 鼠 日 写 饭 有

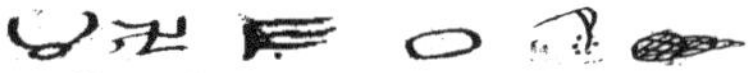

kho$^{33}$ ɣɯ$^{33}$ sa$^{55}$ ɣɯ$^{33}$ gv$^{33}$ be$^{33}$ ho$^{55}$。

声 好 气 好 成 做 愿

**译文：**

(1)花甲木狗年八月十七日，属鼠的那一天写的，祝愿富足，好声好气。

7. C5《扔掉萨单吕朵面偶》

本书的跋语位于正文的最后一页，主要以东巴文书写，夹杂少量哥巴文，共50字。图像如下：

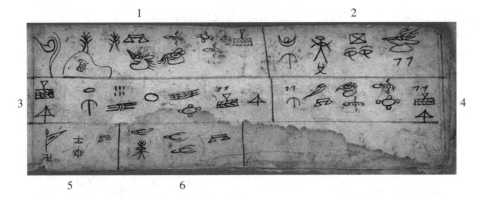

**全文标音及对译：**

（1）bu³³tho²¹ sər³³ gə³³ bu²¹ khv⁵⁵ du³³ khv⁵⁵pər⁵⁵me⁵⁵,（2）he²¹me³³ lu⁵⁵me³³
　　　布托　　木的猪年　一　年　写（语）　　　　月　　四月

tshe³³do²¹ tʂhua⁵⁵ n̠i³³（3）pər⁵⁵mu³³gv³³me⁵⁵. tʂhua⁵⁵tsɿ⁵⁵ gv³³ dər³³ du³³ n̠i³³ pər⁵⁵ mu³³。
　初　　六　　日　　写　是　成（语）　　六星身　当值　一　天　写　是

（4）n̠i³³ me³³ dzi²¹ gə³³ æ²¹ khv⁵⁵du³³ n̠i³³ pər⁵⁵mu³³（5）the³³ɣɯ³³tʂʅ³³dze²¹gə³³.
　　日（助）水（助）鸡　属　一日　写是　　　　经书　这　册（助）

（6）ə³³sɿ²¹ gɯ³³gɯ²¹ gə³³。
　父亲　　庚庚　（助）

**译文：**

（1）这一本经书是花甲木猪年这年写的，（2）（3）四月初六完成的。是"六星身"当值的一天写成的，（4）水鸡日这一天写成的。（5）这一本经书是属于父亲庚庚的。

　　8. C27《送柳枝马退灾难》

　　本书的跋语位于正文的最后一页，以东巴文与哥巴文书写混合书写，共73字。图像如下：

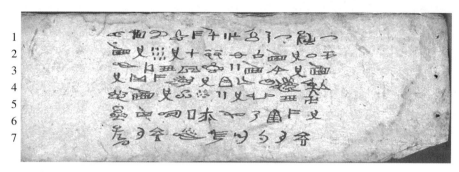

**全文标音及对译:**

（1）kha²¹ga³³ kua³³sy⁵⁵ sæ³³ ʂ̩²⁴ i³³ khv⁵⁵ dzʅ²¹ se²¹ thu³³ khv⁵⁵ （2）pər⁵⁵ me⁵⁵,

皇朝　光绪　三　十一　年　坐　了　那　年　　写　（语）

guə³³me³³tshe³³do²¹ lu³³ n̩i³³ pər⁵⁵me⁵⁵,　kv³³phə³³ （3）dzi²¹ ku³³ dər³³ gə³³ du³³ n̩i³³

九月　初　四　日　写（语）　古陪　　河边　地　的　一　日

pər⁵⁵mu³³me⁵⁵。pər⁵⁵ （4）me³³ uə³³ ʂua²¹ bu²¹ me³³ dzy²¹ khu³³ thv⁵⁵ py²¹ dæ²¹

写（助）（语）　写　（助）寨　高　猪　母　山　脚　下　祭司　能干

（5）nu³³ pər⁵⁵ me⁵⁵。i³³ bi²¹ n̩i²¹ me³³ thv³³ dər³³ɣu³³ （6）tɕə³³ phu⁵⁵tshi²¹tho³³dze²¹

（助）写（语）　江　东方　地方　好　　久侧茨　　东则

iə⁵⁵se²¹。dzy²¹ ʂua²¹ me³³ （7）lo⁵⁵ mə³³ tha⁵⁵, dzi²¹ ho⁵⁵ me³³ gv³³ mə³³tha⁵⁵。

给了　山　高（助）　越　不　能　水　深（助）涉　不　能

**译文:**

（1）皇朝光绪三十一年①那年（2）写的,九月初四日写的,在古陪河边（3）的
那一天写的。（4）高寨母猪山脚下的能干祭司（5）（6）写的。给了江东好地方久
侧茨的东则。（7）高山不能越,水深不能涉。

_____

① 光绪三十一年即1905年。

### 9. C37《擒敌经(中册)》

本书的跋语位于正文的最后一页,以东巴文书写,共13字。图像如下:

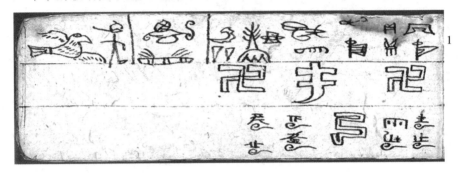

**全文标音及对译:**

（1）bu³³tho²¹ mi³³　tho³³le³³ khv⁵⁵　ə³³　ga³³　uə³³kv³³ gə³³the³³ɤu³³ua³³me⁵⁵。
　　　布托　火　兔　年　阿嘎　寨头　的　经书　是(语)

**译文:**

(1)这是花甲火兔年阿嘎寨头的经书。

### 10. C42《争鬼作祟(下册)》

本书的跋语位于正文的最后一页的最后两行,以东巴文与哥巴文混合书写,共42字。图像如下:

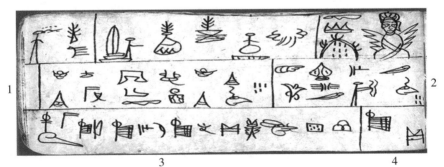

**全文标音及对译：**

（1）ŋv³³lv³³ tʂhɿ³³ ʂua²¹me³³ gə³³ 　bə³³sɿ²¹ 　nɯ³³ dzə²¹ ŋv³³ lv³³ dzɿ²¹ tsɿ³³

雪山　这　高（助）上　白沙　（助）有　雪山　山　竖

ua³³。（2）la³³ba²¹ pa²¹ tsɿ⁵⁵ dzi²¹ i³³ bi²¹dzi²¹ 　tsɿ³³ ua³³。（3）ly⁵⁵hɯ⁵⁵ ʂua²¹ga³³khu³³,

是　　石鼓　宽　有　水　长江　水　竖　是　　　　　中海　刷嘎①　门

ga³³ i³³ mə³³ga³³na⁵⁵。 uə³³ ze²¹ le³³ sɿ³³ lv³³。（4）ə³³ ga³³ 　uə³³kv³³ the³³ɣɯ³³ua³³me⁵⁵。

难有不难虽　你慢又想来　　阿嘎寨头　　经书是（语）

**译文：**

（1）白沙在高处，因为雪山在那里。（2）石鼓河面宽，因为长江从那里流过。（3）中海刷嘎①门，虽然有难和不难的，但是你自己慢慢想。（4）阿嘎寨头的经书。

## 11. C44《祭仁鬼》

本书的跋语位于正文的最后一页的最后一行，以东巴文与哥巴文混合书写，共33字。图像如下：

1

---

**全文标音及对译：**

（1）la³³ khv⁵⁵ thu³³ khv⁵⁵ pər⁵⁵ mu³³ me⁵⁵。 thu³³ khv⁵⁵ hua³³ me³³ ɲi³³tshər³³ho⁵⁵
　　虎　年　那　年　写　是（语）　那　年　　八月　　二十八

ɲi³³ be³³ gu³³ me³³ se³³gə³³ du³³ sy³³ be³³ bu³³ du²¹ uə³³ by³³ ty³³ dzi³³ mə³³ ɲi³³
日　雪　下　（助）　如何　一　样子　做　去　一　村　外　层　走　不　要

ua³³me⁵⁵。
是（语）

**译文：**

（1）虎年那年写的。那年八月二十八日下雪了。雪下得很大，村外都是雪，人都不能走了。

## 12. C47《祭情死鬼、仁鬼·献饭》

本书的跋语位于正文的最后一页，以东巴文书写，共35字。图像如下：

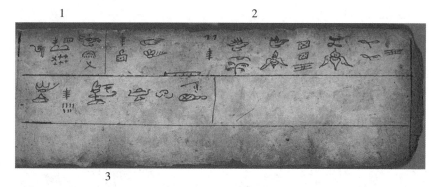

**全文标音及对译：**

（1）bu³³tho²¹tsʅ⁵⁵tʂhua⁵⁵tʂhe³³khv⁵⁵pər⁵⁵me⁵⁵。（2）dzi³³ dzə³³ la³³lər³³ dy²¹
　　布托　土　六十　　年　写　（语）　　人　生　辽阔　地

ɲi³³ zʅ³³ y³³ mə³³ lu³³。dzi³³ dzy²¹ sʅ³³sʅ³³, dər³³ na²¹ dzy²¹ iə³³iə³³ dər³³。
两　代　人　不　倒　人　有　相识　地　大　有　互赠　应该

（3）py³³ zʅ²¹ ʂər³³ pha²¹  ha³³ i³³  be³³ ho⁵⁵。
　　祭司 寿长 巫师　饭 有　做 愿

**译文：**

（1）花甲属土的六十年①写的。（2）人生辽阔的大地，两代人不倒。人有相识，大家相互赠予。（3）愿祭司和巫师长寿富足。


## 13. C69《祭无头鬼（下册）·牲畜的来历》

本书的跋语位于正文的最后一页，主要以东巴文书写，共51字。该书的正文与跋语明显不是一个人所写。图像如下：

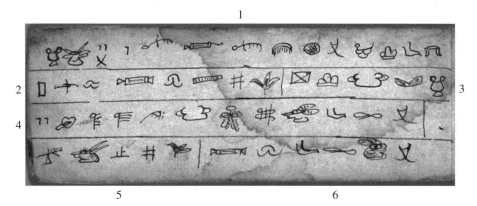

**全文标音及对译：**

（1）zo³³y²¹  ɲi³³tshər²¹du³³khv⁵⁵ thu³³khv⁵⁵pər⁵⁵mu³³me⁵⁵。ŋv³³lv³³khu³³gə³³
　　男生　　二十一　　岁 那　年　　写 是（语）雪山 脚（助）

（2）to³³li³³  i³³ua³³。tsæ³³ i³³ tsʅ⁵⁵ hu²¹ gu²¹ dv³³。（3）tshe³³lv³³  bv³³khə³³  zo³³
　　东里 （助）是　扎伊支　牙 疼 含　　盐块　　螺丝　　小

（4）ɲi³³sy³³ ho⁵⁵ho³³ be³³ bv³³ tɕə³³ kho²¹lo³³ khu³³iə²¹me⁵⁵。（5）so³³ be³³ tsæ³³i²¹tsʅ⁵⁵
　　两样　掺杂 做 肚脐 里面 放 （语）（语）　　搓 做 扎伊支

①此处疑东巴书写有误。

hu¹²¹gu²¹dv³³。(6) tsæ³³ i³³ tʂŋ⁵⁵ khuɯ³³ iə²¹ la²¹ me⁵⁵。

牙　疼　含　　　扎伊支　放　了　（语）（语）

**译文：**

(1)人生21岁那年写的(经书)。(2)是雪山脚的东里的。扎伊支①含在牙疼处。(3)盐块和小螺丝(4)两样混合放在肚脐眼里。(5)(6)搓碎了扎伊支含在牙疼处。放在扎伊支里面。②

### 14. C82《盘神、禅神降临经》

本书的跋语位于正文的最后一页的最后一行，以东巴文书写，共14字。图像如下：

1

**全文标音及对译：**

（1）bu³³tho²¹ mi³³ tho³³le³³ khv⁵⁵ ə³³ga³³ uə³³kv³³ the³³ɣu³³ua³³me⁵⁵。

布托　　火　兔　年　阿嘎寨头　经书　是（语）

**译文：**

(1)经书是花甲火兔年阿嘎寨头的。

---

① 扎伊支是一种治疗牙疼的草药。

② 这则跋语的翻译得到喻遂生、和力民两位老师的帮助，在此谨致谢忱。

### 15. D17《请天神降临》

本书的跋语位于正文的倒数第二页的最后两行和最后一页,以东巴文书写,共59字。图像如下:

**全文标音及对译：**

（1）bu³³tho²¹ṣu²¹ẓua³³ khv⁵⁵ gə³³　iə²¹pe³³　tshe³³do²¹ ho⁵⁵ ɲi³³ gv³³ ɲi³³ ɲi³³
　　　 布托　铁马　年　（助）　正月　　初　八　日　九　日　两

ɲi³³ pər⁵⁵ （2）se²¹me⁵⁵。（3）py³³by²¹ ŋə²¹ gu³³ ẓɿ³³ nɯ³³　pər⁵⁵。pər⁵⁵ le³³ mə³³
天　写　　　完（语）　　祭司　我　格日　（助）　写　　写　又　没

dər³³dər³³　me⁵⁵。（4）ə³³bu³³to³³　iə⁵⁵ se²¹ me⁵⁵。（5）ẓɿ³³ ʂər⁵⁵ ha⁵⁵ i³³ ho⁵⁵。
错误　（语）　　阿布多　给　了（语）　　寿　长　饭　有　愿

（6）kv³³ ɲi³³ mə³³ kv³³ ɲi³³ gu³³ bə³³ be³³ pər⁵⁵mu³³me⁵⁵。（7）iə²¹ du²¹dzy²¹
　　　会　借　不　会　借　真　去　做　写　是（语）　　　　叶得　山

la³³la³³　　thuɯ³³ mə³³ bə³³me⁵⁵。
拉拉　　　那　不　去（语）

**译文：**

（1）花甲铁马年正月初八、初九两天写（2）完的。（3）祭司我格日写的。写的又没有错误。（4）阿布多给的。（5）愿长寿富足。（6）借去要真的去写。（7）不去叶得山拉拉那里。

### 16. E1《能者的来历·献牲》

本书的跋语位于正文的最后一页的最后一行，以东巴文书写，共13字。图像如下：

1

**全文标音及对译：**

（1）bu³³tho²¹zʮ²¹khv⁵⁵ gə³³ he²¹dzə³³ zʅ²¹khv⁵⁵ pər⁵⁵ me⁵⁵。py²¹ zʅ³³ ʂər²¹，pæ²¹ ha⁵⁵
　　布托　猴年　的　二月　蛇属　写（语）　祭司　寿长　巫师　饭

i³³ gv³³ be³³ho⁵⁵。
有　成　做　愿

**译文：**

（1）花甲猴年二月属蛇那天写的。愿祭司长寿，巫师富足。

17. D23《求天神长寿经》

本书的跋语位于封二和正文的最后一页的最后一行,以东巴文书写,共57字,其中封二19字,最后一页38字。

经书封二图像如下:

全文标音及对译:

(1) he²¹dzə³³tshe³³do²¹duɯ³³n̩i³³,(2) z̩ɯ²¹dz̩ɯ²¹n̩i³³me³³khu³³。(3) tho³³le³³khv⁵⁵

　二月　　　初一　日　　　蛇　时　　日食　　　兔　年

duɯ³³khv⁵⁵(4) khɯ³³khv⁵⁵ duɯ³³ n̩i³³ pər⁵⁵me⁵⁵。

一　年　　狗　属　一　日　写（语）

译文:

(1)二月初一(2)蛇时发生日食。(3)兔年(4)属狗那天写的书。

经书正文的最后一页图像如下:

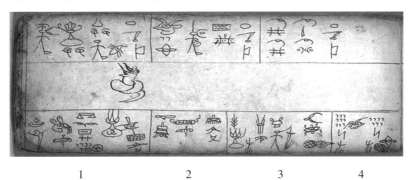

**全文标音及对译:**

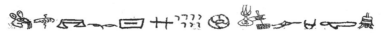

（1）tho³³le³³khv⁵⁵gə³³　iə²¹pe²¹　n̩i³³tsər²¹ʂər³³n̩i³³　pər⁵⁵mu²¹me⁵⁵。（2）ʂ̍²¹tsʅ³³
　　兔　年　（助）正月　二十七　　日　写　是　（语）　　老师

khv²¹khv³³pər⁵⁵mu²¹me⁵⁵。（3）py²¹me³³ə³³ʂ̍²¹kv³³phər²¹，py²¹me³³zo²¹dzæ²¹ʂ̍²¹ho⁵⁵。
　　请　写　　是　（语）　　祭司　的　父亲　头　白　　祭司（助）儿子　牙　黄　愿

（4）gv³³tʂhər⁵⁵py²¹me³³nu²¹thv³³，ʂər²¹tʂhər⁵⁵py²¹me³³o²¹za²¹ho⁵⁵。
　　九代　　祭司（助）生儿出　　七代　　祭司（助）育女　降　愿

**译文:**

（1）兔年正月二十七日写的。（2）是请老师写的。（3）愿东巴祭司长寿而头白,愿东巴祭司的儿子头白而齿黄。（4）愿九代都是东巴祭司之家能生儿,七世相传的司家能育女!


### 18. G9《请家神献饭》

本书的跋语位于正文的最后一页的最后两行,以东巴文书写,共46字。图像如下:

3

**全文标音及对译:**

（1）lɯ³³bu²¹ ŋə²⁴ la³³ pər⁵⁵mə³³ gv³³iə⁵⁵ na⁵⁵， kv³³ mæ³³ mə³³ dər³³dər³³.
　　祭司 我 也 写 不 成（语）虽 头 尾 没 错误

（2）lv³³khv⁵⁵gv³³me³³he³³ tshe³³do²¹ tshe³³ n̠i³³ tɕə²¹ s̠ʅ³³ gv³³ tɕi³³（3）zua³³
　　龙 年 九月 初 十 日 敬 献 九 放 马

khv⁵⁵ thu³³ khv⁵⁵gə³³tshe³³ də²¹ mi³³ n̠i³³ kha³³dze³³ua³³tv²¹ zua³³se³³。da³³ se³³ s̠ʅ²¹ to³³o²¹.
年 那 年（助）十一 火 日 皇帝 麦子五斗 还 了 满意了家神给是

**译文:**

（1）虽然祭司我也写不成呀，但是头尾都没有错误。（2）龙年九年初十日敬献粮食。（3）马年那年的十一属火日还了五斗皇帝的麦子。家神满意了。

## 19. G12《请五谷神献饭》

本书的跋语位于正文的倒数第二页的最后一行，以东巴文书写，共计34个字，图像展示如下：

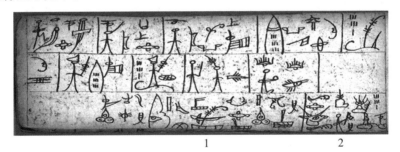

1　　　　　　2

**全文标音及对译:**

（1）the³³ɣɯ³³ tʂʅ³³ dze²¹ pər⁵⁵ me⁵⁵。æ²¹ tho³³ khu³³ thv⁵⁵ s̠ua⁵⁵ dy²¹ bv²¹ du²¹ da⁵⁵
　　经书 这 册 写（助） 崖上 脚 下 高 地 补得达

dy²¹ pər⁵⁵。to³³ ɣɯ³³ zo³³ pər⁵⁵ me⁵⁵。（2）bu²¹tho³³ s̠u²¹ me³³ y²¹ khv⁵⁵ du³³ khv⁵⁵。to³³ba²¹
地 写 东昂 男 写（语） 布托 铁（助）羊 年 一 年 东巴

$z_1^{33}$ ʂər$^{21}$，pha$^{21}$ $z_1^{33}$ ʂər$^{21}$。
寿 长　巫师 寿 长

**译文：**

（1）这本经书写的。崖上高地补得达地写的。东昂写的。（2）花甲铁羊年写的。东巴长寿，巫师长寿。

## 20. G14《创世纪》

本书的跋语位于正文的最后一页的最后一行，以东巴文书写，共25字。图像如下：

1

**全文标音及对译：**

（1）pər$^{55}$me$^{33}$lu$^{33}$, da$^{33}$za$^{21}$mi$^{33}$　lv$^{33}$　kv$^{33}$uə$^{33}$, bu$^{21}$me$^{33}$dʑy$^{21}$dz$_1^{21}$khuɯ$^{33}$,
　　写（助）了　达饶 火 石 头 寨　猪 母 山 的 脚

na$^{21}$　hua$^{33}$nɯ$^{33}$pər$^{55}$mu$^{33}$me$^{55}$, ɳɪ$^{33}$tsər$^{21}$tʂhua$^{55}$khv$^{21}$ sa$^{55}$ua$^{33}$he$^{33}$pər$^{55}$。
纳华 （助）写 是（语）二十 六 岁 三月 写

**译文：**

（1）写了的，达饶明鲁古寨母猪山脚下纳华写的。二十六岁那年写的。

## 21. G21《祖先和情死鬼要分开招魂》

本书的跋语位于正文的最后一页的最后两行，以东巴文与哥巴文混合书写，共61字。图像如下：

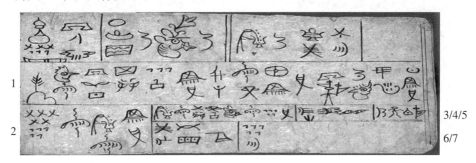

**全文标音及对译：**

（1）bu³³tho²¹ æ²¹ khv⁵⁵gə³³ iə²¹pe²¹ tshe²¹do²¹ sɿ⁵⁵ ni³³ pər⁵⁵ me⁵⁵, ə²¹y²¹ khv⁵⁵du³³
　　 花甲　 鸡　年（助）　正月　初　三　日　写（语）　猴属　一

ni³³ pər⁵⁵ me⁵⁵. gə³³dæ²¹ lu³³bu²¹ to³³ŋə²¹ nu³³　 pər⁵⁵ me⁵⁵,（2）ua³³tshər²¹ua³³khv⁵⁵
日　写（语）　格达　 祭司　 东俄（助）　写（语）　　 五　十　五　岁

thu³³ khv⁵⁵ pər⁵⁵ me⁵⁵.（3）thu³³ khv⁵⁵ tshe³³do²¹ du³³ ni³³ ʐua³³ khv⁵⁵ ua³³ me⁵⁵.
那　年　写（语）　　 那　年　初　一　日　马　属相　是（语）

（4）sa³³zə²¹ tsɿ³³tsi⁵⁵,（5）pa³³ ny³³ ku²¹the³³（6）sɿ³³ i³³ lu³³ tsɿ³³ ʂu²¹（7）ua³³ me⁵⁵。
　　 撒日子子　　　 八聂可特　　　 史依鲁指　　找　　是（语）

**译文：**

（1）花甲鸡年正月初三写的。① 属猴的一天写的。格达东巴东俄写的。（2）五十五岁那年写的。（3）那年的初一属马。（4）（5）（6）（7）找撒日子子、八聂可特、史依鲁指。

---

① 花甲鸡年指1909年，正月初一壬午日属马，这一年是戊申年，即土鸡年。

### 22. H7《九支神箭和石的出处》

本书的跋语位于正文的最后一页,以东巴文书写,共62字。图像如下:

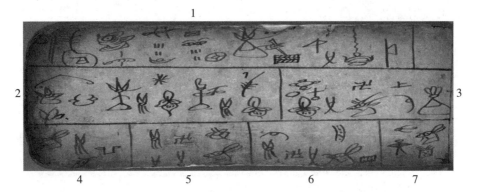

**全文标音及对译:**

(1) bu³³tho²¹ṣu²¹ la³³khv⁵⁵ da³³ua³³he³³ tshe³³do²¹ ua³³ ɲi³³pər⁵⁵mu³³me⁵⁵。ha⁵⁵i³³ho⁵⁵。
　　布托　铁虎年　　腊月　初　五日写是(语)饭有愿

(2) mu³³bv³³dzi³³dzə³³zv³³,　py²¹ kv³³tv³³dzy²¹,　pha³³ kv³³du²¹çi³³dzy²¹。(3) du²¹gv³³
　　天　下　人　生活　　祭司会千有　　巫师会一百有　　一个

tṣ̱ḥ³³dzy²¹me⁵⁵。ɣu³³se²¹ ṣə⁵⁵ mə³³du³³。(4) le³³ṣə⁵⁵kv³³lu³³thy²¹。(7) kv³³me³³ɣu³³me³³
这有(语)　　好了说不兴　　又说会后代出　　会(助)好(助)

nu³³ le³³ hu³³。(6) mə³³kv³³ɣu³³me³³bu³³le³³hu³³。(7) a³³ze²¹le³³sɿ³³dv³³。
(助)又去　　不会好(助)要又去　　　慢慢又　思考

**译文:**

(1)花甲铁虎年腊月初五写的。愿富足。(2)人生活的大地,会有一千个祭司,会有一百个巫师。(3)这里有一个(祭司)。好的不兴说。(4)又说后代出。(5)会好的又去。(6)不会好的将去了。(7)又慢慢思考。

### 23. H10《用牛替生赎罪》(下册)

本书的跋语位于封面,以哥巴文书写,共15字。图像如下:

1

**全文标音及对译：**

（1）bu³³tho²¹ dʑi²¹gə³³ æ²¹ khv⁵⁵ iə²¹pe²¹ n̩i³³tshər²¹tʂhua⁵⁵ n̩i³³pər⁵⁵ mu³³me⁵⁵。
　　　布托　　水（助）鸡年　正月　　二十六　　日　写　是（语）

**译文：**

（1）是花甲水鸡年正月二十六日写的。

### 24. H11《用五谷替生》

本书的跋语位于正文的最后两页，以东巴文书写，共71字。图像如下：

1

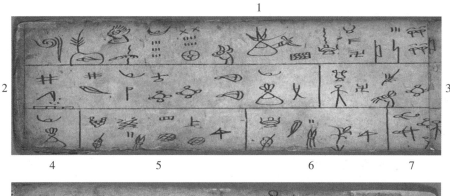

2　　　　　　　　　　　　　　　　　　　　　　　　　　　　3

4　　　　　　5　　　　　　　6　　　　　7

8

**全文标音及对译：**

（1）bu³³tho²¹ dzi²¹ ə⁵⁵y²¹khv⁵⁵guə³³me³³he³³ɲi³³tshər²¹ho⁵⁵ɲi³³khuɯ³³ khv⁵⁵pər⁵⁵。ha⁵⁵i³³
　　　布托　　水　猴　年　　　九月　　　二十八　日　狗　属　写　饭　有

kho³³sa³³yu³³ ho⁵⁵，sɿ³³tʂhər³³do²¹do³³ ho⁵⁵。（2）gu²¹be³³gu²¹dzi²¹mə³³ko³³。tʂhɿ³³ du³³du³³
声　气　好　愿　　三代　　合意　愿　　　丽江　丽江水　不　干涸　这　大大

phi²¹phi³³mə³³du³³me⁵⁵。（3）zo³³yu³³çi³³khv⁵⁵du²¹（4）mə³³du³³。（5）ŋv²¹ne³³hæ²¹ɲi²¹kv³³
小小　不兴　（语）　　　男好　百岁　一　　不兴　　银和金　两个

tʂhɿ³³mu³³ʂə⁵⁵mu³³mu³³。（6）ha³³ne³³dzi²¹ɲi²¹kv³³ba³³zər³³mu³³。（7）a³³da²¹du²¹tçi³³
这穿说穿戴　　　饭和水两个岁缺是　　　主人　大小

（8）thɯ³³ to³³to³³ mə³³ o³³ me⁵⁵。
　　　那　拍打　不　是　（语）

**译文：**

（1）花甲水猴年九月十八日属狗日写的。愿富足、好声好气，愿三代合意。
（2）丽江丽水不会干涸。大大小小不兴。（3）（4）好男百岁也不兴。（5）说穿金戴
银。（6）食物和水不缺。（7）大小主人（8）不要相互争斗。


## 25. H19《退是非替生》

本书的跋语位于正文的最后一页，以东巴文书写，共65字。图像如下：

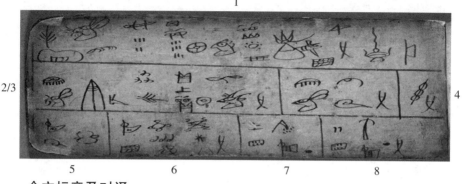

全文标音及对译：

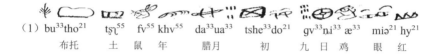

（1）bu³³tho²¹ tʂ̩⁵⁵ fv⁵⁵ khv⁵⁵ da³³ua³³ tshe³³do²¹ gv⁵⁵ɲi³³ æ³³ miə²¹ hy²¹
　　布托 土 鼠 年 腊月 初 九 日 鸡 眼 红

by³³dər³³ pər⁵⁵ mu³³me⁵⁵。zj³³sər²¹ ha⁵⁵i³³ ho⁵⁵。（2）pər⁵⁵le³³dzy²¹khu³³be³³mæ³³
星 当值 写 是（语）寿 长 饭 有 愿 写 又 山 脚 村尾

uə³³ʂə³³miə³³uə³³ma³³iə³³ se²¹me⁵⁵。（3）pər⁵⁵ le³³ mə³³ dər³³ me⁵⁵。（4）tʂhu³³
窝社米窝麻 给 了（语） 写 又 不 错 （语） 念

me³³（5）the³³dər³³ bv³³。（6）the³³ɣɯ³³ du³³ zu³³ nu³³ hæ²¹ tv³³ phv³³ me⁵⁵。
（助） 不 错 的 经书 一 句 （助）金 千 价值（语）

（7）ʂə⁵⁵hu²¹be³³ga³³na⁵⁵。（8）ɲi³³ hu²¹ tɕhy²¹ ga³³ na⁵⁵me⁵⁵。
说 易 做 难 虽 借 易 如意 难 虽 （语）

译文：

（1）花甲土鼠年腊月初九日属鸡红眼星当值的一天写。愿长寿富足。（2）写了就给了山脚村尾得窝社米窝麻。（3）写的又不错。（4）（5）念的也不错。（6）书中一句值千金。（7）虽然说易做难，（8）虽然借易如意难吧。

## 26. H29《求取占卜经》

本书的跋语位于正文的最后一页,以东巴文书写,共63字。图像如下:

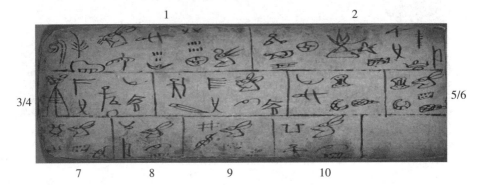

**全文标音及对译:**

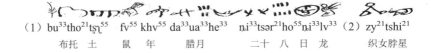

(1) bu³³tho²¹tʂʅ⁵⁵   fv⁵⁵khv⁵⁵ da³³ua³³he³³   ȵi³³tsər²¹ho⁵⁵ȵi³³lv³³ (2) zy²¹tshi²¹
    布托 土　鼠　年　腊月　　二十 八　日 龙　　织女 脖星

dər³³ ȵi³³　pər⁵⁵ mu³³ me⁵⁵. zʅ³³ʂər²¹ ha⁵⁵i³³ ho⁵⁵.  (3) ŋv²¹lv³³ʂua⁵⁵me³³lo⁵⁵mə³³tha⁵⁵.
当值 日　写　是 (语) 寿长 饭 有 愿　　　雪山　高 (助) 越 不 能

(4) i³³bi²¹ sa³³ me³³gv³³mə³³tha⁵⁵. (5) mə³³da²¹tho³³dzy²¹ho⁵⁵. (6) tho³³dzy²¹le³³hu³³ ho⁵⁵.
江水 溢 (助) 过 不 能　　不 满意 这 有 (语)　　这 有 又 去 (语)

(7) zo³³ɣu³³le³³hu³³lu⁵⁵. (8) kho³³khu³³le³³ mə³³hu³³. (9) gu³³lv³³　le³³ mə³³ hu²¹.
男 好 又 去 了　　名声 又 不 去　　　跟随 又 不 易

(10) thv³³ lu³³ le³³ mə³³　hu²¹.
    做 来 又 不 易

**译文:**

(1)花甲土鼠年腊月二十八日属龙(2)织女脖星当值日写的。愿长寿富足。(3)雪山太高不能越,(4)江水上涨不能过。(5)会有不满意的地方呀。(6)有的这些都会过去呀。(7)即使好男去世了,(8)名声也不失去。(9)跟随不容易。(10)做也不容易。

### 27. I2《开坛经》

本书的跋语位于正文的最后一页,以东巴文书写,共42字。图像如下:

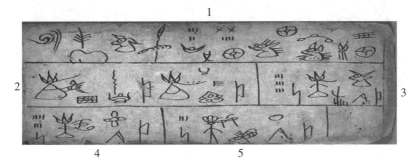

**全文标音及对译:**

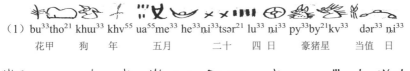

（1）bu³³tho²¹ khɯ³³ khv⁵⁵ ua⁵⁵me³³ he³³ɲi³³tsər²¹ lu³³ ɲi³³ py³³by²¹kv³³   dər³³ ɲi³³
　　花甲　狗　年　五月　二十　四日　豪猪星　当值日

（2）pər⁵⁵。zʅ³³ʂər²¹ ha⁵⁵ i³³ ho⁵⁵。py²¹ kho³³ yu³³ sa⁵⁵ yu³³ho⁵⁵。（3）gv³³ tʂhər⁵⁵ py²¹
　　写　寿长饭有愿　祭司声好气好愿　　　九　代　祭司

nu²¹ be³³ ho⁵⁵。（4）ʂər³³tʂhər⁵⁵ pa²¹ ua²¹ be³³ ho⁵⁵。（5）sʅ³³ tʂhər⁵⁵ phv³³do²¹ ly⁵⁵do²¹ lo³³
生儿做愿　　　七　代　巫师育女做愿　　　三　代　祖见孙见能

gv³³be³³ ho⁵⁵。
成　做　愿

**译文:**

（1）花甲猴年五月二十四日豪猪星当值日（2）写的。愿长寿富足。愿祭司声好气好。（3）愿九代祭司生儿。（4）愿七代卜师育女。（5）愿三代见祖见孙。

### 28. I19《黑白战争》

本书的跋语位于正文的最后一页,以东巴文书写,共10字。图像如下:

1

**全文标音及对译:**

（1）na²¹dʑy²¹ ŋv³³lv³³khu³³ gə³³ the³³ɣur³³ ua³³me⁵⁵。
　　大山　　雪山　脚（助）　书　是（语）

**译文:**

（1）这是大山雪山脚的经书。

## 29. K8《盖舅房供木偶》

本书的跋语位于正文的最后一页，以东巴文书写，共24字。图像如下：

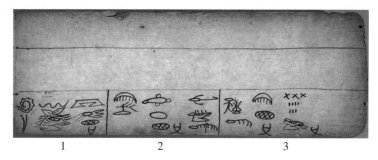

　　　　　　1　　　　　　　2　　　　　　　　3

**全文标音及对译:**

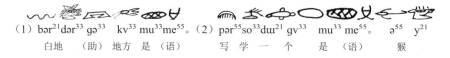

（1）bər²¹dər³³ gə³³　kv³³ mu³³me⁵⁵。（2）pər⁵⁵so³³du²¹ gv³³　mu³³ me⁵⁵。 ə⁵⁵ y²¹
　　白地　（助）地方　是（语）　　写　学　一　个　是（语）　猴

khv⁵⁵（3）thu³³ khv⁵⁵ pər⁵⁵　mu³³ me⁵⁵。sŋ³³tshər²¹șər³³khv⁵⁵ pər⁵⁵me⁵⁵。
年　　那　年　写　是（语）　三十　七　岁　写（语）

**译文:**

（1）（2）这是从白地学写来的。猴年（3）那年写的。三十七岁那年写的。

30. K45《祭绝后鬼、毒鬼规程》

本书的跋语位于正文的第二页,以哥巴文书写,共40字。图像如下:

**全文标音及对译：**

(1) i³³gv²¹ tʂʅ³³ dər²¹ lo³³ pu³³ ɣɯ³³　(2) bu²¹ me³³ dzy²¹ khu³³ thv³³ lu³³ bu²¹
　　丽江　这　地方　普俄　　　　　猪　母　山　脚　下　祭司

to³³by²¹gə³³　(3) lu⁵⁵ɣɯ³³ ua³³ me⁵⁵。(4) py³³by²¹ ʂə⁵⁵ thu³³ khu³³du²¹ ʂə⁵⁵ mə³³ du³³。
东毕（助）　　经书　是　（语）　祭司　说　那　赞扬　说　不　兴

(5) ʂə⁵⁵ hu²¹ be³³ ga³³ mu²¹。ɲi³³ hu²¹ du³³ ga³³ mu²¹。
说　易　做　难　（语）　借　易　得到　难　（语）

**译文：**

(1)丽江这地方普俄(2)(3)母猪山脚下祭司东毕的经书。(4)祭司不要说夸口的话,(5)说话容易做事难,要做容易得到难啊。


31. K48《六地火狱·丢面偶》

本书的跋语位于正文的倒数第二页的最后一行和最后一页,倒数第二页的最后一行使用哥巴文书写,最后一页使用东巴文书写,共26字。经书正文的倒数第二页图像如下：

1

**全文标音及对译：**

（1）bu³³me³³dzy²¹ khu³³ gə³³ the³³yɯ³³。lu³³bu²¹ to³³by³³ nɯ³³ pər⁵⁵me⁵⁵。
　　　猪　母　山　脚　（助）经书　　祭司　东别　（助）写（语）

**译文：**

（1）母猪山脚的经书。祭司东别写的。


经书正文的最后一页图像如下：

1

**全文标音及对译：**

（1）pər⁵⁵ me³³ la³³tshy³³uə³³　lu³³ bu²¹ gə³³　the³³yɯ³³ o³³ me⁵⁵ i³³。
　　　写　（助）拉趣　寨　祭司　（助）　经书　是（语）（语）

**译文：**

（1）这本经书是拉趣寨的祭司写的。

32. L72《看烧香的地方》

本书的跋语位于正文的倒数第二页的最后一行和最后一页,以哥巴文书写,共61字。图像如下:

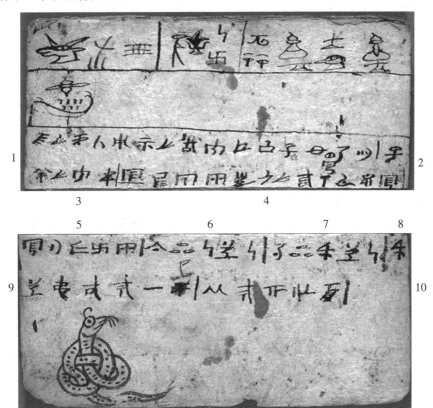

全文标音及对译:

（1）ṣu²¹gə³³ bu³³tho²¹ɣu³³khv⁵⁵gə³³tshe²¹me³³he³³ɲi³³tsər²¹lu³³ɲi³³pər⁵⁵se²¹me⁵⁵。

铁 （助）布托 牛 年 （助）十月 二十四 日 写完（语）

（2）dər³³ （3）ɣu³³gə³³me³³tsæ³³。（4）be³³mæ⁵⁵ko²¹na²¹zə³³tɕər²¹gə³³ ho⁵⁵tso²¹pe³³nɯ³³pər⁵⁵。

地方 好 （助）买寨 村尾高原大 草 下 （助）和作北 （助）写

（5）pər⁵⁵le³³mə³³ɣu³³na⁵⁵。（6）zo³³ɣu³³du²¹ tʂhər⁵⁵du³³ （7）lu³³ɣu³³ tv²¹tʂhər⁵⁵du³³。

写 又 不 好 虽 男 好一 代 得到 后代好千 代 得到

（8）tv²¹ （9）tʂhər⁵⁵hæ³³khu³³tʂhe³³du³³mu³³。（10）zɿ³³ʂər⁵⁵ha⁵⁵i³³ho⁵⁵.

千　　　代　金　口　十　兴　是　　　寿　长　饭　有　愿

## 译文：

（1）花甲铁牛年十月二十四日写完的。（2）（3）好地方买寨（4）村尾大草原上和初北写的。（5）虽然写得不好。（6）好男一代得，（7）后代千代得，（8）（9）千代延绵。（10）长寿富足。

### 33. M15《飞鬼和高勒趣神要分开》

本书的跋语位于正文的倒数第二页的后两行和最后一页，以哥巴文书写，共124字。图像如下：

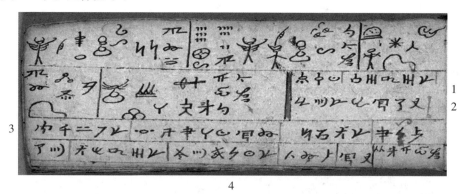

全文标音：

（1）ka$^{33}$ga$^{33}$nɯ$^{33}$ ɲi$^{33}$ khv$^{55}$thu$^{33}$khv$^{55}$gə$^{33}$ （2）ua$^{33}$me$^{33}$he$^{33}$tshɿ$^{33}$pər$^{55}$se$^{21}$me$^{55}$。

皇朝　（助）二　年　那　年（助）　　五月　　来　写　完（语）

（3）me$^{33}$tv$^{33}$dy$^{21}$ kv$^{33}$gə$^{33}$　py$^{33}$by$^{21}$　to$^{33}$y$^{21}$ nɯ$^{33}$pər$^{55}$ me$^{55}$　ŋv$^{33}$lv$^{33}$khu$^{33}$gə$^{33}$

满督　地　头（助）　　祭司　　东余（助）写　（语）　雪山　脚（助）

to$^{33}$la$^{33}$ iə$^{55}$（4）se$^{21}$me$^{55}$。khu$^{33}$khv$^{55}$thu$^{33}$khv$^{55}$gə$^{33}$ua$^{33}$me$^{33}$ tshe$^{33}$du$^{21}$ɲi$^{33}$

东拉　给　　完（语）　狗　属　那　年（助）五月　　十一　日

gə$^{33}$ to$^{33}$le$^{33}$ dzʅ$^{33}$ pər$^{55}$me$^{55}$。zʅ$^{33}$sər$^{33}$ha$^{55}$i$^{33}$ho$^{55}$。（5）ŋv$^{33}$lv$^{33}$phər$^{21}$ khu$^{33}$thv$^{33}$gə$^{33}$

（助）兔　时　写（语）　　寿　长　饭　有　愿　　雪山　白　脚　下（助）

the$^{33}$ɣu$^{33}$ tʂʅ$^{33}$dze$^{33}$sʅ$^{33}$ tɕhy$^{33}$ gv$^{33}$na$^{33}$ ly$^{21}$ la$^{21}$ me$^{55}$。ua$^{33}$mu$^{33}$se$^{21}$ sə$^{55}$na$^{55}$，

经书　这　册　懂　要　认真　看（语）（语）寨　外　了　说　虽

（6）dzʅ$^{33}$khv$^{55}$khu$^{33}$na$^{33}$be$^{33}$。ŋv$^{33}$lv$^{33}$ ŋv$^{33}$ tʂhər$^{33}$tʂhər$^{33}$，dʑy$^{21}$gə$^{21}$ tʂhər$^{33}$tʂhər$^{33}$ua$^{33}$。

幸运　　脚　大　做　　雪山　银　快乐　　山　上　快乐　是

py$^{33}$by$^{21}$the$^{33}$ɣu$^{33}$（7）nɯ$^{33}$ zo$^{33}$ gə$^{33}$ tʂhər$^{33}$tʂhər$^{21}$ua$^{33}$。the$^{33}$ɣu$^{33}$ lu$^{33}$ɣu$^{33}$ iə$^{55}$

祭司　经书　　（助）男（助）　快乐　　是　经书　经文　给

du$^{21}$zu$^{33}$mu$^{33}$nɯ$^{33}$iə$^{55}$。du$^{21}$zu$^{33}$ dy$^{21}$ phv$^{33}$iə$^{21}$。tsʅ$^{33}$gə$^{33}$ tʂhər$^{33}$ua$^{33}$me$^{55}$。

一　句　天　（助）给　一　句　地　送　了　　迎（助）快乐　是（语）

译文：

（1）皇朝二年①那年的（2）五月写的。（3）满督地头的祭司东余写的。坞鲁科的东巴给（4）了的。属狗那年的五月十一日兔时写的。愿长寿富足。（5）要读懂洁白的雪山脚下的这册经书，请认真读吧。虽说在寨外，（6）走运做了大

---

① 该册经书的封面有汉字"宣统二年"，因此这里的皇朝二年就是即宣统二年，庚戌年，1910年。

角色。雪山的幸福,是山的幸福。祭司的经书,(7)是男儿的幸福。赐给了经文,天给了一句,地给了一句,迎来的是幸福。

### 34. M29《祭都尼许白规程》

本书的跋语位于正文的最后一页的最后一行,以东巴文书写,共10字。图像如下:

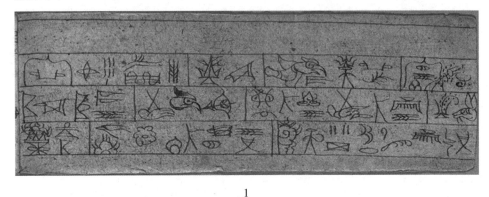

1

**全文标音及对译:**

（1）ŋə²¹ lu³³ tshə²¹ khv⁵⁵ gv³³ duɯ²¹ khv⁵⁵ pər⁵⁵ se³³ me⁵⁵。
　　我　四十　岁　成　一　年　　写　完　（语）

**译文:**

(1)我满四十岁那年写的。

本章已对哈佛藏东巴古籍中的大多数跋语进行了细致的翻译与解读,但仍有少部分跋语因各种原因尚待以后继续探索与释读。我们相信,随着研究的不断深入,这些未解之谜终将得以揭晓,从而为我们更全面地理解东巴文化提供有力的支撑。同时,我们也期待未来的研究者能够继续挖掘跋语的潜在价值,为历史学、文字学和语言学等领域的研究贡献新的力量。

# 结　语

## 哈佛藏纳西东巴古籍研究展望

哈佛藏东巴古籍在历史学、文献学、语言文字学以及人类学等多个学科领域内均展现出极高的研究价值,为我们深入理解东巴文化的深厚历史、复杂传承以及动态演变过程提供了宝贵的资料。展望未来,该领域的研究可从以下几个维度继续深化:

### 一、跨学科整合研究

运用历史学、文献学、语言文字学以及人类学等多学科的理论与方法,对哈佛藏东巴古籍进行综合而深入的解读与分析,是深化研究的关键所在。这种跨学科整合的研究方法,能够为我们揭示古籍中所蕴含的丰富社会文化背景、宗教信仰体系,以及为文字学的研究提供更为全面的信息。

#### 1. 历史学视角

历史学为我们提供了研究东巴古籍所必需的时间线和历史背景。通过梳理纳西族的历史发展脉络,我们可以更好地理解东巴古籍产生的时代特征和社会环境。历史学的研究方法能够帮助我们还原当时的社会风貌,理解东巴古籍内容所处的历史语境,从而更准确地把握东巴古籍的文化内涵和价值。

东巴古籍的跋语是指东巴经师在书写经文时,于经书末尾附加的记录性文字。这些文字可能涵盖对书写经书过程的描述、文本流通过程的描述、对文本内容的阐释,或是对个人思想感悟的表达。尽管这些跋语呈现零散分布的特点,但它们却是弥足珍贵的文献资料,具有重要的研究价值。例如,李霖灿曾利用美国国会图书馆所藏东巴经的跋语,推断出最早的东巴经抄写可以追溯至康熙七年。哈佛藏东巴古籍中,共发现97册带有跋语,其中43册东巴经还包含了纪年信息。由此可见,哈佛藏东巴古籍的跋语资料蕴含丰富的信息。

### 2. 文献学视角

文献学则专注于对古籍本身的细致分析。这包括对古籍的目录、版本、校勘、翻译、注释等方面的研究,以确保我们解读的准确性。文献学的方法能够帮助我们识别古籍中的文字、符号和图像,理解它们的含义和用法。通过文献学的分析,我们可以更深入地挖掘古籍中的文化信息,揭示其背后的文化逻辑和思维方式。

哈佛藏东巴古籍是成系统的,例如,东知东巴的经书就占哈佛藏东巴古籍的五分之一左右。因此,我们可以根据用字、跋语、印章、笔迹、装帧等内容,将这些经书相互关联起来。首先,将同一人抄写的经书归为一类,然后再将同一地区的经书归为一个大类,这样形成一个系统,为今后的东巴文研究奠定坚实的基础。例如,首先将东知东巴的经书归类,然后再将和鸿东巴的抄本归类,最后根据和鸿和东知所在地区同属于丽江坝及其周边地区,将它们再次归为一个更大的类别。

除了按地域归类以外,我们还可以根据时间来划分。例如哈佛所藏东知抄本数量庞大,其中有很多附有跋语,大多数跋语中明确记载了抄写时间。东知抄本的年代从1845年到1873年。这些研究对于我们对东巴文的断代非常有帮助。

### 3. 语言文字学视角

语言文字学是研究东巴古籍不可或缺的一环。东巴文和哥巴文作为纳西族的古文字,用两种文字记录的文献的语法、词汇和语义都蕴含着丰富的文化信息。通过深入分析东巴经语言的语法结构、词汇演变和语义变化,我们可以揭示出语言背后的深层含义,理解古籍所表达的思想和情感。语言文字学的研究方法还能够帮助我们解读古籍中的隐喻和象征,进一步丰富我们对纳西族东巴文化的理解。

哈佛藏东巴古籍以其材料的完整性和系统性脱颖而出。这批珍贵的古籍大多源自白沙派和宝山派,且很多经书的年代可考。因此,基于哈佛藏东巴古籍开展的研究不仅更具实践价值,而且在学术上也具有深远的意义。它们为我们提供了宝贵的资源,使我们能够更深入地理解东巴文的演变历程、地域特色及东巴书手的书写习惯,从而推动纳西语言文字研究迈向新的高度。

### 4.人类学视角

人类学则从人类行为和文化现象的角度解读古籍。通过将古籍内容置于纳西族社会生活的广阔背景中,我们可以探讨其在纳西族社会中的地位和作用。人类学的研究方法能够帮助我们理解古籍所反映的社会结构、价值观念和行为规范,以及这些元素如何随着时间的推移而发生变化。通过人类学的视角,我们可以更全面地把握古籍所蕴含的文化意义,理解其在纳西东巴文化传承中的重要作用。

综上所述,运用历史学、文献学、语言文字学以及人类学等多学科的理论与方法,对哈佛藏东巴古籍进行综合而深入的解读与分析,能够为我们揭示出更为丰富的文化内涵和历史价值。这种跨学科整合的研究方法,不仅有助于我们更全面地理解纳西族的文化传统和变迁历程,还能够为其他相关领域的研究提供新的视角和思路。

## 二、数字化与数据库建设

利用现代信息技术手段对哈佛藏东巴古籍进行数字化处理,并建立内容丰富且详尽的数据库,推动建立海外藏东巴古籍数据共享平台,这一举措对于学术资源的共享与交流具有深远的意义。

首先,数字化处理能够极大地提高这些古籍的可访问性。通过将这些珍贵的古籍转化为数字形式,学者们可以不受地域和时间的限制,远程访问这些资源。这不仅为国内的学者提供了便利,也为国际上的研究者打开了方便之门,促进了跨地域的学术合作与交流。

其次,建立详尽的数据库有助于对这些古籍进行更为系统和深入的研究。数据库可以包含古籍的元数据、图像、文字识别结果以及相关的研究资料和注释等,为学者们提供了一个全面、多维度的研究平台。这样的平台不仅有助于学者们更好地理解古籍的内容和背景,还能激发他们的研究灵感,推动学术研究的深入发展。

此外,数字化处理和数据库建设也是保护这些珍贵古籍的有效手段。随着时间的推移,纸质古籍可能会受到各种自然因素的损害,而数字化则可以为这些古籍提供一个永久性的保存方式。同时,数据库的建立也能为古籍的整理、分类和检索提供更为便捷的途径,有助于古籍的长期保存和传承。

总的来说,利用现代信息技术手段对哈佛藏东巴古籍进行数字化处理,并建立详尽的数据库,是促进学术资源共享与交流的重要举措。这一举措不仅能够提高古籍的可访问性和研究深度,还能为古籍的保护和传承提供有力支持。我们期待更多的学术机构能够加入到这一行列中来,共同推动学术资源的数字化进程,为学术研究注入新的活力。

# 三、国际交流与合作

## (一)加强国际合作

在全球化日益加深的今天,国际学术合作对于推动东巴古籍的研究和保护工作具有不可估量的价值。为了更有效地利用和整合全球学术资源,我们应该积极寻求与国际上相关学术机构和研究者建立合作关系。

(1)资源共享。与海内外东巴古籍的收藏机构与研究机构建立联系并共享东巴古籍的数字化资源、研究成果和学术资料,可以极大地丰富我们的研究材料,避免重复劳动,提高研究效率。

(2)经验交流。通过定期的交流会议、工作坊或在线研讨,我们可以学习借鉴国际先进的研究方法和技术,了解其他国家和地区在东巴古籍保护和研究方面的最新进展,从而不断提升我们的研究水平。

(3)合作研究。共同申请国际研究项目,组织跨国研究团队,针对东巴古籍中的重大问题进行联合攻关。这种合作不仅有助于解决研究中的难题,还能促进不同文化背景下的学术思想碰撞,产生新的研究视角和理论框架。

（4）人才培养。通过国际合作项目,为年轻学者提供到国外学习和交流的机会,培养他们的国际视野和跨文化交流能力,为东巴古籍研究的持续发展储备人才。

### （二）举办国际学术会议和研讨会

定期举办国际学术会议和研讨会是促进东巴古籍研究国际交流的重要途径。

（1）学术交流。会议为学者们提供了一个面对面交流的平台,让他们能够分享最新的研究成果、研究方法和理论思考,从而促进学术思想的碰撞和融合。例如:我们可以专门召开以哈佛燕京图书馆藏东巴古籍的专题学术会议,为海内外学者搭建交流平台。

（2）成果展示。通过论文宣读、海报展示、专著发布等形式,学者们可以展示自己的研究成果,获得同行的反馈和建议,进一步提升研究质量。

（3）激发灵感。在会议中,不同学科背景的学者汇聚一堂,他们的交流往往能够激发出新的研究灵感和方向,推动东巴古籍研究向更深层次发展。

（4）建立网络。会议也是建立学术网络的重要机会。学者们可以通过会议结识志同道合的同行,建立长期的合作关系,共同推动东巴古籍研究的进步。

总之,加强国际合作和举办国际学术会议及研讨会是推动东巴古籍研究深入发展的重要策略。通过这些活动,我们可以更好地利用全球学术资源,提升研究水平,促进学术交流,为东巴文化的传承和发展做出更大的贡献。

## 四、深度解读与理论构建

### （一）深入挖掘历史信息、文化内涵和社会结构

东巴古籍作为纳西族古代文化的重要载体,蕴含着丰富的历史信息、深厚的文化内涵和复杂的社会结构。未来的研究需要更加深入地挖掘这些古籍中

的宝贵资源,为理解纳西族及更广泛区域的历史与文化提供新的视角。

(1)历史信息的深度提取。通过细致入微的文献分析,结合历史学的研究方法,我们可以从东巴古籍中提取出更为详尽的历史事件、人物传记、社会变迁等信息。这些信息不仅有助于我们重构纳西族的历史脉络,还能为我们理解周边地区乃至更广泛区域的历史互动提供线索。

(2)文化内涵的深入阐释。东巴古籍中蕴含着纳西族独特的宇宙观、价值观、宗教信仰等文化内涵。未来的研究需要运用人类学、民族学等学科的理论与方法,对这些文化内涵进行深入阐释,揭示其背后的社会心理、思维方式和价值观念,为我们理解纳西族文化的独特性提供更为深刻的洞见。

(3)社会结构的全面剖析。东巴古籍中反映了纳西族复杂的社会结构,包括家族制度、社会组织、经济形态等。通过综合运用社会学、人类学、经济学等学科的理论框架,我们可以对这些社会结构进行全面剖析,揭示其运行机制和演变规律,为我们理解纳西族社会的动态发展提供科学依据。

### (二)构建更加完善的文字学理论体系

东巴文作为象形文字的"活化石",处于表意文字向意音文字的过渡阶段,是研究文字产生发展和演变的绝佳材料。未来的研究需要基于东巴文的这些特点,构建更加完善的普通文字学理论体系。哈佛藏东巴古籍中的东巴文和哥巴文用字规范、书写标准,是文字学研究的好材料。

(1)东巴文结构的深入分析。东巴文以其独特的象形、指事、会意、形声、假借、借形等造字方法而闻名。未来的研究需要更加深入地分析这些造字方式的内在逻辑和演变规律,为理解东巴文的文字结构提供更为科学的依据。

(2)字源研究。东巴文和哥巴文的字源研究一直是学界研究的热点之一。通过不同时代、不同区域、不同派别的东巴古籍用字的比较,我们可以对某些文字的源流有比较清楚的认识。

(3)文字与语言的互动关系。东巴文与纳西语之间存在着密切的互动关系。未来的研究需要探讨这种互动关系如何影响东巴文的演变和发展,以及东巴文如何反过来塑造纳西语的语法和词汇。这种研究将有助于我们更深入地理解文字与语言之间的复杂关系。

（4）与其他文字系统的比较研究。将东巴文与其他表意文字系统进行比较研究，是揭示其独特性和普遍性的重要途径。未来的研究需要更加系统地开展这种比较研究，探讨东巴文与其他象形文字、表意文字等文字系统在内在结构、造字方式、演变规律等方面的异同点，为构建更加完善的文字学理论体系提供有力支持。

通过对文献的深度解读与理论构建，我们不仅能够更加全面地揭示东巴古籍中的历史信息、文化内涵和社会结构，还能为文字学研究提供新的视角和方法论启示，推动东巴文化研究的深入发展。

# 附录1　哈佛藏纳西东巴古籍基本信息表

说明：

此表格旨在全面、系统地记录哈佛燕京图书馆所收藏的纳西东巴古籍598册（原件及23册影印件）的各项基本信息。以下是对表格中各字段的详细说明：

朱：此列记录的是朱宝田编号，这是为每一册经书分配的唯一识别码，由朱宝田根据经书内容进行编排。

洛：此列显示的是洛克书签的内签编号。部分经书没有洛克编号。

燕：此列记录的是哈佛燕京图书馆编号，这是哈佛燕京图书馆为所藏古籍分配的数字编码。该编号在图书馆内部也具有唯一性。

页数：此列记录的是每册经书的总页数，包括封面、正文、跋语等所有内容。正反两面算一页。

尺寸：此列描述的是经书的物理尺寸，包括长度、宽度等维度。单位是厘米。以上五项数据来源于朱宝田《哈佛大学哈佛燕京图书馆藏中国纳西象形文经典分类目录》。

类别：此列表示经书所属仪式或所属派别。分类信息参考了洛克书签、朱宝田《哈佛大学哈佛燕京图书馆藏中国纳西象形文经典分类目录》及《哈佛燕京学社藏纳西东巴经书》（1—9卷）。

书名：此列使用汉语书名，便于识别和查阅。如果一册经书中包含两种或两种以上的经书，书名之间用"·"隔开。

跋语：此列用"√"表示该册经书是否包含跋语。若经书包含跋语，则在此列标注"√"；若不包含，则留空。

书手：此列记录的是经书的书手姓名或法名。此项信息主要根据经书中的跋语及相关字迹信息的联系来确定。

翻译：此列指示该册经书是否已在《哈藏》中被翻译出版。若已翻译，则在此列注明"《哈藏》"及相应的卷数，如"《哈藏》1"表示该经书的翻译内容出现在《哈佛燕京学社藏纳西东巴经书》（第1卷）。

通过此表格的详细记录，我们可以对哈佛藏东巴古籍的基本信息有一个全面而系统的了解，为学术研究、文献检索、保护修复等工作提供有力的支持。

| 序号 | 朱 | 洛 | 燕 | 页数 | 尺寸 | 类别 | 书名 | 跋语 | 书手 | 翻译 |
|---|---|---|---|---|---|---|---|---|---|---|
| 1 | A01 | 1991 | 337 | 8 | 9×28.5 | 祭什罗 | 火咒语 | | | 《哈藏》1 |
| 2 | A02 | 无 | 511 | 6 | 9×29 | 祭什罗 | 什罗身体由来经 | | | 《哈藏》1 |
| 3 | A03 | 1074 | 135 | 8 | 9×27.5 | 祭什罗 | 建神幡经 | | 东知 | 《哈藏》1 |
| 4 | A04 | 1740 | 59 | 31 | 9×28 | 祭什罗 | 点神灯 | | 东知 | 《哈藏》2 |
| 5 | A05 | 1993 | 48 | 16 | 10×28 | 祭什罗 | 胜利神点油灯 | √ | | |
| 6 | A06 | 2110 | 47 | 19 | 10×28 | 祭什罗 | 创世纪 | | | 《哈藏》7 |
| 7 | A07 | 1713 | 55 | 17 | 10×29 | 祭什罗 | 什罗的来历 | | 东知 | 《哈藏》1 |
| 8 | A08 | 905 | 328 | 19 | 10×28.5 | 祭什罗 | 什罗的来历 | | | 《哈藏》1 |
| 9 | A09 | 1071 | 335 | 9 | 10×29 | 祭什罗 | 请阿明威灵 | | 东知 | 《哈藏》1 |
| 10 | A10 | 944 | 326 | 16 | 9.5×28 | 祭什罗 | 水洗牦牛经 | √ | 东蕊 | 《哈藏》1 |
| 11 | A11 | 1712 | 38 | 11 | 10×28.5 | 祭什罗 | 轮流招什罗之魂经 | | 东知 | 《哈藏》1 |
| 12 | A12 | 1761 | 39 | 12 | 10×28.5 | 祭什罗 | 居那什罗山四面招魂 | | 东知 | 《哈藏》2 |
| 13 | A13 | 2143 | 34 | 14 | 9×27.5 | 祭什罗 | 拦路鬼招魂经 | | | 《哈藏》2 |
| 14 | A14 | 1063 | 325 | 12 | 10×28.5 | 祭什罗 | 驱拦路鬼 | | 东知 | 《哈藏》2 |
| 15 | A15 | 1689 | 318 | 16 | 10×28.5 | 祭什罗 | 偿还毒鬼·招魂 | | 东知 | 《哈藏》2 |
| 16 | A16 | 1978 | 320 | 20 | 9×28.5 | 祭什罗 | 劫毒庄经·送神将归位经 | √ | | 《哈藏》2 |
| 17 | A17 | 1825 | 57 | 9 | 10×28.5 | 祭什罗 | 建神幡经 | | | 《哈藏》5 |
| 18 | A18 | 909 | 340 | 12 | 9×28.5 | 祭什罗 | 开神路·招魂 | | | 《哈藏》5 |
| 19 | A19 | 1746 | 334 | 11 | 9.5×28.5 | 祭什罗 | 开神路除邪经 | | 东知 | 《哈藏》5 |
| 20 | A20 | 无 | 501 | 18 | 9×28.5 | 祭什罗 | 建神幡经 | √ | | 《哈藏》5 |
| 21 | A21 | 1098 | 339 | 9 | 10×28.5 | 祭什罗 | 开鬼域门经 | | 东知 | 《哈藏》5 |
| 22 | A22 | 907 | 341 | 29 | 10×28.5 | 祭什罗 | 开神路（上册） | | | 《哈藏》5 |
| 23 | A23 | 1103 | 338 | 9 | 10×29 | 祭什罗 | 开神路·破九山探鬼经 | | 东知 | |
| 24 | A24 | 1094 | 330 | 16 | 9×28 | 祭什罗 | 偿还十八地火狱鬼 | | 东知 | |
| 25 | A25 | 1767 | 329 | 16 | 9×27 | 祭什罗 | 开火狱鬼门 | | 东知 | |

续表

| 序号 | 朱 | 洛 | 燕 | 页数 | 尺寸 | 类别 | 书名 | 跋语 | 书手 | 翻译 |
|---|---|---|---|---|---|---|---|---|---|---|
| 26 | A26 | 1733 | 331 | 11 | 10×28.5 | 祭什罗 | 祭女魔王经(上册) | | 东知 | |
| 27 | A27 | 1730 | 317 | 11 | 10×28.5 | 祭什罗 | 祭女魔王经(下册) | | 东知 | |
| 28 | A28 | 1729 | 316 | 19 | 9.5×28.5 | 祭什罗 | 祭女魔王经(中册) | √ | 东知 | |
| 29 | A29 | 906 | 131 | 12 | 9.5×28.5 | 祭什罗 | 开神路(中册) | | | |
| 30 | A30 | 2000 | 136 | 12 | 9.5×28 | 祭什罗 | 犒劳神兵凯旋 | | | |
| 31 | A31 | 1038 | 353 | 8 | 10×28.5 | 祭什罗 | 超度将官 | | 东知 | |
| 32 | A32 | 1745 | 332 | 7 | 10×28.5 | 祭什罗 | 请胜利神 | | 东知 | 《哈藏》2 |
| 33 | A33 | 1715 | 321 | 15 | 10×28.5 | 祭什罗 | 丢面偶(上册) | | 东知 | 《哈藏》2 |
| 34 | A34 | 1716 | 322 | 10 | 10×28.5 | 祭什罗 | 丢面偶(中册) | | 东知 | 《哈藏》2 |
| 35 | A35 | 1700 | 323 | 15 | 10×28.5 | 祭什罗 | 丢面偶(下册) | | 东知 | 《哈藏》2 |
| 36 | A36 | 1714 | 319 | 9 | 10×28.5 | 祭什罗 | 请署·送面偶 | | 东知 | 《哈藏》2 |
| 37 | A37 | 1104 | 134 | 18 | 10×29 | 祭什罗 | 解宽结·送面偶·燃灯 | | 东知 | |
| 38 | A38 | 1609 | 327 | 8 | 9.5×28.5 | 祭什罗 | 什罗火葬 | | | 《哈藏》2 |
| 39 | A39 | 1979 | 324 | 20 | 9.5×28 | 祭什罗 | 什罗火葬 | √ | | |
| 40 | A40 | 908 | 132 | 16 | 10×29 | 祭什罗 | 开神路(下册) | | | |
| 41 | A41 | 1079 | 133 | 15 | 10×28.5 | 祭什罗 | 开神路(下册) | | 东知 | 《哈藏》1 |
| 42 | A42 | 1696 | 336 | 7 | 9.5×28.5 | 祭什罗 | 烧魂经 | | 东知 | 《哈藏》2 |
| 43 | A43 | 1732 | 430 | 20 | 9.5×28.5 | 祭什罗 | 什罗咱自 | √ | 东知 | |
| 44 | A44 | 1992 | 64 | 16 | 10×28.5 | 祭什罗 | 规程 | | | 《哈藏》2 |
| 45 | B01 | 1400 | 306 | 14 | 9.5×28.5 | 祭署 | 开坛经 | | 东里 | |
| 46 | B02 | 1035 | 309 | 9 | 9.5×28.5 | 祭署 | 洒署药 | | 东知 | |
| 47 | B03 | 1382 | 308 | 13 | 9.5×29 | 祭署 | 药的来历 | | | |
| 48 | B04 | 2100 | 312 | 16 | 9×28 | 祭署 | 药的来历 | √ | | 《哈藏》7 |
| 49 | B05 | 1010 | 180 | 6 | 9.5×29 | 祭署 | 开署门 | | 东知 | |
| 50 | B06 | 无 | 512 | 10 | 8.5×28.5 | 祭署 | 开署门 | √ | 东昂 | |
| 51 | B07 | 1385 | 179 | 11 | 10×28.5 | 祭署 | 东巴什罗开署门·让署给主人家赐予福泽、保福保佑 | √ | | 《哈藏》2 |
| 52 | B08 | 5058 | 181 | 7 | 8.5×27.5 | 祭署 | 开署门 | √ | | |

续表

| 序号 | 朱 | 洛 | 燕 | 页数 | 尺寸 | 类别 | 书名 | 跋语 | 书手 | 翻译 |
|---|---|---|---|---|---|---|---|---|---|---|
| 53 | B09 | 无 | 515 | 13 | 9.5×27.5 | 祭署 | 开署门 | | | |
| 54 | B10 | 1384 | 106 | 9 | 10×28 | 祭署 | 梅生都丁传略 | | | 《哈藏》2 |
| 55 | B11 | 3155 | 88 | 12 | 9×28 | 祭署 | 送闇神经 | | | |
| 56 | B12 | 1397 | 89 | 11 | 9.5×28.5 | 祭署 | 开胜利门 | | | |
| 57 | B13 | 无 | 516 | 9 | 9×29 | 祭署 | 杀猛鬼 | | | |
| 58 | B14 | 5050 | 305 | 12 | 8.5×27.5 | 祭署 | 红眼仄若的故事·杀猛鬼 | | | |
| 59 | B15 | 1403 | 90 | 12 | 9.5×28 | 祭署 | 普赤阿路的故事·杀猛鬼 | | | 《哈藏》7 |
| 60 | B16 | 3164 | 434 | 10 | 8.5×27 | 祭署 | 高勒趣招魂经 | √ | | 《哈藏》2 |
| 61 | B17 | 1023 | 170 | 9 | 9×28 | 祭署 | 高勒趣招魂经 | | 东知 | |
| 62 | B18 | 3153 | 116 | 8 | 9×27.5 | 祭署 | 大鹏与署的争斗 | | | 《哈藏》5 |
| 63 | B19 | 994 | 115 | 9 | 9.5×9 | 祭署 | 大鹏与署的争斗 | | 东知 | 《哈藏》5 |
| 64 | B20 | 1008 | 102 | 20 | 9.5×28.5 | 祭署 | 崇则利恩与署的争斗·人类的来历 | √ | 东知 | 《哈藏》5 |
| 65 | B21 | 1398 | 182 | 10 | 9.5×28 | 祭署 | 平息争斗又和好 | | | 《哈藏》1 |
| 66 | B22 | 1011 | 175 | 5 | 9.5×28.5 | 祭署 | 平息争斗又和好 | | 东知 | 《哈藏》1 |
| 67 | B23 | 914 | 176 | 11 | 8.5×29 | 祭署 | 平息争斗又和好 | | | 《哈藏》2 |
| 68 | B24 | 1027 | 97 | 10 | 9.5×28 | 祭署 | 求威灵 | √ | 东知 | 《哈藏》2 |
| 69 | B25 | 5052 | 98 | 10 | 8.5×27.5 | 祭署 | 求威灵 | | | |
| 70 | B26 | 1012 | 92 | 9 | 9.5×29 | 祭署 | 请署 | | 东知 | 《哈藏》1 |
| 71 | B27 | 1386 | 93 | 12 | 9.5×28 | 祭署 | 请署（上册） | | | |
| 72 | B28 | 1392 | 94 | 11 | 10×28 | 祭署 | 请署（下册） | | | |
| 73 | B29 | 1017 | 166 | 8 | 9.5×28.5 | 祭署 | 祭尼布老多经 | | 东知 | |
| 74 | B30 | 5055 | 307 | 10 | 8.5×27 | 祭署 | 祭尼布老多经 | | | 《哈藏》1 |
| 75 | B31 | 1903 | 314 | 9 | 9.5×28.5 | 祭署 | 左玛余此的故事（上册） | | 东知 | 《哈藏》1 |
| 76 | B32 | 999 | 313 | 7 | 9.5×28 | 祭署 | 左玛余此的故事（中册） | | 东知 | 《哈藏》1 |
| 77 | B33 | 995 | 178 | 7 | 9.5×28.5 | 祭署 | 鬼牌的来历·送署 | √ | 东知 | 《哈藏》1 |

续表

| 序号 | 朱 | 洛 | 燕 | 页数 | 尺寸 | 类别 | 书名 | 跋语 | 书手 | 翻译 |
|---|---|---|---|---|---|---|---|---|---|---|
| 78 | B34 | 无 | 497 | 11 | 9.5×28.5 | 祭署 | 建署塔 | | | |
| 79 | B35 | 1532 | 311 | 15 | 10×28.5 | 祭署 | 建署塔 | | | 《哈藏》2 |
| 80 | B36 | 1399 | 85 | 12 | 9.5×28.5 | 祭署 | 送署 | | | 《哈藏》1 |
| 81 | B37 | 3152 | 87 | 10 | 9×28 | 祭署 | 送垛署 | | | |
| 82 | B38 | 1009 | 86 | 10 | 9.5×28.5 | 祭署 | 送垛署 | | 东知 | 《哈藏》1 |
| 83 | B39 | 1016 | 95 | 8 | 10×28.5 | 祭署 | 送菩萨点油灯 | | 东知 | 《哈藏》5 |
| 84 | B40 | 1531 | 171 | 8 | 9.5×28 | 祭署 | 分寿岁 | | | 《哈藏》5 |
| 85 | B41 | 5054 | 113 | 12 | 8.5×27 | 祭署 | 多萨欧吐传略 | | | 《哈藏》5 |
| 86 | B42 | 1018 | 114 | 14 | 9.5×28 | 祭署 | 多萨欧吐传略 | | 东知 | |
| 87 | B43 | 无 | 496 | 24 | 9×26.5 | 祭署 | 多萨欧吐传略 | | | 《哈藏》3 |
| 88 | B44 | 1020 | 439 | 19 | 10×29 | 祭署 | 送龙王面偶经 | √ | 东知 | 《哈藏》3 |
| 89 | B45 | 3158 | 100 | 9 | 9×27.5 | 祭署 | 崇则利恩传略 | | | 《哈藏》3 |
| 90 | B46 | 1406 | 101 | 12 | 9.5×28 | 祭署 | 崇则利恩传略 | | | |
| 91 | B47 | 1007 | 96 | 12 | 10×28.5 | 祭署 | 请神经·药的来历 | | 东知 | 《哈藏》5 |
| 92 | B48 | 1033 | 183 | 12 | 9.5×28.5 | 祭署 | 替歼（上册） | | 东知 | 《哈藏》5 |
| 93 | B49 | 1032 | 184 | 9 | 9.5×28 | 祭署 | 替歼（中册） | | 东知 | 《哈藏》5 |
| 94 | B50 | 5051 | 91 | 10 | 8.5×27 | 祭署 | 请督神 | | | 《哈藏》5 |
| 95 | B51 | 1006 | 299 | 10 | 9.5×28 | 祭署 | 请督神 | | 东知 | 《哈藏》5 |
| 96 | B52 | 1390 | 107 | 9 | 9.5×28.5 | 祭署 | 崇和增子吕米传略 | | | 《哈藏》5 |
| 97 | B53 | 3163 | 105 | 8 | 8.5×27.5 | 祭署 | 崇和增子吕米传略 | | | 《哈藏》3 |
| 98 | B54 | 1529 | 423 | 10 | 10×28.5 | 祭署 | 咒语 | | | 《哈藏》3 |
| 99 | B55 | 无 | 172 | 8 | 8.5×27.5 | 祭署 | 放替生鸡给龙王经 | | | 《哈藏》3 |
| 100 | B56 | 1404 | 174 | 9 | 10×28.5 | 祭署 | 放替生鸡给龙王经 | | | |
| 101 | B57 | 917 | 173 | 16 | 9×29 | 祭署 | 放替生鸡给龙王经·木牌的来历 | | | 《哈藏》3 |
| 102 | B58 | 1004 | 165 | 12 | 9.5×28.5 | 祭署 | 请大鹏 | | 东知 | 《哈藏》3 |
| 103 | B59 | 1005 | 297 | 9 | 10×28 | 祭署 | 请署 | | 东知 | 《哈藏》3 |
| 104 | B60 | 无 | 517 | 10 | 10×27 | 祭署 | 请署 | | | 《哈藏》3 |
| 105 | B61 | 无 | 499 | 22 | 10×27 | 祭署 | 不详 | | | 《哈藏》3 |

续表

| 序号 | 朱 | 洛 | 燕 | 页数 | 尺寸 | 类别 | 书名 | 跋语 | 书手 | 翻译 |
|---|---|---|---|---|---|---|---|---|---|---|
| 106 | B62 | 1395 | 112 | 10 | 9.5×28 | 祭署 | 托古古苦传略 | | | 《哈藏》3 |
| 107 | B63 | 1402 | 108 | 10 | 9.5×28 | 祭署 | 神女素舍传略 | | | 《哈藏》3 |
| 108 | B64 | 921 | 104 | 14 | 9×28 | 祭署 | 梅生都丁传略 | | | 《哈藏》3 |
| 109 | B65 | 991 | 109 | 10 | 9.5×28 | 祭署 | 普赤阿路传略·梅生都丁传略 | | 东知 | 《哈藏》3 |
| 110 | B66 | 2822 | 111 | 8 | 8.5×27 | 祭署 | 神女素舍传略 | | | 《哈藏》3 |
| 111 | B67 | 1014 | 117 | 11 | 9.5×28 | 祭署 | 祛除疾病和痛苦 | | 东知 | 《哈藏》5 |
| 112 | B68 | 1376 | 118 | 16 | 9.5×27 | 祭署 | 纳达窝郭 | √ | | 《哈藏》7 |
| 113 | B69 | 5053 | 103 | 7 | 8.5×27 | 祭署 | 梅生都丁传略 | | | |
| 114 | B70 | 3160 | 110 | 8 | 8.5×27 | 祭署 | 普赤阿路传略 | | | 《哈藏》7 |
| 115 | B71 | 1377 | 310 | 13 | 9.5×26.5 | 祭署 | 吕尼萨嘎 | | | |
| 116 | B72 | 5057 | 435 | 8 | 8.5×27.5 | 祭署 | 平息争斗又和好 | | | 《哈藏》3 |
| 117 | B73 | 933 | 436 | 12 | 9×27.5 | 祭署 | 萨萨郭盘传略 | | | 《哈藏》3 |
| 118 | B74 | 916 | 177 | 10 | 9×29.5 | 祭署 | 还署债 | | | 《哈藏》3 |
| 119 | B75 | 898 | 120 | 10 | 8.5×27.5 | 祭署 | 送署龙·祛除蛇鬼 | | | 《哈藏》7 |
| 120 | B76 | 无 | 500 | 8 | 9×29.5 | 祭署 | 求水迎财 | | | 《哈藏》5 |
| 121 | B77 | 997 | 185 | 12 | 9.5×28.5 | 祭署 | 扔替忏面偶(下册) | | 东知 | 《哈藏》7 |
| 122 | B78 | 1904 | 437 | 8 | 9.5×28.5 | 祭署 | 迎面偶(下册) | | 东知 | |
| 123 | B79 | 1028 | 154 | 8 | 9.5×28 | 祭署 | 关地门 | | 东知 | |
| 124 | B80 | 996 | 155 | 6 | 9.5×28.5 | 祭署 | 开天门 | | 东知 | |
| 125 | B81 | 无 | 519 | 10 | 9.5×26.5 | 祭署 | 梅生都丁传略 | | | 《哈藏》7 |
| 126 | B82 | 无 | 498 | 10 | 9×29.5 | 祭署 | 崇则利恩传略 | | | |
| 127 | B83 | 1937 | 555 | 10 | 9×29 | 祭署 | 开天辟地·署的来历·献饭 | √ | 东昂 | |
| 128 | C01 | 无 | 507 | 14 | 8×24 | 大祭风 | 开坛经(上册) | | | 《哈藏》3 |
| 129 | C02 | 2677 | 438 | 20 | 9.5×29.5 | 祭几鬼 | 开坛经·几鬼的来历 | √ | | 《哈藏》4 |
| 130 | C03 | 5088 | 527 | 10 | 9.5×28 | 大祭风 | 祭亡人宗仪经·献饭 | | | 《哈藏》4 |
| 131 | C04 | 5112 | 537 | 12 | 9×30 | 大祭风 | 求圣灵经 | √ | 阿嘎 | 《哈藏》4 |

续表

| 序号 | 朱 | 洛 | 燕 | 页数 | 尺寸 | 类别 | 书名 | 跋语 | 书手 | 翻译 |
|------|------|------|------|------|------|------|------|------|------|------|
| 132 | C05 | 3001 | 549 | 15 | 9.5×29 | 大祭风 | 扔掉萨单吕朵面偶 | √ | | 《哈藏》4 |
| 133 | C06 | 5103 | 529 | 10 | 9.5×29 | 大祭风 | 武神面偶的来历 | | | 《哈藏》4 |
| 134 | C07 | 1165 | 544 | 11 | 10×28.5 | 大祭风 | 扔掉卡鲁面偶 | | 东知 | 《哈藏》4 |
| 135 | C08 | 5069 | 409 | 10 | 9.5×28.5 | 大祭风 | 请四面武神 | | | 《哈藏》4 |
| 136 | C09 | 5104 | 530 | 9 | 9.5×28.5 | 大祭风 | 神面偶除邪经 | | | 《哈藏》5 |
| 137 | C10 | 1496 | 540 | 14 | 9.5×30 | 大祭风 | 遇到饶星·饶星出来 | | | 《哈藏》5 |
| 138 | C11 | 2237 | 285 | 9 | 10×28.5 | 大祭风 | 送神经 | | 东知 | 《哈藏》6 |
| 139 | C12 | 5118 | 535 | 12 | 9.5×29.5 | 大祭风 | 请阴阳神虔祝经 | √ | | 《哈藏》6 |
| 140 | C13 | 2236 | 361 | 11 | 9.5×28 | 大祭风 | 抵灾经 | | | 《哈藏》6 |
| 141 | C14 | 1163 | 539 | 10 | 9.5×28.5 | 大祭风 | 请阴阳神虔祝经 | | 东知 | 《哈藏》6 |
| 142 | C15 | 1164 | 546 | 7 | 9×29 | 大祭风 | 送神经 | | 东知 | 《哈藏》6 |
| 143 | C16 | 2665 | 548 | 10 | 9.5×29 | 大祭风 | 把神接引上来 | | 和鸿 | 《哈藏》6 |
| 144 | C17 | 1132 | 547 | 11 | 10×29 | 大祭风 | 祭祖献饭送祖经 | | 东知 | 《哈藏》6 |
| 145 | C18 | 5097 | 295 | 12 | 9×28.5 | 大祭风 | 七女神驱鬼经 | √ | | 《哈藏》6 |
| 146 | C19 | 1140 | 271 | 13 | 9×29 | 大祭风 | 劝引鬼经 | | 东知 | 《哈藏》6 |
| 147 | C20 | 5070 | 408 | 22 | 9.5×29 | 大祭风 | 尤麻烧天香 | | 和鸿 | 《哈藏》6 |
| 148 | C21 | 5095 | 553 | 14 | 8×26.5 | 大祭风 | 请尤麻护法神降临 | | | 《哈藏》6 |
| 149 | C22 | 5084 | 279 | 10 | 9×29 | 大祭风 | 请尤麻护法神降临 | | | 《哈藏》6 |
| 150 | C23 | 5116 | 551 | 14 | 9.5×29.5 | 大祭风 | 神箭的来历 | √ | 和华亭 | 《哈藏》6 |
| 151 | C24 | 5076 | 288 | 8 | 9.5×29 | 大祭风 | 十八支毒箭的来历 | | 和鸿 | |
| 152 | C25 | 5089 | 273 | 6 | 8×27 | 大祭风 | 射恶鬼猪 | √ | | |
| 153 | C26 | 1161 | 533 | 11 | 10.5×28.5 | 大祭风 | 退口舌是非 | | 东知 | |
| 154 | C27 | 5065 | 357 | 16 | 9.5×29 | 大祭风 | 送柳枝马退灾难 | √ | | |
| 155 | C28 | 1378 | 356 | 14 | 10×28.5 | 大祭风 | 送柳枝马退灾难 | | 东知 | |
| 156 | C29 | 5064 | 359 | 21 | 10×27.5 | 大祭风 | 送柳枝马退灾难 | | 和鸿 | |
| 157 | C30 | 1135 | 355 | 11 | 10×28 | 大祭风 | 梅勒杜孜传略·送柳枝马退灾难 | | 东知 | |
| 158 | C31 | 1186 | 419 | 16 | 10.28.5 | 大祭风 | 给梅勒杜孜除秽 | | 东知 | |
| 159 | C32 | 5102 | 284 | 18 | 9.5×29 | 大祭风 | 天地要分开 | | | |

272

续表

| 序号 | 朱 | 洛 | 燕 | 页数 | 尺寸 | 类别 | 书名 | 跋语 | 书手 | 翻译 |
|---|---|---|---|---|---|---|---|---|---|---|
| 160 | C33 | 1134 | 525 | 18 | 9.5×28 | 大祭风 | 安慰死者经 | √ | 东知 | 《哈藏》7 |
| 161 | C34 | 5071 | 401 | 12 | 9×29.5 | 大祭风 | 烧天香 | | | |
| 162 | C35 | 无 | 10 | 16 | 10×30 | 大祭风 | 不详 | | | |
| 163 | C36 | 1176 | 541 | 16 | 10×28.5 | 大祭风 | 撒米花的来历 | | 东知 | |
| 164 | C37 | 5079 | 291 | 9 | 9.5×29 | 大祭风 | 擒敌经（中册） | √ | | |
| 165 | C38 | 无 | 292 | 9 | 9.5×30 | 大祭风 | 擒敌经（下册） | √ | | |
| 166 | C39 | 无 | 505 | 13 | 9.5×28.5 | 大祭风 | 大祭争鬼·献鸡经 | | | |
| 167 | C40 | 无 | 504 | 10 | 9.5×27.5 | 大祭风 | 大祭争鬼（下册） | | | |
| 168 | C41 | 3024 | 290 | 15 | 9.5×28.5 | 大祭风 | 争鬼作祟（中册） | | | |
| 169 | C42 | 5087 | 542 | 13 | 9.5×29.5 | 大祭风 | 争鬼作祟（下册） | √ | | |
| 170 | C43 | 5086 | 294 | 19 | 9.5×29.5 | 大祭风 | 烧仁鬼（上册） | | | |
| 171 | C44 | 无 | 502 | 16 | 10×29 | 大祭风 | 祭仁鬼 | √ | 和玉光 | |
| 172 | C45 | 1131 | 283 | 12 | 10×28.5 | 大祭风 | 仁鬼作祟（上册） | | 东知 | |
| 173 | C46 | 1111 | 554 | 8 | 10×29 | 大祭风 | 仁鬼（中册） | | 东知 | |
| 174 | C47 | 5085 | 282 | 9 | 9.5×29 | 大祭风 | 仁鬼的来历·向情死鬼献饭 | √ | | |
| 175 | C48 | 5072 | 407 | 10 | 9×27.5 | 大祭风 | 开坛经（下册） | | | |
| 176 | C49 | 5092 | 523 | 17 | 10×27.5 | 大祭风 | 祭董的情死鬼（上、下册） | | 和鸿 | |
| 177 | C50 | 5111 | 532 | 14 | 10×29.5 | 大祭风 | 情死鬼的来历 | | 和贰贡 | |
| 178 | C51 | 1040 | 2 | 7 | 10×28.5 | 祭女长寿者 | 招魂 | | 东知 | |
| 179 | C52 | 5108 | 534 | 10 | 10×27.5 | 大祭风 | 请情死鬼·招魂 | | | |
| 180 | C53 | 5074 | 276 | 8 | 9.5×29 | 大祭风 | 为情死鬼招魂 | | | |
| 181 | C54 | 5091 | 528 | 10 | 10×29.5 | 大祭风 | 给情死鬼献饭 | | | |
| 182 | C55 | 1123 | 281 | 11 | 9.5×28.5 | 大祭风 | 用鸡羊献牲 | | 东知 | |
| 183 | C56 | 1790 | 286 | 16 | 9×29.5 | 大祭风 | 关情死者、吊死者的鬼门 | | | |
| 184 | C57 | 1915 | 278 | 11 | 9.5×29 | 大祭风 | 关情死者、吊死者的鬼门 | | 和鸿 | |

274

续表

| 序号 | 朱 | 洛 | 燕 | 页数 | 尺寸 | 类别 | 书名 | 跋语 | 书手 | 翻译 |
|---|---|---|---|---|---|---|---|---|---|---|
| 185 | C58 | 5075 | 289 | 11 | 9.5×29.5 | 祭端鬼 | 关情死鬼门 | | 和鸿 | |
| 186 | C59 | 1108 | 526 | 14 | 10×28.5 | 大祭风 | 除是非经 | | 东知 | |
| 187 | C60 | 1129 | 538 | 10 | 10×29 | 大祭风 | 超度情死者子女 | | 东知 | |
| 188 | C61 | 1901 | 543 | 19 | 9.5×28.5 | 大祭风 | 结尾经 | √ | 东知 | |
| 189 | C62 | 5114 | 550 | 12 | 10×28 | 大祭风 | 祭祖经 | | 和鸿 | |
| 190 | C63 | 5109 | 531 | 12 | 10×28.5 | 大祭风 | 把家神与情死鬼分开招魂 | | 和华亭 | |
| 191 | C64 | 无 | 518 | 12 | 9×28 | 大祭风 | 鲁般鲁饶（下册） | | | |
| 192 | C65 | 1495 | 268 | 12 | 10×27.5 | 大祭风 | 鲁般鲁饶（下册） | | 东知 | |
| 193 | C66 | 5100 | 270 | 19 | 9.5×28 | 大祭风 | 饶星和得鬼的来历 | | | |
| 194 | C67 | 5090 | 296 | 16 | 9.5×28.5 | 大祭风 | 迎神咒·压争鬼 | | | |
| 195 | C68 | 5022 | 410 | 9 | 8×26.5 | 大祭风 | 向争鬼招魂 | | | |
| 196 | C69 | 5115 | 536 | 14 | 9×27.5 | 大祭风/祭争鬼 | 牲畜的来历（下册） | √ | | |
| 197 | C70 | 1374 | 412 | 7 | 9.5×27.5 | 大祭风 | 请来久神降临 | | 和鸿 | |
| 198 | C71 | 5078 | 293 | 23 | 10×28 | 大祭风 | 请本丹神降临（下册） | | | |
| 199 | C72 | 5077 | 287 | 10 | 9.5×30 | 大祭风 | 请本丹神降临（上册） | √ | | |
| 200 | C73 | 5080 | 272 | 24 | 10×28 | 大祭风 | 请本丹神降临（下册） | | | |
| 201 | C74 | 5082 | 274 | 20 | 9×29.5 | 大祭风 | 请东巴什罗降临 | | | |
| 202 | C75 | 5110 | 524 | 8 | 9.5×28 | 大祭风 | 请刹依威德降临 | | 和鸿 | |
| 203 | C76 | 5117 | 552 | 9 | 9×27 | 大祭风 | 杀水鬼经 | | | |
| 204 | C77 | 1150 | 277 | 11 | 10×29 | 大祭风 | 斯汝窝传略·十八支箭的来历 | | 东知 | |
| 205 | C78 | 1167 | 280 | 14 | 10×28.5 | 大祭风 | 十二种牲畜羊鸡的来历 | | 东知 | |
| 206 | C79 | 2654 | 358 | 12 | 10.5×27.5 | 大祭风 | 送亡魂过溜索 | | 和鸿 | |
| 207 | C80 | 1919 | 415 | 22 | 9.5×27.5 | 大祭风 | 鬼与神、黑与白分开经 | | 和鸿 | |

| 序号 | 朱 | 洛 | 燕 | 页数 | 尺寸 | 类别 | 书名 | 跋语 | 书手 | 翻译 |
|---|---|---|---|---|---|---|---|---|---|---|
| 208 | C81 | 1116 | 99 | 11 | 9×28.5 | 大祭风 | 祭撒达鬼·丢弃面偶 | | 东知 | |
| 209 | C82 | 5075 | 275 | 10 | 9.5×29.5 | 大祭风 | 盘神、禅神降临经 | √ | | |
| 210 | D01 | 4039 | 404 | 11 | 9×29 | 延寿 | 规程 | | | 《哈藏》4 |
| 211 | D02 | 1625 | 375 | 16 | 10×30 | 延寿 | 建柏树梯 | | | 《哈藏》4 |
| 212 | D03 | 1984 | 394 | 13 | 10×27.5 | 延寿 | 压秽建柏树云梯经（下册） | √ | 和鸿 | 《哈藏》4 |
| 213 | D04 | 1939 | 393 | 13 | 10×27 | 延寿 | 含依达巴神树下求寿经·增增大神石旁求寿经 | | 和鸿 | |
| 214 | D05 | 1954 | 240 | 13 | 10.5×28 | 延寿 | 祭恩多老姆神烧天香经 | | 和鸿 | |
| 215 | D06 | 1945 | 65 | 13 | 10×27 | 延寿 | 迎净水 | | 和鸿 | |
| 216 | D07 | 1947 | 67 | 15 | 10×27 | 延寿 | 净水瓶的来历·除秽 | | 和鸿 | 《哈藏》4 |
| 217 | D08 | 1942 | 392 | 8 | 9.5×28.5 | 延寿 | 大迎和请神经 | | 和鸿 | |
| 218 | D09 | 1968 | 81 | 16 | 10×27 | 延寿 | 神将来历经·失将寻将经 | √ | 和鸿 | 《哈藏》1 |
| 219 | D10 | 1987 | 82 | 13 | 10×27.5 | 延寿 | 药的来历·向三百六十嘎啦神撒药 | | 和鸿 | |
| 220 | D11 | 2052 | 63 | 19 | 10×30 | 延寿 | 居那什罗山的来历 | | | 《哈藏》4 |
| 221 | D12 | 1978 | 255 | 11 | 10×27.5 | 延寿 | 素神神箭的来历 | | 和鸿 | 《哈藏》6 |
| 222 | D13 | 891 | 257 | 11 | 9.5×29.5 | 延寿 | 烧天香 | | | |
| 223 | D14 | 1941 | 252 | 19 | 10.5×27.5 | 延寿 | 含依达巴神树的来历·束缚胜利神和家神（上册） | √ | 和鸿 | |
| 224 | D15 | 1950 | 372 | 16 | 10×28 | 延寿 | 在东巴什罗前点油灯·十八层天上普拉神前点油灯 | | 和鸿 | |
| 225 | D16 | 2062 | 383 | 20 | 9×29 | 延寿 | 建什罗柏塔经 | | | |
| 226 | D17 | 3795 | 389 | 18 | 10×28.5 | 延寿 | 请天神降临 | √ | | |

续表

| 序号 | 朱 | 洛 | 燕 | 页数 | 尺寸 | 类别 | 书名 | 跋语 | 书手 | 翻译 |
|------|------|------|------|------|---------|------|------|------|------|------|
| 227 | D18 | 3794 | 388 | 16 | 9.5×29 | 延寿 | 请天神降临 | | | |
| 228 | D19 | 1956 | 381 | 10 | 10×27.5 | 延寿 | 请十三个恩多拉姆女神·净水瓶的来历 | | 和鸿 | |
| 229 | D20 | 1957 | 377 | 12 | 10×27.5 | 延寿 | 求富裕圣灵经 | √ | 和鸿 | |
| 230 | D21 | 1969 | 61 | 17 | 10×27.5 | 延寿 | 大迎神经 | | 和鸿 | |
| 231 | D22 | 1988 | 62 | 16 | 10×27.5 | 延寿 | 大迎神经(上册) | | 和鸿 | |
| 232 | D23 | 3792 | 241 | 22 | 10×28.5 | 延寿 | 求天神长寿经 | √ | | 《哈藏》4 |
| 233 | D24 | 1975 | 253 | 15 | 10×28 | 延寿 | 向神献饭 | √ | 和鸿 | |
| 234 | D25 | 1980 | 379 | 12 | 10.5×27.5 | 延寿 | 送神将归位经(上册) | | 和鸿 | 《哈藏》4 |
| 235 | D26 | 1967 | 380 | 15 | 10×27 | 延寿 | 送神将归位经(下册) | | 和鸿 | 《哈藏》4 |
| 236 | D27 | 1959 | 386 | 13 | 10×26.5 | 延寿 | 送大神经 | | 和鸿 | 《哈藏》4 |
| 237 | D28 | 2061 | 73 | 9 | 10.5×27.5 | 延寿 | 求大圣灵的弟子洛雌经 | √ | 和鸿 | 《哈藏》4 |
| 238 | D29 | 2047 | 387 | 27 | 9×28 | 延寿 | 祭十六神将经 | | 东昂 | |
| 239 | D30 | 1952 | 258 | 17 | 10×28 | 延寿 | 三十六个哥巴弟子献灯经 | | 和鸿 | 《哈藏》6 |
| 240 | D31 | 1979 | 72 | 15 | 10.5×28 | 延寿 | 给什罗的弟子圣灵经 | | 和鸿 | |
| 241 | D32 | 1943 | 68 | 16 | 10×27.5 | 延寿 | 请十三个依多拉姆女神·请十八个普拉神 | | 和鸿 | |
| 242 | D33 | 4038 | 382 | 17 | 10×28.5 | 延寿 | 请十三个依多拉姆女神 | | | |
| 243 | D34 | 4037 | 395 | 16 | 9.5×29 | 延寿 | 河神、金石的出处 | | | |
| 244 | D35 | 1973 | 243 | 18 | 10×27.5 | 延寿 | 九石河神·分寿岁·献河牲经 | √ | 和鸿 | |
| 245 | D36 | 1948 | 74 | 11 | 10×27.5 | 延寿 | 献河牲经 | | 和鸿 | |

| 序号 | 朱 | 洛 | 燕 | 页数 | 尺寸 | 类别 | 书名 | 跋语 | 书手 | 翻译 |
|------|-----|------|-----|------|-----------|------|------|------|------|------|
| 246 | D37 | 1974 | 76 | 12 | 10×27.5 | 延寿 | 祭河献饭·请崇则利恩·为神将点药经 | | 和鸿 | |
| 247 | D38 | 1977 | 78 | 14 | 10×28 | 延寿 | 崇则利恩的时代·献河牲经·请神·送神 | | 和鸿 | |
| 248 | D39 | 1949 | 77 | 17 | 10.5×28 | 延寿 | 河神的出处和来历（下册）·分福泽·分寿岁 | | 和鸿 | |
| 249 | D40 | 1046 | 222 | 11 | 9.5×28 | 延寿 | 梅勒杜孜长寿经（中、下册） | | | |
| 250 | D41 | 1082 | 224 | 10 | 9.5×28.5 | 延寿 | 梅勒杜孜长寿经（下册） | | 东知 | |
| 251 | D42 | 795 | 223 | 11 | 9.5×28 | 延寿 | 梅勒杜孜长寿经（中册） | | | |
| 252 | D43 | 1946 | 374 | 23 | 10.5×27.5 | 延寿 | 董神分福泽·分寿岁 | √ | 和鸿 | |
| 253 | D44 | 1751 | 221 | 6 | 9.5×28.5 | 开丧 | 为长寿董招魂 | | 东知 | |
| 254 | D45 | 2459 | 207 | 20 | 8.5×27.5 | 延寿 | 向梅勒杜孜神求寿 | | | |
| 255 | D46 | 1971 | 83 | 14 | 10×28 | 延寿 | 孜鲁米达 | | 和鸿 | |
| 256 | D47 | 1982 | 84 | 15 | 10.5×27.5 | 延寿 | 孜鲁米达 | | 和鸿 | |
| 257 | D48 | 1960 | 390 | 18 | 10.5×27.5 | 延寿 | 压秽鬼和犯罪鬼 | | 和鸿 | |
| 258 | D49 | 1962 | 69 | 16 | 10×28 | 延寿 | 压拦路鬼的胜利之门·除秽·念咒语 | | 和鸿 | |
| 259 | D50 | 1961 | 391 | 8 | 10×26.5 | 延寿 | 把美汝可兴柯罗降下的臭鬼和支鬼顶上去 | | 和鸿 | |
| 260 | D51 | 1963 | 373 | 12 | 10×28 | 延寿 | 给鬼献饭 | | 和鸿 | 《哈藏》4 |
| 261 | D52 | 1944 | 413 | 17 | 10×27 | 延寿 | 求寿竖幡经 | | 和鸿 | |

续表

| 序号 | 朱 | 洛 | 燕 | 页数 | 尺寸 | 类别 | 书名 | 跋语 | 书手 | 翻译 |
|---|---|---|---|---|---|---|---|---|---|---|
| 262 | D53 | 1940 | 399 | 15 | 10×28 | 延寿 | 迎请萨依瓦德神经·寻找米麻萨朵神经·送萨依瓦德神经 | | 和鸿 | 《哈藏》6 |
| 263 | D54 | 1966 | 384 | 11 | 10×27.5 | 延寿 | 建署塔·建纳召(下册) | | 和鸿 | 《哈藏》6 |
| 264 | D55 | 1632 | 79 | 9 | 10×29.5 | 延寿 | 求九颗华神石·九枝华神树枝·九饼华神圣油·九条华神圣水 | | | 《哈藏》6 |
| 265 | D56 | 无 | 520 | 16 | 9×28 | 延寿 | 向祖先求寿 | | 东昂 | 《哈藏》6 |
| 266 | D57 | 1938 | 75 | 11 | 10×27.5 | 延寿 | 桥边求寿经 | | 和鸿 | |
| 267 | D58 | 1964 | 371 | 17 | 10.5×27 | 延寿 | 阿明求圣灵经 | | 和鸿 | |
| 268 | D59 | 1976 | 398 | 8 | 10×27 | 延寿 | 迎请骨库神·杀白绵羊 | | 和鸿 | |
| 269 | D60 | 1986 | 376 | 7 | 10.5×28 | 延寿 | 阿明求圣灵经 | | 和鸿 | 《哈藏》7 |
| 270 | D61 | 1958 | 70 | 15 | 10×28 | 延寿 | 迎五方神巫经·迎祭司 | | 和鸿 | 《哈藏》7 |
| 271 | D62 | 1972 | 80 | 11 | 10×27.5 | 延寿 | 神将来历经·以及三十三个天神·二十二个地神 | | 和鸿 | 《哈藏》7 |
| 272 | D63 | 1985 | 66 | 11 | 10×27.5 | 延寿 | 请水的福泽和长命之水 | √ | 和鸿 | |
| 273 | D64 | 1965 | 378 | 23 | 10×28 | 延寿 | 请优麻·请神将 | | 和鸿 | 《哈藏》7 |
| 274 | D65 | 1955 | 71 | 24 | 10×28 | 延寿 | 送原始祖经 | | 和鸿 | 《哈藏》7 |
| 275 | D66 | 1970 | 418 | 13 | 10×27.5 | 延寿 | 开坛迎神献米经·守护三朵神,点油灯·请神将 | | 和鸿 | 《哈藏》7 |
| 276 | D67 | 1981 | 396 | 8 | 10.5×26.5 | 延寿 | 纳采卜兆经·祭白羊卜兆经 | √ | 和鸿 | |
| 277 | D68 | 1983 | 397 | 12 | 10.5×26.5 | 延寿 | 白羊卜兆经 | | 和鸿 | 《哈藏》7 |
| 278 | D69 | 1951 | 385 | 10 | 10×27.5 | 延寿 | 送幡经 | | 和鸿 | 《哈藏》7 |

| 序号 | 朱 | 洛 | 燕 | 页数 | 尺寸 | 类别 | 书名 | 跋语 | 书手 | 翻译 |
|---|---|---|---|---|---|---|---|---|---|---|
| 279 | D70 | 无 | 514 | 10 | 9.5×27.5 | 延寿 | 向仁鬼献饭 | | | 《哈藏》7 |
| 280 | D71 | 1953 | 414 | 9 | 10×28 | 延寿 | 白毛毡帐篷的来历 | | 和鸿 | 《哈藏》8 |
| 281 | D72 | 4036 | 370 | 12 | 10×28.5 | 延寿 | 蝙蝠传讯求寿经 | | | 《哈藏》8 |
| 282 | D73 | 无 | 513 | 24 | 8.5×29.5 | 延寿 | 不详 | | | |
| 283 | E01 | 2320 | 13 | 28 | 8.5×28.5 | 祭贤 | 能者的来历·献牲 | √ | | 《哈藏》8 |
| 284 | E02 | 1099 | 18 | 7 | 9×28 | 祭贤 | 献药·请福泽 | | 东知 | |
| 285 | E03 | 1773 | 158 | 10 | 9.5×29 | 祭贤 | 招魂 | | | |
| 286 | E04 | 1599 | 229 | 15 | 9×27.5 | 祭贤 | 请女贤降临·招魂（下册） | | | |
| 287 | E05 | 无 | 503 | 7 | 9.5×28 | 祭贤 | 不详 | | | |
| 288 | E06 | 1283 | 12 | 8 | 9×28 | 祭贤 | 送拦路鬼 | | 东知 | |
| 289 | E07 | 2789 | 227 | 8 | 9×29 | 祭女贤 | 破九道山坡关 | | | |
| 290 | E08 | 1576 | 228 | 9 | 9.5×27.5 | 祭女贤 | 破九道山坡关 | | | |
| 291 | E09 | 2074 | 219 | 12 | 9×29 | 祭贤 | 请尤麻护法神·本丹能干神 | | | |
| 292 | E10 | 1770 | 226 | 11 | 9.5×28 | 祭女贤 | 招魂经 | | | |
| 293 | E11 | 1704 | 21 | 9 | 9.5×28 | 祭贤 | 武器的起源 | | 东知 | |
| 294 | F01 | 1218 | 147 | 13 | 9.5×28.5 | 祭胜利神 | 请胜利神降临·烧香 | | 东知 | |
| 295 | F02 | 2156 | 150 | 18 | 8.5×28.5 | 祭胜利神 | 向神将献饭 | | | |
| 296 | F03 | 2652 | 149 | 16 | 10×29 | 祭胜利神 | 祭神将经 | | | |
| 297 | F04 | 2868 | 348 | 12 | 8.5×27.5 | 祭胜利神 | 祭神将经（上册） | | | |
| 298 | F05 | 2869 | 349 | 12 | 9×27.5 | 祭胜利神 | 祭神将经（下册） | | | |
| 299 | F06 | 2340 | 425 | 10 | 8×28.5 | 祭胜利神 | 为崇则利恩除秽 | | | |
| 300 | G01 | 5060 | 196 | 14 | 10.5×28 | 请家神 | 素米故 | | 和华亭 | |
| 301 | G02 | 2661 | 215 | 11 | 9.5×30 | 请家神 | 素米故 | | 和华亭 | |
| 302 | G03 | 1276 | 195 | 17 | 9.5×28.5 | 请家神 | 素米故 | | 东知 | |
| 303 | G04 | 818 | 213 | 9 | 9.5×29 | 请家神 | 神药的来历 | √ | | |
| 304 | G05 | 814 | 203 | 21 | 8.5×29.5 | 请家神 | 开坛迎神来历 | | | |
| 305 | G06 | 无 | 211 | 12 | 9×29.5 | 请家神 | 献饭 | | | |

续表

| 序号 | 朱 | 洛 | 燕 | 页数 | 尺寸 | 类别 | 书名 | 跋语 | 书手 | 翻译 |
|---|---|---|---|---|---|---|---|---|---|---|
| 306 | G07 | 2605 | 209 | 8 | 9×29 | 请家神 | 献饭,烧香 | | | |
| 307 | G08 | 819 | 212 | 27 | 8.5×29.5 | 请家神 | 向米拉布家神献饭 | | | |
| 308 | G09 | 821 | 210 | 10 | 10×29 | 请家神 | 献饭 | √ | | |
| 309 | G10 | 2363 | 198 | 14 | 8.5×29.5 | 请家神 | 献牲·献饭 | | | |
| 310 | G11 | 2607 | 208 | 12 | 9.5×10 | 请家神 | 祭五谷神 | √ | | |
| 311 | G12 | 2598 | 441 | 17 | 9.5×29.5 | 请家神 | 请五谷神献饭 | √ | | |
| 312 | G13 | 827 | 199 | 17 | 8×29 | 请家神 | 创世纪 | | | |
| 313 | G14 | 813 | 205 | 19 | 9×29 | 请家神 | 创世纪 | √ | | 《哈藏》8 |
| 314 | G15 | 2606 | 202 | 12 | 9×29 | 请家神 | 祭争鬼 | | | |
| 315 | G16 | 822 | 200 | 8 | 8.5×29 | 请家神 | 劝秽鬼 | | | |
| 316 | G17 | 844 | 440 | 12 | 10×29 | 请家神 | 祭祖 | | | |
| 317 | G18 | 无 | 510 | 7 | 10×28.5 | 请家神 | 接祖 | | | |
| 318 | G19 | 1225 | 42 | 17 | 9.5×28 | 请家神 | 祭送祖经 | | 东知 | |
| 319 | G20 | 1092 | 126 | 13 | 9.5×28 | 请家神 | 劝死者灵魂 | | 东知 | |
| 320 | G21 | 无 | 506 | 10 | 9.5×28 | 请家神 | 祖先和情死鬼要分开招魂 | √ | 东昂 | |
| 321 | H01 | 3066 | 36 | 17 | 8.5×27.5 | 禳垛鬼 | 替生开坛经 | | | |
| 322 | H02 | 3057 | 364 | 18 | 8.5×28 | 禳垛鬼 | 创世纪 | | | 《哈藏》8 |
| 323 | H03 | 5073 | 405 | 15 | 9×28 | 禳垛鬼 | 创世纪 | | | |
| 324 | H04 | 3085 | 58 | 14 | 8.5×28.5 | 禳垛鬼 | 给九个男鬼替生 | | | |
| 325 | H05 | 3049 | 56 | 10 | 9×28 | 禳垛鬼 | 天神九兄弟替生 | √ | 大东 | |
| 326 | H06 | 3050 | 41 | 13 | 9×28.5 | 禳垛鬼 | 九个天子和七个地女的故事 | √ | 东拉 | |
| 327 | H07 | 3053 | 16 | 6 | 9×28 | 禳垛鬼 | 九支神箭和石的出处 | √ | 东拉 | |
| 328 | H08 | 3069 | 51 | 10 | 8.5×28 | 禳垛鬼 | 用牛替生赎罪(上册) | √ | 东拉 | |
| 329 | H09 | 3046 | 53 | 10 | 9×28 | 禳垛鬼 | 用牛替生赎罪(上册) | | 东拉 | |

| 序号 | 朱 | 洛 | 燕 | 页数 | 尺寸 | 类别 | 书名 | 跋语 | 书手 | 翻译 |
|---|---|---|---|---|---|---|---|---|---|---|
| 330 | H10 | 3060 | 49 | 10 | 8.5×28 | 禳垛鬼 | 用牛替生赎罪（下册） | √ | 东拉 | |
| 331 | H11 | 3061 | 35 | 16 | 8×27.5 | 禳垛鬼 | 用五谷替生 | √ | 东拉 | |
| 332 | H12 | 3048 | 32 | 11 | 9×28 | 禳垛鬼 | 压年灾经替 | | | |
| 333 | H13 | 3039 | 365 | 10 | 8.5×26.5 | 禳垛鬼 | 柴米出处·向水妖献面偶 | | | |
| 334 | H14 | 3038 | 368 | 14 | 9.5×28.5 | 禳垛鬼 | 请刹依威德降临 | | 东拉 | |
| 335 | H15 | 3041 | 45 | 13 | 9×27.5 | 禳垛鬼 | 请考日四头护法神降临 | | | |
| 336 | H16 | 3024 | 15 | 23 | 8×27.5 | 禳垛鬼 | 请神降威灵 | √ | 东昂 | |
| 337 | H17 | 1226 | 353 | 11 | 10×28.5 | 禳垛鬼 | 向牛魔王赎罪招魂 | | 东知 | |
| 338 | H18 | 3034 | 54 | 11 | 9×28.5 | 禳垛鬼 | 为女病人消灾 | | | |
| 339 | H19 | 3042 | 14 | 12 | 9×28.5 | 禳垛鬼 | 祭丹鬼退是非替生 | √ | | |
| 340 | H20 | 3037 | 37 | 16 | 9×27 | 禳垛鬼 | 请由劳丁多神给好柴好饭 | √ | | |
| 341 | H21 | 3086 | 46 | 12 | 8.5×28 | 禳垛鬼 | 烧天香 | √ | | |
| 342 | H22 | 3063 | 52 | 14 | 8×28 | 禳垛鬼 | 献木偶替灾经 | | | |
| 343 | H23 | 3089 | 362 | 10 | 8.5×28 | 禳垛鬼 | 祭考利神面偶 | | 东拉 | |
| 344 | H24 | 3088 | 60 | 12 | 8.5×28 | 禳垛鬼 | 请九头护法神分清黑白 | | 东拉 | |
| 345 | H25 | 3032 | 363 | 10 | 9×28 | 禳垛鬼 | 向死者萨拉阿巴 | | 东拉 | |
| 346 | H26 | 3087 | 366 | 11 | 8.5×28 | 禳垛鬼 | 向死者萨拉阿巴 | | 东拉 | |
| 347 | H27 | 3064 | 367 | 14 | 8.5×28 | 禳垛鬼 | 结尾经 | | 东拉 | |
| 348 | H28 | 3036 | 40 | 12 | 9×27.5 | 禳垛鬼 | 高勒趣传略·送冥马 | | 东拉 | |
| 349 | H29 | 5126 | 350 | 11 | 9×28 | 禳垛鬼 | 求取占卜经 | √ | | |
| 350 | I01 | 1321 | 119 | 10 | 10×28.5 | 祭署/除秽 | 规程 | | 东知 | |
| 351 | I02 | 1677 | 197 | 10 | 9×29.5 | 除秽 | 开坛经 | √ | | |
| 352 | I03 | 1624 | 269 | 15 | 8.5×27.5 | 除秽 | 求取占卜经 | √ | | |

续表

| 序号 | 朱 | 洛 | 燕 | 页数 | 尺寸 | 类别 | 书名 | 跋语 | 书手 | 翻译 |
|---|---|---|---|---|---|---|---|---|---|---|
| 353 | I04 | 5044 | 204 | 11 | 9.5×28 | 除秽 | 迎神经 | | | |
| 354 | I05 | 1620 | 242 | 12 | 9.5×29 | 除秽 | 神箭经 | | | |
| 355 | I06 | 1315 | 249 | 11 | 9×28.5 | 除秽 | 净水瓶的来历 | | 东知 | |
| 356 | I07 | 5048 | 260 | 7 | 8.5×27 | 除秽 | 净水瓶的来历 | | 东拉 | |
| 357 | I08 | 5043 | 259 | 11 | 8.5×27.5 | 除秽 | 解秽·还秽 | | 东拉 | |
| 358 | I09 | 1303 | 248 | 15 | 9.5×29 | 除秽 | 退是非·送丹鬼 | | 东知 | |
| 359 | I10 | 570 | 17 | 10 | 8×29.5 | 除秽 | 送秽的来历 | | | |
| 360 | I11 | 5049 | 261 | 11 | 8.5×27 | 除秽 | 结尾经 | | 东拉 | |
| 361 | I12 | 3166 | 254 | 11 | 9×27.5 | 除秽 | 祭盘神、禅神 | | 东拉 | |
| 362 | I13 | 3178 | 250 | 9 | 9×27.5 | 除秽 | 祭盘神、禅神 | | 东拉 | |
| 363 | I14 | 5046 | 244 | 12 | 9×27.5 | 除秽 | 退是非经(上册) | | 东拉 | |
| 364 | I15 | 5047 | 267 | 12 | 9×28 | 除秽 | 退是非经(下册) | | 东拉 | |
| 365 | I16 | 611 | 201 | 11 | 8.5×29 | 除秽 | 除秽的来历 | | | |
| 366 | I17 | 3170 | 263 | 10 | 9.5×26.5 | 除秽 | 除秽的来历 | | | |
| 367 | I18 | 1322 | 218 | 27 | 8.5×27.5 | 除秽 | 黑白战争 | √ | 东知 | |
| 368 | I19 | 3165 | 265 | 17 | 9×27 | 除秽 | 黑白战争 | √ | 东拉 | |
| 369 | I20 | 1328 | 247 | 11 | 10×28.5 | 除秽 | 山羊、绵羊、牛的出处(上册) | | 东知 | |
| 370 | I21 | 5446 | 262 | 12 | 9×27.5 | 除秽 | 山羊、绵羊、牛的出处(中册) | | 东拉 | |
| 371 | I22 | 1326 | 246 | 8 | 10×28.5 | 除秽 | 山羊、绵羊、牛的出处(下册) | | 东知 | |
| 372 | I23 | 5045 | 239 | 12 | 9×27.5 | 除秽 | 撒达余主神传略 | | 东拉 | |
| 373 | I24 | 3172 | 206 | 10 | 9×28.5 | 除秽 | 撒达余主神传略 | | 东拉 | |
| 374 | I25 | 3167 | 251 | 11 | 9.5×28 | 除秽 | 安格古孜传略 | | 东拉 | |
| 375 | I26 | 2824 | 264 | 10 | 9×27.5 | 除秽 | 高勒趣传略 | | 东拉 | |
| 376 | I27 | 1311 | 344 | 22 | 10×28.5 | 除秽 | 迎左土尤麻护法神经 | √ | 东知 | |
| 377 | I28 | 1331 | 217 | 14 | 9×27.5 | 除秽 | 巴吾赤居的故事(上册) | | 东知 | |

续表

| 序号 | 朱 | 洛 | 燕 | 页数 | 尺寸 | 类别 | 书名 | 跋语 | 书手 | 翻译 |
|---|---|---|---|---|---|---|---|---|---|---|
| 378 | I29 | 1325 | 245 | 10 | 10×29 | 除秽 | 向二十一秽鬼除秽 | | 东知 | |
| 379 | I30 | 1459 | 216 | 13 | 9×27 | 除秽 | 向米那色姆神除秽 | | | |
| 380 | I31 | 1250 | 315 | 8 | 9.5×29 | 驱秽鬼 | 给秽鬼面偶除秽 | | 东知 | |
| 381 | I32 | 1920 | 400 | 14 | 9.5×28 | 除秽 | 向大金石、胜利神除秽·压水妖鬼·祭色拉老人神 | | | |
| 382 | I33 | 1307 | 256 | 8 | 9×28.5 | 除秽 | 结尾经 | | 东知 | |
| 383 | I34 | 3190 | 266 | 16 | 10×28.5 | 除秽 | 丢拦路鬼面偶 | √ | | |
| 384 | I35 | 5067 | 237 | 15 | 9×29.5 | 除秽 | 尤麻、本丹护法神降临 | √ | | |
| 385 | I36 | 1537 | 231 | 24 | 9.5×28 | 除秽 | 祭董神经(下册) | | | |
| 386 | I37 | 893 | 298 | 8 | 9.5×29 | 除秽 | 撒米花给尤麻疯病人 | | | |
| 387 | I38 | 2794 | 443 | 13 | 9.5×29.5 | 除秽 | 用手算人病的时间 | | | |
| 388 | I39 | 584 | 214 | 13 | 8.5×28 | 除秽 | 董神、塞神传略 | | | |
| 389 | J01 | 1346 | 304 | 9 | 9.5×27.5 | 关死门 | 规程 | | 东知 | 《哈藏》8 |
| 390 | J02 | 1357 | 303 | 19 | 8.5×27.5 | 关死门 | 创世纪 | | 东知 | |
| 391 | J03 | 1336 | 302 | 14 | 9×27.5 | 关死门 | 寻找饶星·迎接饶星 | | 东知 | |
| 392 | J04 | 1360 | 301 | 21 | 9×27.5 | 关死门 | 饶星的来历(下册) | | 东知 | |
| 393 | J05 | 3868 | 300 | 10 | 9.5×27.5 | 关死门 | 生死分开经 | | | |
| 394 | K01 | 1698 | 20 | 10 | 10×28.5 | 超荐 | 制作神主木偶经 | | 东知 | |
| 395 | K02 | 1417 | 163 | 11 | 9.5×28.5 | 超荐 | 送舅经 | | | |
| 396 | K03 | 1848 | 168 | 17 | 9×28.5 | 超荐 | 俄英都奴列女传 | | | |
| 397 | K04 | 1602 | 194 | 14 | 9×28 | 超荐 | 撒糕点以享祖先 | | | |
| 398 | K05 | 2125 | 23 | 10 | 8.5×27.5 | 超荐 | 撒祭米退口舌 | | | |
| 399 | K06 | 1754 | 19 | 10 | 10×28.5 | 超荐 | 做羊毛账幕 | √ | 东知 | |
| 400 | K07 | 1749 | 189 | 10 | 10×28 | 超荐 | 砍碗表示生死离别 | | 东知 | |
| 401 | K08 | 3763 | 160 | 12 | 10×28.5 | 超荐 | 盖舅房供木偶 | √ | | |
| 402 | K09 | 1710 | 25 | 13 | 9×28 | 超荐 | 盖舅房供木偶 | | 东知 | |

续表

| 序号 | 朱 | 洛 | 燕 | 页数 | 尺寸 | 类别 | 书名 | 跋语 | 书手 | 翻译 |
|---|---|---|---|---|---|---|---|---|---|---|
| 403 | K10 | 3663 | 186 | 15 | 10×28.5 | 超荐 | 为舅父献药 | | 东拉 | |
| 404 | K11 | 1711 | 28 | 9 | 10×28.5 | 超荐 | 施药 | | 东知 | |
| 405 | K12 | 1750 | 27 | 10 | 9.5×27.5 | 超荐 | 崇则利恩寻药经 | | 东知 | |
| 406 | K13 | 1430 | 44 | 13 | 9×29 | 超荐 | 求死者的威灵留给后代经 | | | |
| 407 | K14 | 1254 | 187 | 9 | 9×28.5 | 超荐 | 求死者退是非经 | | 东知 | |
| 408 | K15 | 1253 | 188 | 10 | 9×28 | 超荐 | 求死者放替生羊 | | 东知 | |
| 409 | K16 | 1708 | 26 | 13 | 10×28.5 | 超荐 | 三十三支箭来历（上册） | | 东知 | |
| 410 | K17 | 1702 | 29 | 6 | 9×27.5 | 超荐 | 求死者祖先赎罪 | | 东知 | |
| 411 | K18 | 877 | 169 | 12 | 8.5×29.5 | 超荐 | 祭死者叙家史（上册） | | | |
| 412 | K19 | 880 | 192 | 17 | 8.5×29 | 超荐 | 祭死者经 | | | |
| 413 | K20 | 3668 | 164 | 5 | 9.5×28.5 | 超荐 | 祭死者门前接祖经 | | | |
| 414 | K21 | 1077 | 190 | 12 | 10×28 | 超荐 | 祭死者祖塔 | | 东知 | |
| 415 | K22 | 1557 | 167 | 12 | 9.5×28 | 超荐 | 祭死者不详经（上册） | | | |
| 416 | K23 | 1690 | 157 | 10 | 9×27.5 | 超荐 | 祭死者献药、献饭 | | 东知 | |
| 417 | K24 | 1769 | 159 | 23 | 8×28 | 超荐 | 祭死者狗和端鬼 | √ | 东知 | |
| 418 | K25 | 2756 | 193 | 8 | 9×27.5 | 超荐 | 家神与死者分开 | | | |
| 419 | K26 | 1453 | 22 | 17 | 8.5×29 | 超荐 | 祭死者烧香退口舌 | | | |
| 420 | K27 | 1555 | 24 | 8 | 10×28.5 | 超荐 | 祭死者接祖经 | | 东知 | |
| 421 | K28 | 2274 | 30 | 10 | 8.5×29 | 超荐 | 祭死者续祖先谱系 | | | |
| 422 | K29 | 1558 | 162 | 14 | 9.5×27 | 超荐 | 祭死者迎九先师 | | | |
| 423 | K30 | 799 | 161 | 11 | 8×29 | 超荐 | 祭死者迎九先师 | | | |
| 424 | K31 | 1233 | 191 | 6 | 10×28.5 | 超荐 | 祭死者立媳妇牌位·孝子挂皮口袋以示接代 | | 东知 | |
| 425 | K32 | 1753 | 421 | 9 | 9.5×27.5 | 超荐 | 开坛经 | | 东知 | |
| 426 | K33 | 无 | 508 | 12 | 8.5×28 | 超荐 | 杀鸡招魂 | | | |

| 序号 | 朱 | 洛 | 燕 | 页数 | 尺寸 | 类别 | 书名 | 跋语 | 书手 | 翻译 |
|---|---|---|---|---|---|---|---|---|---|---|
| 427 | K34 | 1215 | 445 | 16 | 9.5×27.5 | 超荐 | 给死者压鬼 | | 东知 | |
| 428 | K35 | 1921 | 446 | 19 | 9×27.5 | 超荐 | 给死者压鬼除秽 | | | |
| 429 | K36 | 2596 | 466 | 13 | 9×28.5 | 超荐 | 祭死者拦路鬼 | | | |
| 430 | K37 | 2760 | 403 | 10 | 8×27.5 | 超荐 | 挽歌 | | | |
| 431 | K38 | 2771 | 406 | 16 | 9×28 | 超荐 | 挽歌 | | 和华亭 | |
| 432 | K39 | 835 | 235 | 11 | 8×28.5 | 超荐 | 鬼的来历·请威灵神降临 | | | |
| 433 | K40 | 1922 | 156 | 12 | 9.5×28 | 超荐 | 祭禅神威灵经 | | | |
| 434 | K41 | 5066 | 232 | 13 | 8.5×28.5 | 超荐 | 请尤麻护法神逐是非鬼 | | | |
| 435 | K42 | 1247 | 411 | 16 | 9.5×28.5 | 超荐 | 请尤麻护法神逐是非鬼 | | 东知 | |
| 436 | K43 | 1251 | 238 | 9 | 9.5×28.5 | 驱鬼 | 规程 | | 东知 | |
| 437 | K44 | 5131 | 352 | 8 | 9.5×27.5 | 超荐 | 送虎鬼、豹鬼经 | | | |
| 438 | K45 | 2253 | 402 | 14 | 9.5×27.5 | 祭绝后鬼、毒鬼 | 规程 | √ | | |
| 439 | K46 | 1256 | 450 | 6 | 9.5×28.5 | 祭忍鬼 | 献饭经 | | 东知 | |
| 440 | K47 | 1741 | 123 | 27 | 9.5×28.5 | 超荐 | 祭衣大地方 | | 东知 | |
| 441 | K48 | 2790 | 351 | 12 | 9.5×29 | 超荐 | 六地火狱·丢面偶 | √ | 东比 | |
| 442 | K49 | 1724 | 124 | 29 | 9.5×28.5 | 超荐 | 地狱的三十二地方经 | | 东知 | |
| 443 | K50 | 834 | 236 | 12 | 9.5×28.5 | 驱鬼 | 创世纪 | | 和凤书 | |
| 444 | K51 | 5121 | 417 | 12 | 9.5×29.5 | 驱鬼 | 结尾经 | | | |
| 445 | K52 | 5062 | 220 | 8 | 9.5×28 | 祭董 | 驱拦路鬼经 | | 东知 | |
| 446 | K53 | 1726 | 431 | 10 | 10×28.5 | 开丧 | 开神路·神座的来历 | | 东知 | |
| 447 | K54 | 1743 | 428 | 9 | 10.5×28.5 | 开丧 | 开神路·刀子树的来历（上册） | | 东知 | |
| 448 | K55 | 1727 | 427 | 9 | 10.5×28.5 | 开丧 | 开神路·开鬼门经 | | 东知 | |
| 449 | K56 | 1059 | 1 | 7 | 10×28.5 | 祭女死者 | 驱拦路鬼经 | | 东知 | |

续表

| 序号 | 朱 | 洛 | 燕 | 页数 | 尺寸 | 类别 | 书名 | 跋语 | 书手 | 翻译 |
|---|---|---|---|---|---|---|---|---|---|---|
| 450 | K57 | 1060 | 7 | 13 | 10.5×29 | 祭女死者 | 献牲来历 | | 东知 | |
| 451 | K58 | 1048 | 3 | 11 | 10.5×28.5 | 祭女死者 | 献牲（上册） | | 东知 | |
| 452 | K59 | 1064 | 5 | 10 | 10.5×28.5 | 祭女死者 | 献牲（中册） | | 东知 | |
| 453 | K60 | 1047 | 6 | 11 | 10.5×29 | 祭女死者 | 献牲（下册） | √ | 东知 | |
| 454 | K61 | 1065 | 4 | 8 | 9.5×29 | 祭死者 | 女长寿者的来历 | | 东知 | |
| 455 | K62 | 1093 | 8 | 10 | 9.5×28.5 | 祭女死者 | 白铜锅的来历 | | 东知 | |
| 456 | K63 | 1263 | 151 | 9 | 9.5×28.5 | 祭死者 | 送替罗鬼·用鸡赎罪 | | 东知 | |
| 457 | K64 | 2597 | 442 | 8 | 9.5×29 | 祭畜神 | 用鸡赎罪 | | | |
| 458 | K65 | 5063 | 233 | 15 | 8×27 | 祭端鬼 | 祭者鬼·请来玖和劳巴塔尤神 | | | |
| 459 | K66 | 1115 | 347 | 16 | 10×28.5 | 祭死者 | 用桃枝扎狗镇压者鬼招魂 | | 东知 | |
| 460 | K67 | 1881 | 432 | 11 | 10×28 | 开丧 | 俄英都奴传略（上册） | | 东知 | |
| 461 | K68 | 1076 | 429 | 12 | 9.5×28 | 开丧 | 俄英都奴传略（下册） | | 东知 | |
| 462 | K69 | 1243 | 129 | 15 | 9.5×28.5 | 开丧 | 求死者把威灵留给后代（上册） | | 东知 | |
| 463 | K70 | 1227 | 130 | 12 | 9.5×28.5 | 开丧 | 求死者把威灵留给后代（下册） | | 东知 | |
| 464 | K71 | 1096 | 127 | 15 | 9.5×29 | 祭死者 | 挽歌（下册） | | 东知 | |
| 465 | K72 | 2254 | 31 | 8 | 10×28.5 | 祭死者 | 开神路画稿 | | 东知 | |
| 466 | K73 | 无 | 578 | 28 | 9.5×28 | 祭死者 | 茨则吉姆经 | √ | 东知 | |
| 467 | K74 | 3059 | 50 | 12 | 9×28.5 | 祭者鬼 | 请十八个本丹鬼降临 | | | |
| 468 | K75 | 567 | 225 | 14 | 8.5×29 | 祭死者 | 神树的来历 | | | |
| 469 | K76 | 1723 | 121 | 31 | 10×28.5 | 祭死者 | 人类的二十三住地 | | 东知 | |
| 470 | K77 | 1585 | 128 | 19 | 9.5×28.5 | 祭死者 | 开九天兄弟的故事 | | 东知 | |
| 471 | K78 | 1718 | 122 | 31 | 9.5×28.5 | 祭死者 | 许左五地方经 | | 东知 | |
| 472 | L01 | 2841 | 461 | 12 | 10×20 | 占卜 | 推算吉凶的经书 | | 东知 | 《哈藏》8 |

续表

| 序号 | 朱 | 洛 | 燕 | 页数 | 尺寸 | 类别 | 书名 | 跋语 | 书手 | 翻译 |
|---|---|---|---|---|---|---|---|---|---|---|
| 473 | L02 | 2387 | 481 | 11 | 8×28 | 占卜 | 推算吉凶的经书 | | | 《哈藏》8 |
| 474 | L03 | 2642 | 483 | 10 | 9.5×29 | 占卜 | 海肥卜经书 | | | 《哈藏》8 |
| 475 | L04 | 1842 | 456 | 13 | 10×19 | 占卜 | 用五个海肥卜招魂经 | | 东知 | 《哈藏》8 |
| 476 | L05 | 1841 | 588 | 8 | 10.5×18.5 | 占卜 | 用十三个海肥卜吉凶的经书 | | 东知 | 《哈藏》8 |
| 477 | L06 | 2831 | 589 | 9 | 12.5×20 | 占卜 | 用十三个海肥卜吉凶的经书 | | 东知 | 《哈藏》8 |
| 478 | L07 | 2629 | 563 | 6 | 9.5×28.5 | 占卜 | 看一年的八卦书 | | | 《哈藏》8 |
| 479 | L08 | 2843 | 582 | 19 | 12.5×19 | 占卜 | 用八卦八方算生孩子的经书(下册) | | 东知 | 《哈藏》8 |
| 480 | L09 | 2846 | 346 | 11 | 9×20 | 占卜 | 八卦经书 | | 东知 | 《哈藏》8 |
| 481 | L10 | 2844 | 345 | 8 | 9.5×19 | 占卜 | 八卦方位经书 | | 东知 | 《哈藏》8 |
| 482 | L11 | 2834 | 580 | 10 | 13×19.5 | 占卜 | 用八卦方位看数字卜的经书 | | 东知 | 《哈藏》8 |
| 483 | L12 | 1832 | 453 | 10 | 13×15 | 占卜 | 用八卦算流年的经书 | | 东知 | 《哈藏》8 |
| 484 | L13 | 2631 | 562 | 12 | 9.5×29 | 占卜 | 八卦方位经书 | | | 《哈藏》8 |
| 485 | L14 | 2616 | 559 | 16 | 9×29 | 占卜 | 用花甲算生孩子的时间,用花甲算八卦的八方位 | | | 《哈藏》8 |
| 486 | L15 | 1838 | 455 | 22 | 10×18.5 | 占卜 | 看人死后 | | 东知 | 《哈藏》8 |
| 487 | L16 | 2839 | 464 | 18 | 12.5×19 | 占卜 | 看人死后 | | 东知 | 《哈藏》9 |
| 488 | L17 | 2836 | 452 | 16 | 10×20.5 | 占卜 | 看疾病吉凶 | | 东知 | 《哈藏》9 |
| 489 | L18 | 2626 | 574 | 12 | 9.5×29 | 占卜 | 看母亲年龄卜生儿吉凶 | | | 《哈藏》9 |
| 490 | L19 | 2636 | 477 | 18 | 9.5×29 | 占卜 | 看打雷方向卜生儿吉凶 | | | 《哈藏》9 |
| 491 | L20 | 2609 | 557 | 17 | 9×29 | 占卜 | 算孙儿的吉凶 | | | 《哈藏》9 |

续表

| 序号 | 朱 | 洛 | 燕 | 页数 | 尺寸 | 类别 | 书名 | 跋语 | 书手 | 翻译 |
|---|---|---|---|---|---|---|---|---|---|---|
| 492 | L21 | 1835 | 585 | 28 | 13.5×14.5 | 占卜 | 算星的吉凶·看打雷的方向·看开天门 | √ | 东知 | 《哈藏》9 |
| 493 | L22 | 2770 | 522 | 12 | 9.5×28.5 | 占卜 | 算星的吉凶 | | | 《哈藏》9 |
| 494 | L23 | 1836 | 592 | 22 | 14×15 | 占卜 | 算星和流星的吉凶 | √ | 东知 | |
| 495 | L24 | 1830 | 594 | 34 | 13.5×15 | 占卜 | 算星流星蛇鬼和富鬼的来历 | √ | 东知 | 《哈藏》9 |
| 496 | L25 | 2622 | 558 | 11 | 9×29.5 | 占卜 | 算星的吉凶经书 | | | 《哈藏》9 |
| 497 | L26 | 2835 | 595 | 22 | 13×20 | 占卜 | 算二十八宿的经书 | | 东知 | 《哈藏》9 |
| 498 | L27 | 2297 | 521 | 12 | 9×29.5 | 占卜 | 算天上的星 | | | 《哈藏》9 |
| 499 | L28 | 2611 | 571 | 16 | 8.5×29 | 占卜 | 算天上的星 | | | 《哈藏》9 |
| 500 | L29 | 2619 | 567 | 4 | 9.5×29 | 占卜 | 卜结婚时间的吉凶 | | | 《哈藏》9 |
| 501 | L30 | 2640 | 561 | 13 | 6×28.5 | 占卜 | 算饶星(上册) | | | 《哈藏》9 |
| 502 | L31 | 2610 | 564 | 19 | 9×28.5 | 占卜 | 算饶星(下册) | | | 《哈藏》9 |
| 503 | L32 | 2558 | 560 | 12 | 9×28 | 占卜 | 算饶星 | | | 《哈藏》9 |
| 504 | L33 | 859 | 486 | 19 | 9×29 | 占卜 | 算年、算时,算饶星 | | | |
| 505 | L34 | 2627 | 573 | 18 | 9.5×28.5 | 占卜 | 卜饶星、日子、六十年甲子的吉凶 | | | |
| 506 | L35 | 2634 | 472 | 6 | 8.5×28.5 | 占卜 | 看饶星和女人洗头时间 | | | 《哈藏》9 |
| 507 | L36 | 2637 | 489 | 14 | 9×29 | 占卜 | 以日子占卜的卦辞之书 | | | 《哈藏》9 |
| 508 | L37 | 2624 | 492 | 4 | 9×28.5 | 占卜 | 以土神每天吃什么占凶吉 | | | 《哈藏》9 |
| 509 | L38 | 2647 | 487 | 14 | 8.5×28.5 | 占卜 | 以土神每天吃什么占凶吉 | | | 《哈藏》9 |
| 510 | L39 | 2761 | 598 | 18 | 9.5×28 | 占卜 | 算饶星 | | | 《哈藏》9 |
| 511 | L40 | 2643 | 566 | 9 | 9×29 | 占卜 | 看出现星宿日子的经书 | | | |
| 512 | L41 | 2614 | 494 | 30 | 8.5×29.5 | 占卜 | 看生病日子吉凶的经书 | | | |

| 序号 | 朱 | 洛 | 燕 | 页数 | 尺寸 | 类别 | 书名 | 跋语 | 书手 | 翻译 |
|---|---|---|---|---|---|---|---|---|---|---|
| 513 | L42 | 2837 | 463 | 10 | 10×18 | 占卜 | 算流星日子和时间 | | 东知 | |
| 514 | L43 | 2334 | 470 | 5 | 8×28 | 占卜 | 推算流星 | | | |
| 515 | L44 | 1828 | 586 | 9 | 13.5×15 | 占卜 | 用甲子推算结婚的时间 | | 东知 | |
| 516 | L45 | 2646 | 354 | 6 | 9×29 | 占卜 | 用时辰看病 | | | |
| 517 | L46 | 2615 | 575 | 10 | 9.5×29 | 占卜 | 用花甲推算时间 | √ | 东昂 | |
| 518 | L47 | 2617 | 476 | 10 | 9.5×29.5 | 占卜 | 卜失物的方向 | | | |
| 519 | L48 | 2557 | 469 | 17 | 8.5×27.5 | 占卜 | 看新娘进门的时间 | | | |
| 520 | L49 | 1831 | 590 | 12 | 14×15 | 占卜 | 丢魂请龙王的时间 | | 东知 | |
| 521 | L50 | 2832 | 596 | 15 | 11×19.5 | 占卜 | 丢魂的时间 | | 东知 | |
| 522 | L51 | 2296 | 473 | 8 | 9×20 | 占卜 | 看流星、猪星吉凶 | | | |
| 523 | L52 | 2518 | 579 | 18 | 8×28 | 占卜 | 看弓箭、披毡、不祥日子的经书 | | | |
| 524 | L53 | 2613 | 471 | 18 | 9×29.5 | 占卜 | 看不祥日子的经书 | | | |
| 525 | L54 | 1833 | 593 | 18 | 13.5×15 | 占卜 | 看不祥日子的经书 | | 东知 | |
| 526 | L55 | 2618 | 484 | 6 | 9.5×28.5 | 占卜 | 看被偷的经书 | | | |
| 527 | L56 | 2644 | 490 | 9 | 9.5×29 | 占卜 | 算疾病的经书 | | | |
| 528 | L57 | 2628 | 568 | 33 | 9×29 | 占卜 | 甲子与五行配合经书 | | | |
| 529 | L58 | 2645 | 491 | 8 | 9×29 | 占卜 | 卜书 | | | |
| 530 | L59 | 2515 | 493 | 26 | 8.5×28.5 | 占卜 | 看被偷的经书 | | | |
| 531 | L60 | 2840 | 591 | 6 | 13.5×15 | 占卜 | 用左手指节计算 | | 东知 | |
| 532 | L61 | 2638 | 572 | 16 | 9×29 | 占卜 | 求神降临 | | | |
| 533 | L62 | 1840 | 459 | 8 | 10×19 | 占卜 | 藏族解结绳卜书 | | 东知 | |
| 534 | L63 | 1839 | 458 | 17 | 10×19 | 占卜 | 藏族解结绳卜书 | | 东知 | |
| 535 | L64 | 1834 | 584 | 24 | 13.5×14.5 | 占卜 | 祭龙王卜 | | 东知 | |
| 536 | L65 | 2635 | 480 | 6 | 9×29 | 占卜 | 肩胛骨卜 | | | |
| 537 | L66 | 2612 | 569 | 34 | 9.5×29.5 | 占卜 | 六十年甲子 | | | |
| 538 | L67 | 2562 | 462 | 24 | 8×13.5 | 占卜 | 蛇属相与蛇属相做一家的 | | | |

续表

| 序号 | 朱 | 洛 | 燕 | 页数 | 尺寸 | 类别 | 书名 | 跋语 | 书手 | 翻译 |
|---|---|---|---|---|---|---|---|---|---|---|
| 539 | L68 | 2625 | 565 | 13 | 9.5×29 | 占卜 | 看龙与龙、水与水做一家运程经书 | | | |
| 540 | L69 | 2621 | 485 | 10 | 9.5×29 | 占卜 | 看结婚进门的时间 | | | |
| 541 | L70 | 2641 | 474 | 3 | 9×29 | 占卜 | 白鹤叫好听的 | | | |
| 542 | L71 | 2502 | 577 | 20 | 8×27.5 | 占卜 | 推算儿女的运程 | | | |
| 543 | L72 | 2846 | 457 | 11 | 10×19.5 | 占卜 | 看烧香的地方 | √ | | |
| 544 | L73 | 2763 | 467 | 5 | 11×19 | 占卜 | 看烧香的地方 | | 东知 | |
| 545 | L74 | 2556 | 468 | 12 | 8.5×27.5 | 占卜 | 算花甲 | | | |
| 546 | L75 | 2833 | 581 | 14 | 13×19.5 | 占卜 | 抽十三谶卜 | | 东知 | |
| 547 | L76 | 2623 | 478 | 8 | 9×29 | 占卜 | 梦卜经书 | √ | 东昂 | |
| 548 | L77 | 2649 | 342 | 10 | 9.5×29 | 占卜 | 用鲁补占卜 | | | |
| 549 | L78 | 2633 | 556 | 10 | 9.5×29 | 占卜 | 算甲子饿饭的 | | | |
| 550 | L79 | 2639 | 570 | 8 | 9.5×29 | 占卜 | 男女可以做一家的 | | | |
| 551 | L80 | 2561 | 465 | 25 | 9.5×15 | 占卜 | 看养儿女的好与坏 | | | |
| 552 | L81 | 2620 | 479 | 7 | 9.5×29 | 占卜 | 看下雨打雷日月食决定年岁歉收 | | | |
| 553 | L82 | 2560 | 495 | 14 | 8×28 | 占卜 | 算甲子经书 | | | |
| 554 | L83 | 2842 | 454 | 12 | 12.5×19.5 | 占卜 | 开天门日子经书 | | 东知 | |
| 555 | L84 | 2830 | 587 | 9 | 12×19 | 占卜 | 两个海犯卜经书 | | 东知 | |
| 556 | L85 | 2630 | 576 | 8 | 9×28 | 占卜 | 算五行 | | | |
| 557 | L86 | 2632 | 482 | 8 | 9.5×29 | 占卜 | 算火与铁 | | | |
| 558 | L87 | 2555 | 597 | 12 | 8×28 | 占卜 | 算甲子五行经书 | | | |
| 559 | L88 | 1837 | 343 | 15 | 10.5×19 | 占卜 | 看人病阴阳好坏的日子 | | 东知 | |
| 560 | L89 | 2795 | 448 | 20 | 9×28 | 占卜 | 看日子好坏的经书 | | | |
| 561 | L90 | 2599 | 152 | 13 | 8.5×29.5 | 占卜 | 人的吉凶经书 | | | |
| 562 | L91 | 2559 | 488 | 10 | 8.5×30 | 占卜 | 看蛇与蛇做一家的（下册） | | | |
| 563 | L92 | 2838 | 460 | 15 | 12×20.5 | 占卜 | 看丢魂日子经书 | | 东知 | |
| 564 | L93 | 2388 | 475 | 17 | 8.5×24 | 占卜 | 看失物卜 | | | |

| 序号 | 朱 | 洛 | 燕 | 页数 | 尺寸 | 类别 | 书名 | 跋语 | 书手 | 翻译 |
|------|------|------|------|------|------|------|------|------|------|------|
| 565 | M01 | 无 | 9 | 14 | 9×30 | 零杂 | 开坛经 | | | |
| 566 | M02 | 无 | 509 | 9 | 9.5×28 | 零杂 | 法杖经 | | | |
| 567 | M03 | 625 | 451 | 14 | 8.5×28.5 | 祭仁 | 烧天香 | | | |
| 568 | M04 | 2653 | 449 | 21 | 9×27.5 | 赫拉 | 咒语 | | 和鸿 | |
| 569 | M05 | 2672 | 140 | 17 | 9.5×29.5 | 祭吉鬼 | 动神经（上、下册） | | | |
| 570 | M06 | 2675 | 143 | 8 | 9.5×19.5 | 祭吉鬼 | 黑白战争 | | | |
| 571 | M07 | 2678 | 142 | 16 | 9×29.5 | 祭吉鬼 | 哈斯战争·燃灯·除秽 | | | |
| 572 | M08 | 2088 | 234 | 8 | 9.5×28.5 | 禳垛、驱鬼、除秽 | 送天神 | | | |
| 573 | M09 | 3197 | 545 | 10 | 9.5×29 | 大祭风 | 送天神 | √ | 东发 | |
| 574 | M10 | 2689 | 145 | 9 | 9.5×28.5 | 零杂 | 送天神·燃灯 | | | |
| 575 | M11 | 1089 | 125 | 15 | 9×28.5 | 开丧 | 杀水怪 | | 东知 | |
| 576 | M12 | 5129 | 447 | 7 | 9×27 | 祭水怪 | 祭水怪 | | | |
| 577 | M13 | 931 | 444 | 7 | 9.5×28.5 | 挡鬼 | 祭河经 | | 东拉 | |
| 578 | M14 | 1252 | 153 | 8 | 9×28.5 | 零杂 | 扣鬼的来历经 | √ | 东知 | |
| 579 | M15 | 932 | 369 | 20 | 9.5×27.5 | 祭仁 | 飞鬼和高勒趣神要分开 | √ | 东拉 | |
| 580 | M16 | 1728 | 426 | 18 | 10×28.5 | 地狱六地 | 祭本多经 | √ | 东知 | |
| 581 | M17 | 2670 | 138 | 10 | 9.5×29.5 | 祭吉鬼 | 崇则利恩传略 | | 东拉 | |
| 582 | M18 | 2676 | 146 | 14 | 9.5×29 | 祭吉鬼 | 用十二生肖压仇人结尾经 | | 东拉 | |
| 583 | M19 | 2673 | 141 | 13 | 9.5×29.5 | 祭吉鬼 | 用十二生肖压仇人 | | | |
| 584 | M20 | 2674 | 148 | 16 | 9.5×29 | 祭吉鬼 | 祭是非经 | | | |
| 585 | M21 | 2655 | 139 | 16 | 9.5×29.5 | 祭吉鬼 | 求雨压毒鬼 | | | |
| 586 | M22 | 1782 | 137 | 12 | 9×29 | 零杂 | 求雨经 | | | |
| 587 | M23 | 2826 | 420 | 7 | 8.5×29.5 | 零杂 | 安慰死者 | √ | | |
| 588 | M24 | 2149 | 416 | 9 | 9×27.5 | 祭河神 | 祭大金石和二十八星宿的方位 | | 东发 | |
| 589 | M25 | 1804 | 230 | 10 | 9.5×28 | 超荐 | 祭死者夫妻木偶 | | | |

292

续表

| 序号 | 朱 | 洛 | 燕 | 页数 | 尺寸 | 类别 | 书名 | 跋语 | 书手 | 翻译 |
|---|---|---|---|---|---|---|---|---|---|---|
| 590 | M26 | 2178 | 11 | 13 | 8.5×29.5 | 祭神将 | 虎的来历 | | | |
| 591 | M27 | 2688 | 144 | 20 | 9.5×28.5 | 零杂 | 原籍经 | √ | | |
| 592 | M28 | 2608 | 422 | 8 | 8.5×29.5 | 零杂 | 寻卜经 | | | |
| 593 | M29 | 2453 | 360 | 6 | 10.5×30.5 | 汝卡 | 祭都尼许白规程 | √ | | |
| 594 | M30 | 1050 | 33 | 16 | 9.5×28.5 | 开丧 | 法杖经(上册) | | 东知 | |
| 595 | M31 | 2076 | 43 | 10 | 10×28.5 | 开丧 | 法杖经(下册) | | | |
| 596 | M32 | 无 | 424 | 3 | 10×28 | 零杂 | 梵文经 | | | |
| 597 | M33 | 1451 | 433 | 10 | 9.5×29 | 开丧 | 什罗咒语 | | | |
| 598 | M34 | 1829 | 583 | 22 | 13.5×15 | 占卜 | 寻木哈嘎拉 | | 东知 | |
| 599 | 影1 | 994 | 无 | 14 | 10×28.5 | 汝卡 | 大鹏与署的争斗 | | | |
| 600 | 影2 | 2430 | 无 | 8 | 10.5×58 | 汝卡 | 向依大鬼祭献 | √ | | |
| 601 | 影3 | 2431 | 无 | 14 | 10.5×58 | 汝卡 | 用猴、羊祭献 | | | |
| 602 | 影4 | 2432 | 无 | 7 | 10.5×58 | 汝卡 | 擒仇经(上册) | | | |
| 603 | 影5 | 2433 | 无 | 10 | 10.5×58 | 汝卡 | 擒仇经(下册) | | | |
| 604 | 影6 | 2434 | 无 | 7 | 10.5×58 | 汝卡 | 马、羊献牲经 | | | |
| 605 | 影7 | 2435 | 无 | 8 | 10.5×58 | 汝卡 | 杀牛祭献经 | | | |
| 606 | 影8 | 2436 | 无 | 7 | 10.5×58 | 汝卡 | 豹、熊祭献经 | | | |
| 607 | 影9 | 2437 | 无 | 7 | 10.5×58 | 汝卡 | 短命鬼、不祥鬼来历经 | | | |
| 608 | 影10 | 2438 | 无 | 5 | 10.5×58 | 汝卡 | 替罗鬼来历经 | | | |
| 609 | 影11 | 2439 | 无 | 12 | 10.5×58 | 汝卡 | 云、火的来历经 | √ | | |
| 610 | 影12 | 2440 | 无 | 12 | 10.5×58 | 汝卡 | 祭死者经 | | | |
| 611 | 影13 | 2441 | 无 | 13 | 10.5×58 | 汝卡 | 安葬八门经 | | | |
| 612 | 影14 | 2442 | 无 | 17 | 10.5×58 | 汝卡 | 祭九宫巴格经 | | | |
| 613 | 影15 | 2443 | 无 | 11 | 10.5×58 | 汝卡 | 开八方门经 | √ | | |
| 614 | 影16 | 2444 | 无 | 13 | 10.5×58 | 汝卡 | 祭神树·崇则利恩经(下册) | | | |
| 615 | 影17 | 2445 | 无 | 8 | 10.5×58 | 汝卡 | 消除无妄灾经 | | | |
| 616 | 影18 | 2446 | 无 | 11 | 10.5×58 | 汝卡 | 祭尤老丁多神 | √ | | |
| 617 | 影19 | 2447 | 无 | 10 | 10.5×58 | 汝卡 | 求福寿经 | | | |

| 序号 | 朱 | 洛 | 燕 | 页数 | 尺寸 | 类别 | 书名 | 跋语 | 书手 | 翻译 |
|---|---|---|---|---|---|---|---|---|---|---|
| 618 | 影 20 | 2448 | 无 | 7 | 10.5×58 | 汝卡 | 祭巴格经 | | | |
| 619 | 影 21 | 2449 | 无 | 5 | 10.5×58 | 汝卡 | 祭人类五行经 | | | |
| 620 | 影 23 | 2451 | 无 | 16 | 10.5×58 | 汝卡 | 祭五谷面偶经 | | | |
| 621 | 影 24 | 2452 | 无 | 10 | 10.5×58 | 汝卡 | 请东格天神降临 | | | |

## 附录2　访谈录

### 一、马小鹤先生采访实录

2017年8月31日，在马小鹤先生的办公室中，笔者对他进行了采访，整个交流过程均使用汉语。在接下来的内容中，"问"代表笔者的提问，"答"则代表马小鹤先生的回答。

问：马先生，您好！我首先做一下自我介绍。我来自中国重庆的西南大学，主要研究西方纳西学史，重点关注洛克的研究。现在布朗大学做访问学者，本次到访的目的是查找哈佛燕京图书馆所藏东巴古籍等相关资料。

答：非常欢迎访问燕京图书馆！早前，我接到李若虹女士的邮件，她告知我有一位年轻学者（即您）计划来访图书馆，希望查阅东巴经的相关资料。那时正值我休假期间，因此我特别委托了图书馆古籍善本部的管理员王系老师代为查找并准备相关资料。

笔者与马小鹤先生合影

未曾想，我们的会面竟拖延至今，但终于有机会见到您，真是荣幸之至！不过，关于您想要查阅的纳西东巴古籍原件，我想提醒您的是，我们已经将这些文献的图片资料发布在了图书馆的官方网站上，供全球的研究者和爱好者免费浏览和下载。您可以在网站上轻松找到这些资源，并进行深入的研究。

问：确实如此。2009年，我们就发现哈佛燕京图书馆将598册东巴经原件的高清图片公布在网上，从那时起，我就开始以此为资料进行研究了。所以，再次表示感谢。这次来主要想查看原件，另外再搜集一些其他相关资料。

答：非常感谢您的理解和支持！确实，对于研究者来说，能够亲自动手翻阅文献原件，亲身感受古籍的独特韵味和细微之处，是一种无可替代的宝贵体验。在您之前,鲜有专门研究东巴文的学者亲自前来查阅这些东巴古籍。虽然我自己并不懂东巴文,但我会竭尽全力,为您的研究提供尽可能的帮助。

问:我有几个问题想咨询一下您,可以吗?

答:可以。非常高兴回答您的问题。

问:关于哈佛藏598册东巴古籍,我们在哈佛大学图书馆的网站上确实看到了598个文件夹,但是其中的编号D10和D15的两个文件夹点进去是空的,我想问这是由于疏漏没有上传成功还是本身这两册经书不存在。

答:这个问题之前确实没有人向我们反映过,所以我们也没有注意到这个情况。不过,我可以肯定地告诉您,这两册经书肯定是存在的,很可能是由于某种技术问题导致它们没有被成功上传。

我们图书馆是委托专业的数字化公司进行这项工作的,他们在这方面有着丰富的经验和专业的技术。按照常理来说,他们应该不会出现丢失文件的情况。但是,既然你发现了这个问题,我们就会认真对待并尽快解决。

你可以把这个情况告诉杨丽瑄女士,她是负责这部分工作的,会帮你进一步查证。如果确认是缺失了这两册经书的数字化文件,我们一定会尽快补上,确保资料的完整性和准确性。同时,也感谢你的细心发现和及时反馈,这对我们改进工作非常有帮助。

问:谢谢! 还有一个关于哈佛燕京图书馆所藏598册东巴经的来源问题。英国学者杰克逊撰文说,这批经书中有510册来自于约瑟夫·洛克,88册来自于昆亭·罗斯福。但我们根据研究结果,认为实际情况似乎并非如此。请问燕京图书馆有没有相关的档案记载?

答:关于这个问题,我并不是特别清楚具体的细节。不过,我可以告诉你的是,这批东巴古籍的购置年代是在裘开明担任馆长的时期。如果你想要了解更详细的信息,我建议你查阅裘开明的档案。这些档案详细地记录了当时图书馆的各项事务,包括书籍的购置等。

此外,你也可以参考中山大学图书馆馆长程焕文先生编纂的《裘开明年谱》。虽然这部年谱相对简略,但它也能为你提供一些有用的线索。如果你需要查看更详细的资料,可以申请查阅裘开明的原始档案。这些档案一共有13箱,并附有一个详细的目录。你可以先通过目录查找相关信息,确定需要查看的档案箱后,再在网上提交申请。我会尽快为你调出相关档案,供你查阅。

问:好的,非常感谢。燕京图书馆有没有从这批经书入藏到现在所有查看过这批经书的记录?

答:很抱歉,目前没有这样的完整记录。在过去,图书管理尚未数字化的时候,对于图书的借阅和查看并没有像现在这样严格的记录制度。那时候,甚至一些珍贵的宋版书都可以借出去供人阅读。然而,后来我们发现图书的丢失情况非常严重,于是才建立了古籍善本阅览室,并规定只能在阅览室内阅读这些珍贵的书籍。对于现在的数字化时代,我们已经开始实施更为严格的图书管理制度,包括在网站上填写申请记录等,以便更好地追踪和管理图书的使用情况。

问:我觉得哈佛燕京图书馆最厉害的地方是可以将这些珍贵的资料图片公布在网上,供研究者使用。有些机构别说公布在网上,就算找上门去都不一定让看。这是为什么呢?

答:这主要是因为我们秉持着开放和共享的理念。我们认为学术是公共的财富,而不是个人的私有物。这些古籍已经历了漫长的岁月,远远超过了知识产权保护期,因此应该向公众开放,供所有人研究和欣赏。我们希望通过将这些珍贵的资料图片公布在网上,能够方便更多的研究者使用,并推动相关学术领域的发展。当然,这也需要我们对版权问题进行谨慎的处理,确保所有公布的内容都是合法且没有版权争议的。

对于其他机构来说,他们可能有自己的考虑和限制,比如版权问题、资源保护等。但我们认为,只要符合法律和道德规范,开放和共享这些珍贵的资源是更有益于学术进步和文化传承的。

问:真的十分钦佩哈佛燕京图书馆的这种精神。我还想问,国内学者在称呼燕京图书馆时会使用不同的名字,有人叫哈佛燕京学社图书馆,有人叫哈佛大学燕京图书馆,那么它的中文正式名称是什么呢?

答:其实,它正确的中文名应该是"哈佛燕京图书馆"。现在,燕京图书馆已经是哈佛大学旗下的70多个图书馆之一,其日常运营,包括馆员的薪资和场地的租金,都是由哈佛大学来承担的。

要说清楚燕京学社与燕京图书馆的关系,我们得从燕京学社的起源讲起。

20世纪20年代,美国的一位大富翁,铝业大王查尔斯·马丁·霍尔(Charles Martin Hall),决定捐出自己的财产来支持东亚研究。这个消息一经传出,就吸引了众多大学的关注。当时,燕京大学的校长司徒雷登正在美国筹款,他经过多方努力,成功争取到了这笔捐款。同时,哈佛大学也对这个计划产生了兴趣,他们找到司徒雷登,提议与燕京大学合作,共同研究中国文化。对于初建不久、名气尚小的燕京大学来说,能与世界名校哈佛大学合作,自然是一个难得的机会。于是,哈佛大学燕京学社应运而生。

燕京学社获得了基金的资助,这些资金主要用于购买中文图书和古籍善本。从20世纪20年代开始,即便在中国抗战时期,学社也从未停止过购买中文图书的步伐。1949年以后,虽然燕京大学停办,但燕京学社依然持续接受基金的资助。随着图书数量的不断增加,学社决定成立一个图书馆,最初命名为汉和图书馆,后来更名为燕京图书馆。再后来,燕京学社将图书馆捐赠给了哈佛大学,但需要注意的是,虽然燕京图书馆的大部分购书资金来源于燕京学社,但两者之间并没有直接的隶属关系。

因此,将这座图书馆称为"哈佛燕京图书馆"是最为准确的。现在,这座楼归属于哈佛文理学院,它共有四层(包括地下层)。然而,由于藏书量巨大,大部分藏书都被存放在远程书库中,如有需要,可以随时调回供读者查阅。

问:最后一个问题,想问一下您对朱宝田先生编撰的《哈佛大学哈佛燕京图书馆藏中国纳西象形文经典分类目录》有什么看法?

答:朱宝田先生编撰的《哈佛大学哈佛燕京图书馆藏中国纳西象形文经典分类目录》是一项非常重要的学术成果。由于我们图书馆内没有专门研究东巴文的学者,因此我们特别邀请了云南省博物馆的东巴文专家朱宝田先生来进行这项整理工作。朱先生凭借其在东巴文领域的深厚造诣和丰富经验,为我们提供了非常宝贵的帮助。

这本目录不仅系统地整理了哈佛燕京图书馆所藏的纳西象形文字经典,还为研究者们提供了一个便捷、准确的检索工具,极大地推动了纳西象形文字及其相关文化的研究。因此,我们对朱宝田先生的工作表示由衷的感谢和敬意。

当然,任何学术作品在出版后都可能面临各种质疑和讨论,这是学术界的常态,也是推动学术进步的重要动力。近些年来,我们也确实听到了一些对这本书的质疑声音。对于这些质疑,我认为应该以开放、包容和理性的态度去对待,这也是学术研究应有的精神。

总的来说,我对朱宝田先生编撰的这本目录持非常肯定的态度,并期待未来能够有更多的学者加入到纳西象形文字的研究中来,共同推动这一领域的繁荣和发展。同时,我也希望研究者们能够保持批判性思维,不断提出新的观点和见解,以推动学术研究的深入和进步。

问:好,谢谢马先生耐心的解答。您今天的谈话让我获益良多。

答:不客气,希望可以帮到您。也祝您访学愉快。

## 二、李若虹女士采访实录

2017年8月25日下午,笔者在李若虹博士的办公室采访了她,以下是文字实录,全程使用汉语交流,问是作者本人,答是李若虹博士。

笔者与李若虹女士合影

问:李老师,您好。很高兴见到您。我首先感谢您介绍我到哈佛燕京图书馆查阅东巴经,图书馆的马先生热情地接待了我。

答:你太客气了,我很高兴能够帮到你。燕京图书馆收藏的东巴经确实非常珍贵,对于研究纳西文化和历史具有重要意义。马先生是我们图书馆的资深工作人员,他对这些经书非常了解,一定能够为你提供很好的帮助。

问:李社长,我来自西南大学,博士论文题目是《西方纳西学史研究(1867—1972)》,其中洛克的研究占很大的比重,我有几个问题想请教您,可以吗?

答:当然可以,我很乐意和你分享我所知道的信息。洛克是一位非常重要的纳西学研究者,他在纳西族地区进行了长时间的考察和研究,留下了大量宝贵的资料和成果。你在研究他的过程中,具体有哪些问题想要了解呢?

问:您为何会撰写《苦行孤旅:约瑟夫·洛克传》这本书呢?

答:实际上,这本书并非我原创,而是我翻译的美国学者萨顿所著的约瑟夫·洛克传记。我主要从事中国边疆史的研究,在广泛阅读相关文献的过程中,我偶然发现了约瑟夫·洛克这位充满传奇色彩的探险家。他的故事深深吸引了我,让我产生了浓厚的兴趣。随后,我读到了萨顿为洛克撰写的这本传记,觉得它内容详实且引人入胜,于是决定将其翻译成中文,让更多的中文读者能够了解洛克这位独特而迷人的探险家。我希望通过这本书,能够让更多人感受到洛克探险的艰辛与成就,以及他对中国边疆地区研究所做出的贡献。

问:除了萨顿的传记,您还搜集过其他关于洛克的资料吗?

答:除了萨顿那本传记之外,我个人并没有直接搜集太多其他的洛克资料。但我知道,在哈佛大学的图书馆系统里,尤其是哈佛燕京图书馆,收藏着大量关于洛克的珍贵资料。这些资料包括洛克的原始手稿、照片、日记等,对于深入研究洛克及其探险经历具有极高的价值。此外,哈佛大学阿诺德植物园园艺图书馆也收藏了一些洛克的书信,这些书信同样为我们提供了了解洛克思想、性格和探险细节的宝贵线索。虽然这些资料我并未完全亲自查阅过,但它们的存在无疑为洛克研究提供了丰富的资源。如果你有兴趣,完全可以通过网络检索或亲自前往这些图书馆进行查阅。

问:好的,谢谢您。那么除了哈佛燕京图书馆之外,还有其他机构收藏洛克、日记、藏书或者遗物吗?

答:据我所知,洛克的日记藏在苏格兰的一个博物馆,不过后来哈佛大学图书馆复印了这批日记,这些都可以在哈佛的检索系统里找到。此外,洛克去世后,他的家人把他的一部分藏书和遗物卖给华盛顿大学图书馆,另一部分卖给了夏威夷大学图书馆。

问:那洛克的日记您有没有见过20世纪30年代之后的?

答:就我所知,目前公开的洛克日记主要集中于20年代。至于30年代之后的日记,我尚未见到。不过,那之后洛克主要通过书信与外界沟通,这些书信中也包含了许多有价值的信息。

问:非常感谢您为我提供了这么多有价值的线索,这对我帮助很大。

答:不必客气,能帮到你我也很高兴。其实,我在研究过程中也遇到了一些困惑,不知你能否给予一些建议。

问:当然,您请说。

答:我在翻译和研究洛克传记时,深感洛克的研究领域广泛而复杂,似乎有些找不到研究的核心点。我原本也打算深入研究洛克,但发现他的研究涉及语言、文字、宗教、地理、历史等多个方面,难以把握重点。你是从哪个角度入手研究洛克的呢?

问:这与我的学术背景紧密相关。我的导师是著名的语言学家喻遂生教授,他专注于纳西东巴文研究已有30余年。在跟随他学习纳西东巴文的过程中,我逐渐发现洛克在纳西族地区进行了大量的东巴古籍搜集和研究工作。在喻老师的指导下,我开始阅读洛克的东巴文献论著,虽然内容庞杂,但我们的研究始终聚焦于东巴文、东巴文献和纳西语。我们研究洛克主要有两个目的:一是为了梳理纳西学史,洛克是纳西学史上不可忽视的重要人物,我们需要弄清楚他在纳西族地区的考察情况、东巴经书的翻译情况,以及他将这些经书出售给西方博物馆或图书馆的情况,这些都是纳西学史上的重要问题;二是为了获取洛克留下的研究资料,尽管洛克并非语言学家,但他声称留下了一千多页东巴古籍翻译的手稿,这些手稿是极为珍贵的资料。因为在洛克的时代,纳西族地区涌现出许多大东巴,他们当时的翻译可能更为准确、贴近经文原意,至少可以作为重要的参考。这就是我们研究洛克的主要原因。现在有些学者对洛克的评价过高或过低,我们希望通过研究还原一个相对真实的洛克。

答:你的研究角度非常独特且有意义,我很受启发。虽然我不懂东巴文,但我能感受到你们研究的重要性。我这里有一本书,是一位植物学家所著,他不仅写了洛克,还涉及了许多其他人物,我觉得他的研究角度很新颖,或许能给你一些启发。回头我将书名和相关信息通过邮件发给你。

问:谢谢! 非常期待您的推荐。

# 主要参考文献

## 一、专著类

Joseph F. Rock. *The Na-khi Nāga Cult and Related Ceremonies*, Rome：Instituto Italiano per il Medio ed Estremo Oriente，1952.

Joseph F. Rock. *The ²Zhi ³mä Funeral Ceremony of the ¹Na-²khi of Southwest China*, VIENNA-MODLING：ST.GABRIEL'S MISSION PRESS，1955.

Joseph F. Rock. *A ¹Na-²khi-English Encyclopedic Dictionary, Part I*, Rome：Instituto Italiano per il Medio ed Estremo Oriente，1963.

Joseph F. Rock, Klaus Ludwig Janert. *Na-khi Manuscripts, Part I and II*, Wiesbaden：Steiner, 1965.

Joseph F. Rock. *A ¹Na-²khi-English Encyclopedic Dictionary, Part II: Gods, Priests, Ceremonies, Stars, Geographical Names*, Rome：Instituto Italiano per il Medio ed Estremo Oriente，1972.

Stephanne. B. Sutton，*In China's Border Provinces：The Turbulent Career of Joseph Rock, Botanist-Explorer*, New York：Hastings House, 1974.

Zhu Baotian. *Annotated Catalog of Naxi Pictographic Manuscripts in the Harvard-Yenching Library*, Harvard University. Cambridge, Mass.，US：Harvard-Yenching Library, Harvard University, 1997.

邓章应、郑长丽:《纳西东巴经跋语及跋语用字研究》,北京:人民出版社,2013年。

方国瑜:《纳西象形文字谱》,昆明:云南人民出版社,1982年版。

和志武:《中国原始宗教资料丛编·纳西族卷》,上海:上海人民出版社,1993年。

和力民:《田野里的东巴教文化》,北京:民族出版社,2016年。

丽江纳西族自治县志编纂委员会:《丽江纳西族自治县志》,昆明:云南人民出版社,2001年。

李霖灿:《么些象形文字字典·么些标音文字字典》,台北:台湾文史哲出版社,1972年。

李霖灿:《么些研究论文集》,台北:"故宫博物院",1984年。

李国文:《人神之媒——东巴祭司面面观》,昆明:云南人民出版社,1998年。

木琛:《纳西象形文字》,昆明:云南人民出版社,2003年。

丽江市古城区文史委:《丽江文史资料全集》(1—5),昆明:云南民族出版社,2012年。

[美]洛克,刘宗岳译:《中国西南古纳西王国》,昆明:云南美术出版社,1999年。

抢救整理出版光绪《丽江府志》领导小组:光绪《丽江府志》,丽江:政协丽江市古城区委员会,2005年。

喻遂生:《纳西东巴文研究丛稿》,成都:巴蜀书社,2003年。

喻遂生:《纳西东巴文研究丛稿》(第二辑),成都:巴蜀书社,2007年。

喻遂生等:《俄亚、白地东巴文化调查研究》,北京:中国社会科学出版社,2016年。

[日]黑泽直道、和力民、[日]山田敕之:《纳西语地名汇编》,北京:社会科学文献出版社,2020年。

东巴所:《纳西东巴古籍译注全集》,昆明:云南人民出版社,1999—2000年。

中国社会科学院民族学与人类学研究所、丽江市东巴文化研究院、哈佛燕

京学社:《哈佛燕京学社藏纳西东巴经书》(1—9卷),北京:中国社会科学出版
社,2011—2023年。

## 二、学术论文类

Jackson A . Mo-so Magical Texts. *Bulletin of the John Rylands Library*, 48
(1), 1965: pp.141-173.

Joseph F. Rock. The ¹Zher-²khin Tribe and Their Religious Literature.
*Monumenta Serica*, 3, 1938: pp.171-188.

Quentin Roosevelt. In the Land of Devil Priests. *Natural History*, 45(3),
1940: pp.197-209.

邓章应、张春凤:《哈佛燕京图书馆藏带双红圈标记东巴经初考》,《文献》
2013年第3期。

邓章应:《东巴文字符形态个性化风格探析》,《中央民族大学学报》(哲学
社会科学版)2012年第5期。

和力民:《法国远东学院东巴经藏书书目简编》,《长江文明》2010年第3期。

和继全:《美国哈佛大学燕京图书馆馆藏东巴经跋语初考》,《中央民族大
学学报》(哲学社会科学版)2009年第5期。

和继全:《李霖灿"当今最早的么些经典版本"商榷——美国会图书馆"康
熙七年"东巴经成书时间考》,《民间文化论坛》2009年第5期。

和继全:《纳西东巴古籍藏语音读经典初探》,《西藏大学学报》(社会科学
版)2013年第6期。

李敏:《20世纪东巴经目录研究的发展》,《云南民族大学学报》(哲学社会
科学版)2009年第2期。

李晓亮:《纳西东巴经在西方社会传播史略》,《求索》2014年第2期。

李晓亮、张显成:《哈佛大学燕京学社图书馆藏和鸿东巴经抄本研究》,《中
南民族大学学报》(人文社会科学版)2015年第1期。

李晓亮、喻遂生:《洛克论著对哈佛东巴经整理翻译的价值和意义》,《中西
文化交流学报》2013年7月。

李晓亮:《哈佛大学燕京学社图书馆藏中国纳西东巴文献的价值和意义》，《重庆第二师范学院学报》2013年第4期。

木基元:《奥裔美籍学者J.F. 洛克及其纳西文化研究》，《东南文化》1992年第2期。

张春凤:《哈佛燕京学社藏东巴经跋语中带有"嘎"的经书考》，《中国文字研究》2017年第2期。

张春凤:《哈佛燕京学社藏纳西东巴经两册"崭新"经书考》，《文献》2016年第3期。

张春凤:《哈佛所藏东知东巴经书的分类与断代》，《学行堂语言文字论丛（第二辑）》，成都:四川大学出版社，2012年。

## 三、论文集类

白庚胜、杨福泉编译:《国际东巴文化研究集粹》，昆明:云南人民出版社，1993年。

白庚胜主编:《玉振金声探东巴——国际东巴文化艺术学术研讨会论文集》，北京:社会科学文献出版社，2005年。

郭大烈、杨世光主编:《东巴文化论》，昆明:云南人民出版社，1991年。

［德］米歇尔·奥皮茨、［瑞士］伊丽莎白·许主编，刘永青等译:《纳西、摩梭民族志——亲属制、仪式、象形文字》，昆明:云南大学出版社，2010年。

## 四、学位论文类

Pan Anshi.*Reading between Cultures: Social Anthropology and the Interpretation of Naxi（Na-khi）Religious Texts*，Ph. D. Dissertation. Edinburgh, UK: The University of Edinburgh, 1996.

Quentin Roosevelt. *A Preliminary Study of the Nashi People: Their History*, Religion, and Art, Thesis, Cambridge, Mass., US: Harvard University, 1941.

李晓亮:《西方纳西学史研究(1867—1972)》,西南大学博士论文,2014年。

张春凤:《哈佛燕京学社藏纳西东巴经谱系分类方法研究》,华东师范大学博士论文,2016年。

## 五、网络资源类

美国哈佛大学燕京学社图书馆网站.东巴经照片:(2023-11-29).http://oasis.lib.harvard.edu/oasis/deliver/deepLink? _collection＝oasis&uniqueId＝hyl00002.

美国国会图书馆网站:(2023-12-01).http://memory.loc.gov/intldl/naxihtml/naxihome.html.

# 后记

　　此刻,我正坐在美国国会图书馆亚洲文献阅览室里,提笔写下这本书的后记。自从我与纳西东巴文结缘以来,便深知这是一门跨越国界、连通世界的学问。东巴古籍,那些承载着纳西族悠久历史和深厚文化的经典,虽然源自中国西南,却如同散落的珍珠般,遍布于世界各地。

　　美国国会图书馆是海外收藏纳西东巴古籍最多的图书馆。这里珍藏着超过三千册的东巴古籍抄本,每一册都仿佛是一部历史的见证,诉说着纳西族人民的智慧与信仰。今天,我有幸踏入这个向往已久的殿堂,亲手翻阅这些珍贵的经卷,感受着它们所散发出的古老气息和深邃思想。

　　然而,我的心中却怀揣着一个更为深远的愿望。我希望能够通过自己的努力,以另外一种形式将这些东巴古籍"带回家"。这里的"家",不仅仅是指物理上的归属,更是指文化上的传承与发扬。我希望通过我的研究,能够让更多的人认识海外收藏的东巴古籍的价值,让这批珍贵的文化遗产在世界的舞台上绽放出更加璀璨的光芒。

　　这段经历对我来说,不仅是一次学术上的探索,更是一次心灵的洗礼。它让我更加深刻地体会到,学问是无国界的,文化是需要传承的。我将继续秉持着这份热爱与执着,为东巴古籍的研究与传承贡献自己的一份力量。

　　2009年前后,哈佛燕京图书馆将其所藏的东巴古籍原件全部数字化,并公开在哈佛大学图书馆的网站上。作为在读研究生,我获此消息后倍感振奋,随即与几位同窗合作,将这些珍贵的东巴古籍资料悉数下载,并着手展开研究。张春凤师妹与邓章应老师合撰的《哈佛燕京图书馆藏带双红圈标记东巴经初考》在《文献》杂志上发表,这进一步坚定了我深入研究哈佛藏东巴古籍的决心。此后,我也相继发表几篇相关论文。

2016年,我申报了题为"哈佛燕京图书馆藏纳西东巴古籍研究"的教育部人文社科青年项目并获得批准。次年,我公派赴美国布朗大学访学。由于布朗大学与哈佛大学地理位置相近,我便鼓起勇气致信哈佛燕京学社的副社长李若虹博士,表达了访问燕京图书馆、查阅东巴古籍的愿望。令我惊喜的是,李博士迅速复信,不仅热情欢迎我的到来,还引荐我认识了哈佛燕京图书馆中文部主任马小鹤先生。因此,我有幸多次亲临哈佛燕京图书馆,亲手翻阅这批历经沧桑的东巴古籍,从而也观察到一些图片上看不到的细节。在研究过程中,我还广泛查阅了哈佛燕京图书馆和阿诺德植物园园艺图书馆的档案资料。

2020年7月,我更是亲赴丽江市玉龙纳西族自治县黄山街道长水社区和白沙街道新善社区,实地走访东知东巴与和鸿东巴的后人,调查东巴生平及家族谱系。正如古语所言,"纸上得来终觉浅,绝知此事要躬行"。同年,我的研究项目顺利结题。然而,研究并未因此止步。

2023年12月,这部书稿荣幸地入选了西南大学"双一流"建设出版基金的优秀教师学术出版项目,衷心感谢各位匿名评审专家的青睐,正是你们的认可与推荐,为本书赢得了宝贵的资金支持。

2024年7月,我再次踏上赴美之旅,代表西南大学纳西东巴文研究团队和重庆大学出版社向燕京图书馆捐赠《纳西东巴文献字释合集》。此行中,我还进行了补充调查。经过数年的精心打磨和完善,这本书终于初具规模,现将它呈现给读者,以期共享这份研究成果。

这本书的完成离不开众多师友的帮助和支持。

首先,我要向我的导师喻遂生教授致以最深的谢意。喻师自始至终都密切关注着本书的撰写进程。早在我读博期间,他便嘱咐我深入探究,要求我务必梳理清晰书中涉及的每一位人物与事件,并且鼓励我亲赴美国,考察哈佛藏东巴古籍的入藏细节。尤为珍贵的是,喻师还慷慨地分享了杨仲鸿的日记手稿复印件,为我的研究工作提供了极为宝贵的资料。初稿完成后,喻师又细致审阅了全书,提出了诸多精辟且中肯的建议,从章节的整体布局到东巴文跋语中字词的翻译,无不涵盖。在喻师的悉心指导下,我重新审视并改写了书中的许多章节。

同时,我衷心感谢哈佛燕京学社的副社长李若虹博士。正是她的热心引荐与帮助,使我得以踏入哈佛燕京图书馆的大门,亲自披阅这批珍贵的东巴古籍。在燕京图书馆的日子里,杨继东先生、马小鹤先生、杨丽瑄女士和王系女士都给予了我极大的便利与支持,他们的热情与专业让我深受感动。

感谢丽江市东巴文化研究院的和力民研究员,他同我一起进行田野调查,并在东巴经跋语的翻译中给我提供了很多帮助。

感谢我的研究生胡玉鑫、刘柯和望斯琦同学,她们参与了本书的校对工作,消灭了书中的很多"硬伤"。

此外,我还要特别感谢本书的责任编辑段小佳先生。没有他的辛勤付出与悉心修改,这本书恐怕难以如此迅速地与读者见面。他的专业精神和高效工作让我深感敬佩。

回想起2017年的那个秋天,我独自一人频繁往返于普罗维登斯和波士顿之间,每日披星戴月、早出晚归,虽然身体疲惫,但内心却充满了激情与希望。燕图中午闭馆时分,我总会坐在哈佛园的草坪上,一边望着熙熙攘攘的人群,一边品尝着自己制作的三明治,这是一天中少有的休闲时刻。那段日子虽然辛苦,但却异常充实,每一天都有新的发现与收获。

我深知,关于哈佛藏东巴古籍的研究非但没有结束,而是刚刚起步。未来,我将继续在这条道路上探索前行,期待能够揭开更多海外藏东巴古籍的神秘面纱。

李晓亮

2024年8月16日初稿

2025年4月20日改定

美国国会图书馆亚洲文献阅览室